"十二五"职业教育国家规划教材

经全国职业教育教材审定委员会审定

学前教育专业系列教材

学前儿童科学教育

（第四版）

主　编　张升峰　景　萍

副主编　赵　庆　胡志红　荐　秋

科学出版社

北　京

内 容 简 介

本书积极贯彻《幼儿园教育指导纲要（试行）》《3—6 岁儿童学习与发展指南》等文件精神，响应国家教师教育和职业教育改革精神，主动对接幼儿园岗位工作任务要求，结合丰富多样的活动案例，理实一体化设计教学内容，突出实践教学导向，全面提升学前教育专业学生的实践教学能力。

本书基于项目化活动设计理念，重构课程内容，形成了"课程准备+项目活动"的内容体系，具体包括课程准备、学前儿童观察活动、学前儿童实验探究活动、学前儿童科技制作活动、学前儿童科学讨论活动、学前儿童科学游戏活动、集体科学教育活动的设计与组织、学前儿童科学区域活动等内容，有助于提高学前教育专业学生的理论素养和实践技能，有效开展幼儿园科学教育活动。

本书可作为高职高专院校学前教育相关专业的教材，也可作为学前儿童家长及其他社会成员的参考用书。

图书在版编目（CIP）数据

学前儿童科学教育/张升峰，景萍主编. —4 版. —北京：科学出版社，2025.2

"十二五"职业教育国家规划教材·学前教育专业系列教材

ISBN 978-7-03-078026-3

Ⅰ.①学…　Ⅱ.①张…②景…　Ⅲ.①学前儿童-科学教育学-职业教育-教材　Ⅳ.①G613

中国国家版本馆 CIP 数据核字（2024）第 005902 号

责任编辑：王　彦　周春梅 / 责任校对：马英菊
责任印制：吕春珉 / 封面设计：东方人华平面设计部

科 学 出 版 社 出版
北京东黄城根北街 16 号
邮政编码：100717
http://www.sciencep.com
天津市新科印刷有限公司印刷
科学出版社发行　各地新华书店经销
*

2007 年 9 月第一版　　2025 年 2 月第二十次印刷
2012 年 4 月第二版　　开本：787×1092 1/16
2016 年 1 月第三版　　印张：16 1/2
2025 年 2 月第四版　　字数：391 000

定价：59.00 元
（如有印装质量问题，我社负责调换）

销售部电话 010-62136230　编辑部电话 010-62130750

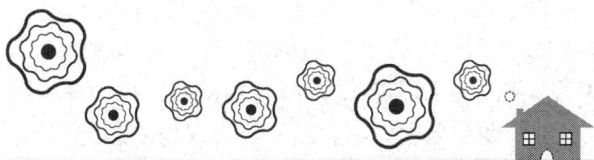

当前，我国学前教育已经进入高质量发展时代，教师是影响教育高质量发展的关键因素。学前教育是终身学习的开端，是国民教育体系的重要组成部分，幼儿园教师素质影响着学前教育质量的提升。提高学前教育专业人才培养质量，为幼儿园输送更多优秀的幼教师资，是推动学前教育高质量发展的重要保障。

学前儿童科学教育是一门理论和实践相结合的课程，是学前教育专业的必修课程，也是专业核心课程，旨在全面提升学前教育专业学生的科学素质和科学教育能力。

本书依据《幼儿园教育指导纲要（试行）》、《3—6岁儿童学习与发展指南》、《幼儿园教师专业标准》和《学前教育专业师范生教师职业能力标准（试行）》等文件精神和要求，结合科学教育学科特点，对照幼儿园教师岗位工作任务，基于项目化活动设计理念，重构课程内容，帮助学习者在明确学前儿童科学教育目标、内容以及评价等基础知识的基础上，培养学习者的科学素养和科学精神，提高幼儿园科学教育活动设计、科学教育环境创设、儿童科学活动观察指导等能力，更好地满足开展学前儿童科学教育活动的需要。

本书积极响应国家教师教育和职业教育改革精神，主动对接幼儿园岗位工作任务要求，突出实践教学导向，全面提升学前教育专业学生的实践教学能力。一方面，压缩理论教学篇幅，强化岗位工作实践能力提升，建构了"课程准备+项目活动"的课程内容体系，具体包括课程准备、学前儿童观察活动、学前儿童实验探究活动、学前儿童科技制作活动、学前儿童科学讨论活动、学前儿童科学游戏活动、集体科学教育活动的设计与组织、学前儿童科学区域活动等内容，更好地服务幼儿园科学教育活动的需求；另一方面，丰富了大量的幼儿园科学教育活动案例，帮助学习者更好地掌握学科专业知识并实现知识经验的迁移，实现理论和实践的有机结合。此外，在每一个任务的最后，还设置了相应的任务实训，引导学习者运用所学知识解决科学教育活动中的实际问题，提高学习者理论和实践的融合能力。

《学前儿童科学教育》已多次再版，得到了国内高职院校学前教育专业师生的一致好评，为学前教育专业人才培养提供了可供选择的教育资源。近年来，教师教育改革、职业教育改革不断走向深入，科学领域的知识、技术不断更新迭代。本着立足当前、与时俱进的原则，我们根据国家有关政策要求和幼儿园一线教师的建议，对《学前儿童科学教育》进行了再版修订，以期更好地适应学前教育专业人才培养的需求。具体修订内容如下。

首先，贯彻落实《幼儿园教育指导纲要（试行）》《3—6岁儿童学习与发展指南》《幼儿园教师专业标准》等文件要求，响应教师教育改革和职业教育改革精神，突出实践教学导向，培养更优秀的学前教育专业应用型技能人才。

其次，对编写人员做了较大调整。本书由张升峰教授、景萍教研员担任主编，赵庆、胡志红和荐秋担任副主编，还邀请了多位幼儿园一线专家参与编写，形成了高校教师、学前教研员、幼儿园一线专家组成的编写队伍，有助于实现课岗有机衔接，推动理论和实践的深度融合。具体分工为：胡志红（济南职业学院，副教授）负责课程准备的编写；景萍（济南市槐荫区教育教学研究中心，学前教研员、高级教师）负责项目一的编写；荐秋（济南幼儿师范高等专科学校常春藤幼儿园，副书记、高级教师）负责项目二的编写；赵庆（济南市槐荫区锦绣城幼儿园，党总支书记）、陈晨（济南市槐荫区锦绣城幼儿园，园长）负责项目三的编写；廉青（济南市历下区锦屏幼儿园，一级教师）负责项目四的编写；赵冉（济南市槐荫区第二实验幼儿园天琅园，副园长）负责项目五的编写；张升峰（济南幼儿师范高等专科学校，教授）负责项目六的编写；刘文君（济南市历下区第二实验幼儿园，二级教师）负责项目七的编写。本书由张升峰教授负责大纲的修订和全书的修改、统稿工作，由大家共同完成审校工作。

最后，基于项目化活动设计思路，重构课程内容，形成了"课程准备+项目活动"的教学内容体系。压缩了原书稿中的理论性阐述内容，突出项目化教学活动设计，丰富了大量的幼儿园科学教育活动案例，有助于激发学习者的学习兴趣，提高教学效率。

在修订过程中，我们吸收了使用单位、教育理论工作者以及幼儿园一线教师的意见和建议，参考和引用了同行专家大量的研究成果，在此一并表示感谢。由于水平有限，书中难免存在不足之处，敬请各位读者批评指正。

张升峰

2024 年 3 月

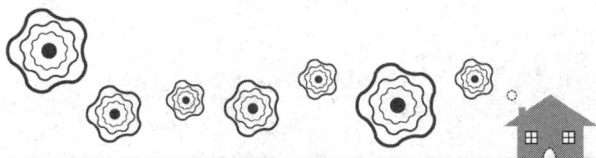

第一版前言

学前儿童科学教育的实质是对学前儿童进行科学素质（特别是在培养兴趣与意识方面）的早期引导与培养。它是学前教育专业教法课程，应注重理论与实践、知识与技能的处理，体现教法课的特点。

从学前专业特点出发，为了更好地培养应用型技能人才，本书编写的指导思想是贯彻《幼儿园教育指导纲要（试行）》精神，帮助学前教育专业学生了解国内外有关学前儿童科学教育的最新理论，要求学生在明确学前儿童科学教育目标及评价标准的基础上，牢固掌握学前儿童科学教育的方法，会设计相关的教育活动，以培养学前儿童的科学兴趣，引发其科学意识，早期挖掘其科学潜力，培养其科学素养，并充分利用家庭和社区的教育资源，最终达到在将来的工作中在全面发展儿童整体素质的前提下运用自如地培养学前儿童的科学素质。

在内容上，本书突出有关"方法"的重点章节，教会学生怎样进行学前儿童科学教育，更加关注家庭与社会的学前儿童科学教育，注意渗透与科学教育有交叉内容的数学教育、语言教育、美术教育等，但不重复，以利于促进学前儿童的全面发展与提高。

在结构体系方面：有关"方法"的内容，单独列为三章；有关活动设计的内容，突出以往被常识教法所忽视的区角活动指导和环境创设；在重视幼儿园科学教育的同时，特别强调与学前儿童科学教育相关联的家庭教育与社区教育，单独列出一章。围绕技能训练这一核心，注重附录材料的构思与设计，努力做到教材与实训手册合一。

本书编写的特点可以概括为：相关理论吸纳最新研究成果，前沿性强；重点章节实用性、指导性、示范性强；附录资料与光盘新颖、实用、直观性强。

本书共十章，建议 54 个教学课时。

本书是部分高校与幼儿师范学校协作编写的产物，凝聚着参编单位领导与教师的智慧和心血，并得到了有关专家、学者的指导。担任本书编写工作的人员有：东营职业学院李维金教授（第一章、第十章）；山东英才职业学院翟法礼助教（第二章）；东营职业学院朱金芳讲师（第三章）；东营职业学院隋晓祺高级讲师（第四章、第五章、第六章）；济南幼儿师范学校张升峰讲师（第七章、第八章）；济南职业学院胡志红助教（第九章）。国家级精品课程主讲董旭花副教授（中华女子学院山东分院）对全书内容进行审查。

在编写过程中，编者参考和引用了国内外专家、学者的部分观点和资料，引用了部分幼儿园科学教育的案例，在此向相关作者表示衷心的感谢。由于时间仓促，加之编者水平有限，本书难免有不足之处，敬请读者批评指正。

目 录

课程准备

学习目标

- 理解科学与学前儿童科学教育的内涵。
- 掌握学前儿童科学教育的目标，熟悉学前儿童科学教育的内容。
- 能够结合实际开展学前儿童科学教育活动评价。
- 关注身边及热点的科学问题，培养科学态度和科学精神，不断提高个人科学素养。

案例引导

> 阳光明媚的一天下午，幼儿园的小朋友们在老师的带领下来到了户外活动场地。他们兴奋地跑来跑去，有的在玩滑梯，有的在做游戏，玩得很开心。小明突然对地上的蚂蚁产生了兴趣，他蹲下来看着几只蚂蚁爬来爬去，沿着蚂蚁爬行的路线看到它们成群结队，还爬到树上去了，这吸引了几个小朋友也都好奇地一起观察蚂蚁，并你一言我一语地交流了起来。丁丁说："小蚂蚁之间会说话吗？它们是怎么交流的？"琦琦说："你看小蚂蚁虽然个头很小，但它们的力量可真大。"亮亮说："对，你看它们能够轻松地扛起比自己还大的食物，一步一步地爬上高高的树干呢。"明明说："小蚂蚁真的好厉害啊，它们怎么能搬得动那么重的东西呢？"有的小朋友猜测："也许蚂蚁有魔法吧，所以它们才这么强大。"
>
> **想一想**
>
> 在这个案例中，小朋友们在做什么呢？如果你是幼儿园的老师，看到这个场景，应该如何来做呢？

一、科学与学前儿童科学教育

（一）什么是科学

打开科学发展的史卷可以发现，在漫长历史进程中，科学通过多种方式与社会相互作用，其本身也在发展过程中不断丰富和改变着自身的含义。对于科学是什么，人们没有一致的看法，也很难下一个确切的定义，人们更多的是从一个侧面对其本质特征加以揭示和描述。时至今日，科学在我们的生活中无处不在，我们直接享受着科学发明的种种成果；科学的范畴已极为广泛，随着人们对科学本质的探讨，科学已被赋予丰富的内涵。

1. 科学是知识体系

从静态层面看，科学是知识，这是我们一般理解的科学。19世纪以来，传统的看法是把科学定义为系统化的知识体系，因此大部分辞书给科学下的定义强调科学是知识体系。广义的科学是关于自然、社会和思维等的知识体系；狭义的科学是揭示自然的本质和规律的知识体系，即自然科学。作为知识体系，科学知识包括概念、原则与原理，具有不同于其他知识的特点。

（1）真理性

科学知识的真理性是指科学知识必须符合客观的事实，它是对客观世界的真实反映。任何不能正确反映客观世界的知识，或是与客观事实不符的理论、解释，都应排除在科学知识之外。

（2）经验性

科学知识的经验性是指科学知识来源于经验性的活动，而不是任何人的主观臆断。

（3）可重复性

科学知识的可重复性是指科学知识应该是可以验证的、规律性的知识，应该经得起实践的检验。无论何人何时何地重复某一实验，都能得到同样的结果，这说明这一结论是经得起验证的，是真正科学的、可靠的。

2. 科学是动态的活动

从动态的角度分析，科学又是一种动态的活动，是人的一种特殊的活动，是真理性知识的一个生产过程。从词义上说，科学并不是知识或事实的汇集与待记的公式，科学更是一个动词——求知的方式，而非名词。随着人们对科学本身的认识不断深化，人们逐渐发现仅仅把科学定义为知识体系是远远不够的，应该用动态的观点解释科学，把科学看作获取知识、探索自然奥秘的认识活动，是创造知识的认识活动和过程。把科学定义为活动，并不排除知识，而是把知识包含在这个定义之内，把它看作科学活动中必不可少的一个组成部分。

3. 科学是世界观

科学也是世界观，即科学也是一种对世界（包括对科学活动和科学知识本身）的基本看法和态度。科学活动起源于人类的生产实践和生活实践。从根本上说，科学活动源于人类对周围世界的好奇心和求知欲。因此，从这个意义上说，科学是一种人生态度。

今天，人们几乎达成这样的共识：科学不是纯粹客观的、价值中立的，它本身就是一种精神、一种价值追求；真正使科学光芒四射的，不是科学知识，而是科学精神及其所追求的价值。

从广义上讲，科学意味着认识世界的方式和看待世界的方式。尽管科学排斥任何主观的价值判断，但是我们又不可否认，科学本身就是一种价值观。科学体现了人类所共同追求和崇尚的价值观——诚实、勤奋、公正、好奇、愿意接受新思想、敢于怀疑和想象等。

综上所述，我们可以给科学的内涵作一个全面的解释：科学是人们对客观世界的一种正确认识和知识体系，同时也是人们探索世界、获取知识的动态活动，还是一种世界观、一种看待世界的方法和态度。[①]

（二）什么是学前儿童科学

在当前的学前儿童科学教育实践中，对于学前儿童科学往往存在两种极端的认识：一种是怀疑学前儿童是否真的能学习科学，怀疑学前儿童能否理解真正的科学；另一种则把学前儿童简单地等同于成人，认为学前儿童也应该像成人一样理解科学，应该获得和成人一样的科学。事实上，孩子从一出生起，就与科学结下了不解之缘。到了幼儿年龄阶段，无数个"是什么""为什么""怎么样"就在脑海中产生，科学就在幼儿身边。学前儿童时时处处在学科学，以不同于成人的特有的方式在接触科学、探究世界。他们所学的科学就是那些周围世界中经常接触到的各种事物和现象。他们对这些事物和现象怀有强烈的好奇心，总是在与周围环境接触中了解和认识这个世界，他们所感兴趣的是一些看来浅显和天经地义的事实或物体之间的联系。例如，种子怎样发芽，为什么有白天和黑夜，人生了病为什么要吃药。显然，学前儿童的科学不同于成人的科学，因为前者以动作逻辑为基础，后者以形式逻辑为基础。学前儿童科学的不同之处具体表现在以下三个方面。

1. 学前儿童科学是一种经验层次的科学知识

学前儿童可以通过观察获得有关事物和现象的具体、个别的经验，却不容易从中进行抽象与概括，更不可能通过概念来进行间接学习。所以说，学前儿童科学是一种经验层次的科学知识，它是直接的、具体的，而不是间接的、抽象的；是描述性的，而不是解释性的。一旦要学前儿童说明具体事物背后的间接联系，或者解释现象背后的因果关系，他们就显得无能为力了。

2. 学前儿童科学是一个自我建构的过程

随着学前儿童生活经验的丰富，他们对周围事物的认识也在不断地改变。当这些直接的、间接的经验与学前儿童已有的认识不一致时，新旧经验之间的冲突、同化、整合就导致了他们认识的改变。这就是知识建构的过程。除了生活经验以外，学前儿童认知能力的发展也是促使其认识不断发生改变的重要因素。随着学前儿童年龄的增长，他们会逐渐放弃那种主观的、以自我为中心的思维方式，而代之以寻求客观的解释。他们对世界的认识会越来越接近于成人的科学认识。因此，与其说学前儿童科学是一种肤浅的、不完善的认识，不如说它是一个建构知识的过程。我们应该用一种发展性、过程性的观

---

① 张俊，2004. 幼儿园科学教育[M]. 北京：人民教育出版社：8-11.

点来理解学前儿童科学，把它看成是一种处在不断发展、变化和完善过程中的科学认识。

3. 学前儿童的科学是对世界的独特理解

学前儿童分不清主观的现实和客观的现实，不能客观地解释自然事物和现象，而往往从主观的意愿出发或赋予万物以灵性。皮亚杰曾说，游戏是儿童所选择的使自己相信的现实。儿童相信自己的假想，好像它是真的一样，即使是在"求真"的科学探索活动中也是如此，他们常常在游戏的情景中、在假想的情景中观察着现实、探索着科学。儿童在假想的游戏中探索自然，以投入的情感与自然对话，用诗意的想象解释自然——认知发展水平的局限使学前儿童科学带有主观性的色彩，这既是它的不成熟之处，也是它的独特之处。

（三）学前儿童科学教育的内涵

1. 科学教育

科学教育是以培养科学技术人才和提高全民族科学素养为目的的教育。科学教育是学校教育的基本内容，也是现代社会文明进步的基础。著名的科学哲学家贝尔纳认为，具有近代意义的科学教育是在欧洲文艺复兴以后才逐渐进入课堂的，最初是数学、天文、地理等学科，后来是物理、化学、生物等学科。随着科学技术的不断发展和18、19世纪产业革命的推动，学科又有了更进一步的明显区分，最终形成了现在这样较为完整的科学教育体系。

科学的进步推动生产力的发展，而生产力的发展又要求劳动者素质的提高。18世纪中叶的科学教育主要局限于科学知识的传授。19世纪中叶至20世纪中叶的科学教育在重视科学知识教育的同时，更重视科学方法的教育，并通过教学改革，试图将学生的学习过程改为科学探索与研究的过程，让学生在"做"中学，通过自身的经验学习科学方法。进入20世纪中叶以后，科学技术飞速发展，高科技产业不断出现，高科技产品不断诞生并大量进入日常生活，使现代社会生活出现了日新月异的变化。生活在这个时代的人不仅作为生产者需要掌握较高的科学文化知识，而且作为普通大众也需要有相当的科学素养。这一时期的科学教育内涵更加丰富，现代科学教育较以往的科学教育呈现出以下特征。

（1）在教育目标上以科学素养为中心

现代科学教育在目标上表现为由以知识技能为中心转向以科学素养为中心。科学素养不仅包含对现代科技知识的掌握，而且涉及科学精神、科学态度、科学方法、科学能力和行为习惯等方面。

（2）在教育内容上强调现代科技与日常生活的结合

随着科学本身向社会的广泛渗透，现代科学教育强调让学生学习以后生活中所需要的科学技术知识，获得解决问题的能力，以便更好地适应现代社会生活。

（3）在学习过程上强调实践性

现代科学教育强调通过让学生动手、动脑的实践活动来获得科学知识、科学态度和科学方法。

一般来说，在幼儿园、中小学和大学基础阶段的科学教育不是为了培养科学家而进行的教育，而是面向全体学生，提高他们科学素质和创新能力的系统教育活动，因此科学教育至少应包括四个层次的内容，即科学知识、科学思想、科学方法和科学精神。

2. 学前儿童科学教育

随着社会的发展、科学的进步、教育的变革，人们越来越重视学前儿童科学教育，学前儿童科学教育的研究取得了更大的成绩和新的突破。人们深刻认识到：学前儿童科学教育不能等同于原来的常识教育，也不能理解为只是在原有基础上添加了一些新的内容，而应该认识到它的新内涵。

学前儿童科学教育是学前儿童在教师的引导下，主动地进行科学探索和学习、亲身经历探究过程、感受和体验科学精神，通过与周围环境的相互作用获得有关物质世界及其关系的感性认识和经验的过程。也就是说，学前儿童科学教育是教师引导学前儿童对周围物质世界进行探究，以帮助他们形成科学素养为目的的活动。

学前儿童科学教育的实质是对学前儿童进行科学素质的早期培养。具体地说，学前儿童科学教育是教师充分利用周围环境，或为学前儿童创设条件，提供物质材料和机会，以不同的组织形式，给予不同程度的指导。学前儿童认识事物的特点决定了学前儿童科学教育不应要求学前儿童掌握严格的科学概念，而应引导、支持学前儿童通过自身与周围物质世界的相互作用，获得真正内化的经验。

学前儿童科学教育是整个科学教育体系的起始阶段、基础环节。学前儿童处于人生的最初阶段，身心发展远未成熟、完善，因而，学前儿童科学教育是一种科学启蒙教育。通过这种科学启蒙教育，激发学前儿童学科学的兴趣、好奇心，培养科学态度，掌握一些初步的科学方法，积累科学经验，为今后的学校科学教育打下良好的基础。

二、学前儿童科学教育的目标

学前儿童科学教育的目标是学前儿童教育总目标在科学领域的具体体现，是综合考虑儿童科学学习特点、当今社会发展的需要和儿童科学教育活动的学科特点而制定的。它关系到学前儿童科学教育的全面实施，制约着科学教育的内容、方法、手段的选择，活动的设计，环境设备的创设以及材料的提供。

从课程设计和实施的过程来看，学前儿童科学教育的目标应包括四个层次：学前儿童科学教育的总目标、学前儿童科学教育的年龄阶段目标、学前儿童科学教育的主题单元目标和学前儿童科学教育的活动目标。学前儿童科学教育的目标层次体现了从概括到具体逐级明确的过程，其中总目标是最具概括性的，而活动目标则是最具操作性的。

（一）学前儿童科学教育的总目标

学前儿童科学教育的总目标是实施学前儿童科学教育，进行科学素质早期培养和促进儿童体、智、德、美各方面协调发展的根本指导和方向，是学前儿童科学教育目标体系中概括层次最高的目标。它使党和国家的教育方针以及我国学前教育的目标得以实现。

《幼儿园教育指导纲要（试行）》明确提出科学领域的目标包括以下五个方面：

1）对周围的事物、现象感兴趣，有好奇心和求知欲；

2）能运用各种感官，动手动脑，探究问题；

3）能用适当的方式表达、交流探索的过程和结果；

4）能从生活和游戏中感受事物的数量关系并体验到数学的重要和有趣；

5）爱护动植物，关心周围环境，亲近大自然，珍惜自然资源，有初步的环保意识。

教育部于 2012 年 10 月颁布的《3—6 岁儿童学习与发展指南》指出："幼儿的科学学习是在探究具体事物和解决实际问题中，尝试发现事物间的异同和联系的过程。幼儿在对自然事物的探究和运用数学解决实际生活问题的过程中，不仅获得丰富的感性经验，充分发展形象思维，而且初步尝试归类、排序、判断、推理，逐步发展逻辑思维能力，为其它领域的深入学习奠定基础。"该指南将健康、语言、社会、科学（含数学）、艺术五个领域所要达到的教育目标都做了概括，科学领域的目标从科学探究和数学认知两个方面进行了分析，其中科学探究方面又分了三个目标：

目标 1：亲近自然，喜欢探究。

目标 2：具有初步的探究能力。

目标 3：在探究中认识周围事物和现象。

《3—6 岁儿童学习与发展指南》为我们进行学前儿童科学教育指明了前进的方向。科学涵盖三个方面：科学态度、科学方法与科学知识。学前儿童能以科学的态度，运用科学方法去从事科学探究活动，并发现或知觉一些自然知识，这就是科学教育的目的。

1. 科学情感态度目标——亲近自然，喜欢探究

《3—6 岁儿童学习与发展指南》把"亲近自然，喜欢探究"放在目标的第一位，明确了科学探究中重要的目标就是科学情感态度的培养。学前儿童科学教育的情感态度目标有利于幼儿对科学内涵的完整把握，同时也是促进幼儿全面发展、培养完美个性的保证。该指南还提到"幼儿科学学习的核心是激发探究兴趣，体验探究过程，发展初步的探究能力"，"成人要善于发现和保护幼儿的好奇心"。有了探究的欲望和好奇心，幼儿的科学学习才会深入，探究之路才会持久。因此，为了幼儿终身的学习和发展，幼儿科学教育应注重幼儿乐学、好奇等情感和谦卑、怀疑、开放、主动、客观等态度的培养，强调激发幼儿内在的学习动机和兴趣，发展幼儿不断学习的能力。这是获得终身学习的动力机制的根本保证，也是幼儿获得真正内化的科学知识经验的根本保证。

2. 科学方法能力目标——具有初步的探究能力

科学的一个重要特征就是它的方法的科学性。所谓的探究能力，就是通过可观察到的事实和建立在事实基础上的合乎逻辑的推理获取知识的能力，具体地说，包括观察、分析、推论、预测、实验和表达等能力。应该说，在学前儿童科学教育的目标中，具备探究能力比单纯获得科学知识更为重要。《3—6 儿童学习与发展指南》指明要"充分利用自然和实际生活机会，引导幼儿通过观察、比较、操作、实验等方法，学习发现问题、分析问题和解决问题；帮助幼儿不断积累经验，并运用于新的学习活动，形成受益终身

的学习态度和能力"。学前儿童科学教育就是要帮助幼儿学习探索周围世界和科学知识的方法，从而发展其观察能力、思维能力、想象能力、创造力、动手能力、表达能力和解决问题的能力等。在探究能力要求中，对 3～4 岁、4～5 岁、5～6 岁三个年龄段幼儿的要求有明显差异。例如，要求 3～4 岁幼儿能对感兴趣的事物仔细观察，发现其明显特征；要求 4～5 岁幼儿能对事物或现象进行观察比较，发现其相同与不同；要求 5～6 岁幼儿能通过观察、比较与分析，发现并描述不同种类物体的特征或某个事物前后的变化。

3. 科学知识经验目标——在探究中认识周围事物和现象

对于幼儿来说，他们的科学知识有两个层次：科学经验和初级科学概念。学前儿童科学教育就是要帮助幼儿获取周围世界的广泛的科学经验，或在感性经验的基础上形成初级的自然科学概念。学前儿童科学教育不同于以往的常识教育，或是加上新内容和动手操作的常识教育，而是在感知、体验、探究和发现的过程中获得的幼儿对周围物质世界及其关系经验的认识，是探究过程的必然结果。

（二）学前儿童科学教育的年龄阶段目标

学前儿童科学教育的年龄阶段目标指的是根据学前儿童科学教育总目标确定的、按幼儿年龄阶段划分的、中短期幼儿发展目标。它分为 3～4 岁、4～5 岁、5～6 岁三个年龄段的教育目标。它实质上是对学前儿童科学教育总目标进行分解，从而形成由总目标统率下的目标体系框架。《3—6 儿童学习与发展指南》中的科学探究下面有三个目标，每个目标又划分为各个年龄段的目标。

由于年龄阶段目标是根据学前儿童科学教育总目标的要求，结合不同年龄幼儿的特点而制定的，它既体现了不同年龄之间幼儿发展水平的差异性，同时也体现了不同年龄之间幼儿发展的连续性，因此对于实践具有重要的指导意义。但在不同地区、不同情况下，即使是处于同一年龄阶段的幼儿，也可能存在较大的地区差异，在落实时需要根据本地幼儿的实际情况加以适当调整。

1. 目标1：亲近自然，喜欢探究

（1）3～4 岁
1）喜欢接触大自然，对周围的很多事物和现象感兴趣。
2）经常问各种问题，或好奇地摆弄物品。
（2）4～5 岁
1）喜欢接触新事物，经常问一些与新事物有关的问题。
2）常常动手动脑探索物体和材料，并乐在其中。
（3）5～6 岁
1）对自己感兴趣的问题总是刨根问底。
2）能经常动手动脑寻找问题的答案。
3）探索中有所发现时感到兴奋和满足。

2. 目标2：具有初步的探究能力

（1）3～4岁

1）对感兴趣的事物能仔细观察，发现其明显特征。

2）能用多种感官或动作去探索物体，关注动作所产生的结果。

（2）4～5岁

1）能对事物或现象进行观察比较，发现其相同与不同。

2）能根据观察结果提出问题，并大胆猜测答案。

3）能通过简单的调查收集信息。

4）能用图画或其他符号进行记录。

（3）5～6岁

1）能通过观察、比较与分析，发现并描述不同种类物体的特征或某个事物前后的变化。

2）能用一定的方法验证自己的猜测。

3）在成人的帮助下能制订简单的调查计划并执行。

4）能用数字、图画、图表或其他符号记录。

5）探究中能与他人合作与交流。

3. 目标3：在探究中认识周围事物和现象

（1）3～4岁

1）认识常见的动植物，能注意并发现周围的动植物是多种多样的。

2）能感知和发现物体和材料的软硬、光滑和粗糙等特性。

3）能感知和体验天气对自己生活和活动的影响。

4）初步了解和体会动植物和人们生活的关系。

（2）4～5岁

1）能感知和发现动植物的生长变化及其基本条件。

2）能感知和发现常见材料的溶解、传热等性质或用途。

3）能感知和发现简单物理现象，如物体形态或位置变化等。

4）能感知和发现不同季节的特点，体验季节对动植物和人的影响。

5）初步感知常用科技产品与自己生活的关系，知道科技产品有利也有弊。

（3）5～6岁

1）能察觉到动植物的外形特征、习性与生存环境的适应关系。

2）能发现常见物体的结构与功能之间的关系。

3）能探索并发现常见的物理现象产生的条件或影响因素，如影子、沉浮等。

4）感知并了解季节变化的周期性，知道变化的顺序。

5）初步了解人们的生活与自然环境的密切关系，知道尊重和珍惜生命，保护环境。

（三）学前儿童科学教育的主题单元目标

学前儿童科学教育的主题单元目标是指以科学教育主题为依据的一系列学前儿童科学教育活动的目标。它是学前儿童科学教育总目标的进一步具体化，起着承上启下的作用。

【例 0-1】[①]
小班科学主题活动"彩色光影"的单元目标：
1）体验彩色的世界，感受尝试、创作带来的成功喜悦。
2）通过欣赏和观察生活中的彩色透光物品，提高动手操作的能力。
3）了解彩色玻璃纸的特性，知道不同玻璃纸透出相应颜色。
4）积极探索光和影子的关系，乐意制作彩色影子。
5）喜欢并积极主动地发现光，养成细心观察的习惯。
6）能够绘制观察的结果，分享实验游戏过程及结果。

（四）学前儿童科学教育的活动目标

学前儿童科学教育的活动目标指的是要在一次科学教育活动中达到的教育效果。它是根据学前儿童科学教育总目标和年龄阶段目标，并结合教育活动的内容和幼儿的特点提出的具体的、可操作的目标。因此学前儿童科学教育的活动目标的制定必须全面反映学前儿童科学教育的总目标和年龄阶段目标，并且要制定得尽可能具体、直观，最好是可以观察或测量到的。

学前儿童科学教育的活动目标是科学教育目标最具体化的体现，是选择活动内容、活动组织方式和教学策略的依据，适宜的活动目标是实现集体教学活动有效性的基础。科学教育教学活动是落实教育目标的最主要的具体途径之一，因此，活动目标的制定就显得尤为重要。

1. 目标表述的主体要一致

活动目标有两种表述方法：一种是以教师作为目标表述的主体，另一种是以幼儿作为目标表述的主体。以教师作为目标表述的主体即从教师教育的角度提出的目标。例如，使幼儿掌握……知识、教会幼儿……技能、培养幼儿……习惯、发展幼儿……能力等。以幼儿作为目标表述的主体即从幼儿学习的角度提出的目标。例如，学会……、懂得……、理解……、掌握……等。

这两种表述方式都可以，但必须保持统一的主体，表述前后要一致。可以是教师教育目标，也可以是幼儿主体目标，但最好是以幼儿主体目标的方式提出，这样有利于教师始终围绕"如何促进幼儿发展"来选择相适宜的教育策略与手段。

【例 0-2】
小班科学教育活动"有趣的声音"活动目标：
1）初步感知声音的大小与力量的大小有关。

---

① 例 0-1～例 0-4 由济南市历城区机关第二幼儿园珑玺园刘倩倩提供。

2）能够辨别各种东西发出的不同声音。

3）感受各种声音带来的乐趣。

2. 目标表述的内容要全面

幼儿的发展是全面的，科学教育不仅要关注幼儿的认知发展，也要关注其情感和社会性发展，以培养幼儿完善的人格，因此，在制定学前儿童科学教育的目标时一定要把幼儿的发展视为一个整体，制定情感态度目标、方法能力目标以及知识经验目标三个维度的全面的科学教育教学目标。

（1）情感态度目标——培养科学态度与情操

情感态度目标是指活动过程中幼儿的情感体验或形成某种积极的态度。科学探究部分目标1"亲近自然，喜欢探究"，就强调幼儿对科学活动的兴趣，体现了对幼儿好奇心和探究兴趣的高度重视。常用的表述词语有乐意、愿意、兴趣、喜欢、热爱、情感等。例如，通过科学探究活动，初步萌发幼儿热爱科学的态度和情感，在动手动脑、操作中培养幼儿对自然环境、周围事物与科学现象的兴趣。

（2）方法能力目标——获得探究科学知识的方法与技能

方法能力目标是指通过活动学习或掌握的今后从事科学活动的技能方法。科学探究部分目标2就是"具有初步的探究能力"。探究能力的培养就是培养幼儿在科学探究过程中通过观察比较、实验验证、调查测量等基本方法来提出问题、思考猜测、调查验证、收集信息、得出结论、合作交流，最终发现问题、分析问题、解决问题的能力。常用的表述词语为提高、发展、培养、形成等。例如，形成观察、比较、分类的方法，培养猜想、实验、沟通等技能。

（3）知识经验目标——获得的科学概念或经验

知识经验目标即通过活动具体学到的知识或要达到的水平。科学探究部分目标3就是"在探究中认识周围事物和现象"。幼儿对事物和现象的认识都是在感知、体验、探究和发现的过程中获得的必然结果。常用的表述词语有认识、了解、学会、运用、说出、记住、掌握。例如，知道哪些物体能浮在水上，了解磁力可以透过纸、塑料、玻璃、木板等物质吸住铁的特性等。

每一个科学教育活动在制定教学目标时要包含这三个维度的目标，这是落实幼儿园保教目标的保证，也是幼儿全面发展的需要。一个教育活动的知识经验目标比较容易制定，这是活动的最终结果；但是从长远发展看，幼儿乐于探究的态度及探究和解决问题的能力更为重要。《3—6岁儿童学习与发展指南》也分别对这三个维度的目标提出了具体的建议。因此，在制定具体活动的教学目标时应该表述全面，以便更好地指导科学教育活动的开展。

【例0-3】

幼儿园大班科学活动"能奏乐的玻璃杯"活动目标：

1）情感目标：感受玻璃杯奏乐的美妙并体验与他人合作的乐趣。

2）能力目标：能够根据玻璃杯发出的不同声音做动作，表现高音和低音。

3）知识目标：知道相同的玻璃杯，水少的发出的声音更高，水多的发出的声音更低。

3. 目标的制定要具体明确

活动的教学目标是教学目的和任务在教学活动中的具体化,其制定应该具有较强的针对性,培养的要求要明确具体,以便更好地指导教学活动的组织。如果目标表述不明确,目标就无法在教学活动中真正地贯彻与落实,其他教师也不能清楚地了解活动的设计意图和教学思路。制定目标时如果只使用"了解""学会""掌握"等词,没有质和量的具体规定,可测性和可比性就会很差,很难达到教学的效果。例如,中班科学活动"水",活动目标表述为"了解水的特性",这就是一个不够明确的教学活动目标。水的特性有很多,一次活动都能了解到吗?本次活动具体能了解水的哪些特性?如果目标表述清楚,那教学活动中就比较容易组织和实施。所以教学目标的表达必须是外显的,具有可操作性和可测性。例如,小班科学活动"这是什么车"的目标之一是"说出几种常见汽车的名称及典型特征",目标笼统概括,过于宽泛,可以修改为"说出消防车、救护车、出租车和公交车的名称及典型特征"。

【例0-4】

中班科学活动"神奇的纸桥"活动目标:

1)通过实验操作,知道改变纸的形状可以使纸的承受能力发生变化。

2)能够运用比较的方法感知不同的纸桥承受能力的不同,并尝试用绘画的方式记录实验过程。

3)在发现纸桥秘密过程中,产生科学探究的兴趣。

4. 注意各领域间目标的融合

幼儿园的教育目的是促进幼儿全面和谐的发展。幼儿园的教学活动是整合性的活动,科学活动中也会有其他领域的相互渗透,所以在制定教学目标时要注意各个领域间教学目标的融合,全面促进幼儿的发展。例如,科学交流讨论类活动有幼儿通过收集资料或实验操作后对科学知识或经验的交流讨论的过程,在目标表述中可以与语言领域目标相结合,提出发展幼儿善于运用语言表达、交流实验结果的能力。

三、学前儿童科学教育的内容

幼儿生活在一个丰富多彩、变化万千的世界里,他们与周围环境直接接触,通过感官感知周围世界和认识自我。同时,生活在现代社会中的幼儿又能通过无时无处不在的现代科学技术,间接了解他们不能直接感知的事物,这样就使学前儿童科学教育的内容较之过去的自然常识教育有了很大的改变,在原有的基础上有了更新和扩展,尤其重视以现代的生态观和科技观为主导来组织学前儿童科学教育的内容体系。

(一)探索和研究人体

幼儿对人体的探索既是认识的需要(即满足幼儿好奇心的需要),也是健康教育的需要。学前儿童认识和探索人体具有重要的意义:认

学前儿童科学教育内容的选编原则

识自己的身体，获得有关人体科学和健康的知识，为建立科学的自然观奠定基础。

1. 人体的结构、功能及保护

（1）观察、探索人体的外部结构、功能及保护方法

认识人的外部结构主要包括头、颈、四肢、躯体、皮肤等，让幼儿感受它们的功能，并初步知道怎样保护。

初步了解人的共同性、差异性及其种类，如每个人的身体结构都是一样的，但又有很大的不同，以及人有男女之别、种族之别、肤色之别、五官之别、体形之别等。

了解人体的感觉器官（眼睛、耳朵、鼻子、舌头、皮肤等）及其功能。

（2）初步感受和体验人体的内部生理活动及其功能

了解人体的生理活动，包括呼吸、消化、血液循环、排泄等。例如，联系生活中见到的流血、骨折事件，引导幼儿探索人体内的血液、骨骼，向他们介绍血液和骨骼的作用，以及保护身体的重要性。

2. 人的心理活动

1）了解脑可以思考问题，具有想象、记忆等功能。

2）了解人有情绪、情感，知道每个人都会有情绪的感受和体验，知道情绪不同表现形式也不同，如高兴与微笑、伤心与哭泣等。

3）观察并理解别人的情绪表现，学习怎样表达自己的情绪，学会控制自己的消极情绪，发展自己的积极情绪。

3. 人的自然生命发展过程

1）认识到人是一个自然实体，每个人都会经历从出生、成长、衰老到死亡的生命过程，初步形成对生命过程的客观态度。

2）了解食物、空气和水是人生长发育的基本条件，合理的营养、适当的运动和休息都是个体健康成长的必要条件。

4. 保护身体及身体健康

1）知道在任何条件下，都应该注意安全，保护自己的身体不受损伤和侵害。

2）锻炼身体，预防疾病，养成良好的生活、卫生习惯等。

（二）关注、探究自然生态环境

随着学前儿童科学教育的改革，尤其是生态观的引入，学前儿童认识自然环境的教育内容被赋予了新的内涵——生态环境教育，即不再是孤立地认识自然环境中的单个事物，而是将其放在生态的背景中认识，强调了解自然环境和人们生活的关系，强调热爱自然、保护自然、人与自然和谐相处的生态观点。也就是说，在进行有关自然环境的教育时，不仅要向幼儿展示自然环境的多样性，还要充分考虑自然环境中各个成员之间广泛的、动态的联系，并渗透尊重自然、保护自然的观念。

　　幼儿周围的动物、植物和非生物——沙、石、土、水、空气等，都是构成自然生态环境的重要因素，同时也是幼儿经常接触的事物。它们都可以成为幼儿学习的内容。

　　1. 自然界中常见的动物、植物及其与人、自然环境的关系

　　（1）观察常见动物、植物的生长与生活，探索动物、植物的特征和多样性

　　能说出常见的动物、植物的名称，通过接触和探索植物、饲养和照料动物等方式，观察发现植物典型的外部特征及其主要用途，观察、了解动物的生活习性。

　　认识和探索动物、植物的多样性。知道动物、植物是多种多样的。动物中，有大的，有小的；有温顺的，有凶悍的；有会孵蛋的，有会生"小宝宝"的；有爬的，有游的，有飞的等。植物中，不同植物，根是不同的，叶子是不同的，有不同的茎、花和果实。动物、植物种类很多，动物有昆虫、鸟、兽等，植物有花、草、树、木等。

　　观察和发现动物、植物的生长、变化规律，能用标记、绘画等简单方式进行记录，交流观察中的有趣现象、新发现，感受动物、植物顽强的生命力。

　　（2）探索和初步发现动物、植物与环境的关系

　　知道动物、植物的生长与环境的关系：通过饲养动物、种植植物等活动，探索动物、植物的生长需要哪些条件，知道动物、植物的生存与成长离不开空气、阳光、水和土壤。

　　知道动物、植物的多样性与环境的关系：不同的环境，生活着不同的动物、植物，如有的生长在陆地上，有的生长在水里，有的生长在暖和的地方，有的生长在寒冷的地方。

　　知道动物、植物和季节变化的关系：有的植物春天播种、秋天收获，有的动物冬眠，有的植物会落叶等。

　　知道动物、植物的形态结构与环境的关系：了解不同环境中的动物、植物在形态结构上的不同以及它们与环境之间的关系，如企鹅为什么生活在南极、北极熊的皮毛为什么很厚、大树的根为什么要深入地下很深的地方等。

　　知道动物、植物之间的关系（包括动物与动物之间和动物与植物之间的关系）：知道动物间是"朋友"或"天敌"的关系，如鳄鱼与牙签鸟是"好朋友"，狼是羊的天敌；动物与植物之间是友好的关系，如牛、羊吃草，牛、羊的粪便有利于草的生长。

　　（3）探索和发现动物、植物与人的关系

　　认识人、动物、植物之间是紧密相连的、互相依存的。懂得动物是人类的好朋友，人类应该保护它们；植物对净化空气有贡献，要保护植物。

　　了解人类在生活中是怎样利用动物、植物的，是怎样保护动物、植物的。这一内容可以渗透在具体的认识活动中。

　　2. 自然界中无生命物质及其与人、动物、植物的关系

　　自然界中的无生命物质主要指水、空气、沙、石、土等。

　　（1）水

　　1）探索、感受水是无色、无味、透明的。

2）通过实验探索有关水的物理现象，如水向低处流、水有浮力、水能溶解一些物质等。

3）通过实验探索水在不同条件下的液体、气体、固体三态变化。

4）了解自然界中的各种水源，如江、河、湖、海等。

5）了解自然界中的水对于人和动物、植物生存的重要性以及水对生命的重要意义。知道节约用水从自我做起，保护水源。

（2）空气

1）知道空气是看不见、摸不到的，我们的周围到处都有空气。

2）通过游戏、实验等活动，探索、发现空气的流动，如风是怎样形成的。

3）知道人类的生存，动物、植物的生长都离不开空气，空气是生命体生存的必要条件。

4）知道植物的生长与空气的关系，如植物的生长离不开空气，而植物又可以净化空气，使空气更加清新；知道人类生活与空气的关系，如保护空气、污染空气等。

（3）沙、石、土

了解沙、石、土之间的关系。知道沙和土壤都是由岩石变来的，沙、石、土都是覆盖在大地上的，肥沃的土壤是植物生长的宝地，而沙和石头上却很难长出植物。

通过游戏和实验活动，探索和发现沙、石、土的特征，知道其各自的主要用途。

知道珍惜土地，合理利用、保护资源。

（三）探索、了解自然科学现象

1. 气候和季节现象

1）知道气候和季节现象是人类和动物、植物生存的重要环境因素，它们的变化是有规律的。

2）观察各种天气现象，如风、雨、云、冰、雪、霜、雾、雷、闪电、冰雹等，并能进行简单的记录、报告和预测。

知道风的产生；观察和感受不同情形下的风的不同，如风有大小的不同、冷暖的不同；知道风对人类和动物、植物生活的作用和影响，如风能传授花粉、利用风能发电等，但是台风、飓风也会给人类和动物、植物带来危害。

观察比较雨的不同，知道雨的种类，如大雨、小雨、急雨、暴雨、雷雨等；知道雨在不同的季节对植物生长的作用和影响，如春雨有利于播种，秋季的雨过多不利于秋收，适量的雨有利于植物的生长，而雨水过多就会造成洪涝灾害。

观察云在不同天气时的表现与变化，知道云有厚、薄之分，知道云是多变的。

知道冬天常见的天气现象，如冰、雪、霜、雾等；夏天常见的天气现象，如雷、闪电、冰雹等。通过实验和游戏观察并体验冰、雪、霜、雾，了解冰、雪、霜、雾对人们日常生活及植物生长的作用和影响。

3）知道四季的变化及其规律，了解不同季节的不同特征。

4）了解季节和气候变化对人类和动物、植物生活、生长的影响，增强主动适应外界环境变化的能力，并保护身体。

2. 天文现象

1）知道地球存在于宇宙中；知道除了地球外，宇宙中还有太阳、月亮和星星等，它们都离我们很远。

2）知道太阳是一个恒星，是一个发光、发热的巨大火球；知道太阳距离地球很远很远，如果没有它，地球上所有的生命都不能生存。

3）知道月球是地球的卫星，它不会发光，只有当太阳光照射到月球上时，我们才能看到天空中的明月；观察月相的变化，并用简单的方式进行记录；知道月球上没有空气和水，也没有生命；知道人类乘宇宙飞船能到达太空，能登上月球。

4）观察天空中的星星，知道星星有无数颗，它们离我们距离太远，所以我们只能看到一个个闪烁的光点；知道星星有的像太阳一样会自己发光，有的不会自己发光。

3. 物理现象

（1）光

探索和发现光源，知道光源有来自自然方面的，如阳光；也有来自人类自己制造的，如各种类型的灯光、火光等，了解它们的不同。

通过实验探索光和影子的关系。

通过实验探索多种颜色的形成，了解颜色是光反射的结果。

通过各种光学仪器，如平面镜、三棱镜、凸透镜、凹透镜和日常的物品、玩具（如望远镜、万花筒），探索光的反射和折射现象。

知道光在人类各种活动中的重要性，了解光和人类生活的密切关系。光为我们带来光明，使我们可以看见周围的世界，光还为植物的生长提供了条件。

（2）声

知道我们生活在一个充满声音的世界里，注意倾听和感受各种各样的声音，如自然的声音、人的声音、机器的声音等。

探索各种能产生声音的物体和能产生声音的方法，探索各种声音的不同。

知道声音有乐音和噪音之分，乐音给人以美的感受，噪音听起来不和谐。

通过游戏、实验等探索声音的传播。

（3）电

初步了解各种电的来源，静电是摩擦产生的，日常生活中的电是发电厂通过电线输送来的。

通过游戏和实验探索摩擦起电的现象。

初步了解干电池也能产生电，在游戏和实验中探索干电池的用途，知道废旧的干电池是有毒的，不能随便丢弃。

通过探索各种家用电器、电动玩具的功能，初步了解电在日常生活中的重要作用。

知道安全用电常识，避免事故发生。

（4）磁

观察各种大小和形状的磁铁，知道磁铁能够吸铁。

通过游戏和实验的方式探索发现磁铁和磁铁之间的吸引与排斥现象。

通过游戏和实验的方式探索不同磁铁的磁力，知道不同磁铁磁力的大小是不同的。

玩磁针或指南针，探索指南针指南的现象。

了解磁的用途，探索和发现日常生活中磁铁的应用。

（5）力和运动

知道力和运动是日常生活中普遍存在的自然现象，通过实验、操作感受力的大小，探索发现力的方向，探索力和运动之间的关系以及不同大小、方向的力和运动的关系。

通过实验探索感受各种力的现象，知道力有很多种，如地球的吸引力、推力、拉力、压力、浮力、摩擦力，以及水力、电力、风力等，感受各种力的作用。

通过玩跷跷板和平衡架等活动，体验、感受力的平衡，探索平衡的条件。

探索省力的方法，如使用滑轮、杠杆、倾斜面、轮子等。

探索各种机械，发现它们的作用。

探索各种自然力，如水力、风力，了解人类对它们的利用。

（6）冷、热和温度

知道任何物体都有温度，有的物体温度高，有的物体温度低。

探索不同温度的物体之间的传热现象，知道有的传热快，有的传热慢。

探索并发现热的物体会变冷，冷的物体会变热，探索使物体变冷、变热的方法。

知道天气有冷有热，知道夏天怎样散热、冬天怎样取暖保暖，了解几种常见的取暖或散热的产品。

4. 化学现象

1）了解周围物质世界和日常生活中存在的简单的化学现象，如大米经过烧煮变成米饭、面粉发酵后可做成馒头等。

2）知道食物的霉变现象，初步了解食物为什么会变霉。

（四）探究、了解现代科学技术

1. 幼儿生活中常见的科技产品及其作用

1）认识现代家用电器，如电视机、电风扇、空调、洗衣机、电饭锅等，知道其主要用途，知道这些家用电器在人们生活中的重要作用。

2）探索现代通信工具，感受固定电话、移动电话、可视电话、传真机等给人们生活带来的方便。

3）探索常见的交通工具，如汽车、火车、摩托车、地铁、飞机、轮船等，了解它们在人们生活中的重要作用。

4）探索现代农用工具，如拖拉机、脱粒机、播种机、抽水机等，知道现代农用工具既可减轻农民的劳动负担，又有助于增产增收。

5）探索和初步了解现代生物科学技术，如无土蔬菜的种植、食品的加工，以及农业科技产品，如无籽西瓜等。

6）探索各种科技玩具，会正确使用，并能进行拆卸、组装等。

2. 了解科学技术的发展，熟悉著名的科学家

1）了解科学技术是不断发展、不断进步的，体会科学技术与人们生活的关系。例如，了解灯的发展史，探索了解从古至今的灯是什么样的，人们是怎样照明的，由此体会科学技术的发展给人们生活带来的影响，初步了解科学技术给人们带来了方便，科技发展提高了人们的生活质量。

学前儿童科学教育
内容选编的具体方法

2）了解并熟悉一些著名的科学家，知道科学家对科技的发展所做的巨大贡献。例如，可以听或读一些科学家的故事，也可以与科学工作者直接交流，激发对科学的崇尚和对科学家的敬佩之情。

四、学前儿童科学教育的评价

随着我国教育改革的深入，教育评价日益受到重视。教育部颁发的《幼儿园教育指导纲要（试行）》明确指出"教育评价是幼儿园教育工作的重要组成部分"，教育评价是和幼儿的学习过程紧密联系在一起的。现代教育评价思想强调教育评价的过程就是学习的过程。

学前儿童科学教育
评价的意义

（一）学前儿童科学教育评价的概念

学前儿童科学教育评价是以学前儿童科学教育为对象，依据一定的教育价值观，采用科学的评价技术和方法，对学前儿童科学教育活动中的相关要素进行分析、测定，最终作出价值判断的过程。例如，评价教师对科学教育活动的设计是否符合学前儿童的年龄特点，目标是否体现情感态度、方法能力和知识经验等方面的内容，评价教师教学方法的运用及学前儿童在科学活动中的探索兴趣和探究欲望，评价教师与学前儿童的互动情况及学前儿童在活动中的表现等。

学前儿童科学教育评价是学前教育评价的一部分，是对与学前儿童科学教育活动有关的各个方面进行科学的价值判断的过程。通过评价，教师可以了解自己的工作成果和活动的价值。这种评价可以是某一方面的，也可以是全面的、综合性的。例如，对某个活动目标的设计、实施情况进行的评价比较全面，对幼儿园某个学期儿童科学教育活动计划的评价则只是一个方面。

（二）学前儿童科学教育评价的内容

学前儿童科学教育评价的内容是指对学前儿童科学教育的某些方面进行评价，即评价什么。例如，是评价学前儿童科学素质的发展水平，还是评价学前儿童的科学态度、情感的发展水平？是评价教师指导学前儿童学习科学的水平，还是评价学前儿童科学概念的形成水平？

学前儿童科学教育评价的内容包含两个方面：一是对学前儿童科学教育活动本身的

评价，二是对学前儿童发展的评价。

1. 对学前儿童科学教育活动本身的评价

对学前儿童科学教育活动本身的评价，可以说是对教师科学教育工作和科学教育效果的评价，其中主要包括对活动计划、活动目标、活动内容、活动方法、活动过程、活动环境和材料以及活动中教师与学前儿童互动关系等方面的评价。

（1）学前儿童科学教育活动计划的评价

学前儿童科学教育活动计划包括幼儿园的科学教育计划，班级科学教育计划，各年龄班科学教育计划，各班学期、月、周科学教育计划和科学教育活动计划等。虽然各层次的活动计划的评价内容和标准有所不同，但各种活动计划都应注意以下几点：第一，能够体现我国的教育方针和正确的教育思想，体现学前儿童科学教育的总目标；第二，能够贯彻全园、全班教学计划的精神和要求，体现科学教育循序渐进的连续发展性；第三，所提科学教育目标能够根据本班幼儿的实际情况，符合其年龄特点；第四，能够包含专门的科学教育活动和渗透的科学教育活动，既规定整体的重点培养要求，又注意个体差异，提出个别幼儿的教育内容；第五，能够提出完成科学教育目标的具体方法和措施，明确规定科学教育活动所采取的形式和完成计划的日期。

（2）学前儿童科学教育活动目标的评价

活动目标是指教师期望活动所达成的教育结果。学前儿童科学教育活动目标的评价标准包括以下几个方面。

第一，活动目标能够与学期目标、年龄阶段目标以及科学教育的总目标相一致。各个层次的目标是为实现总目标而制定的，其表述虽然越来越具体，但必须全面落实总目标，与总目标在内容上保持一致。通过一个个科学教育活动目标的积累，构成阶段目标和终期目标。每一项活动目标的实现，都是向阶段目标、终期目标迈进一步。

第二，活动目标能够符合本班幼儿发展的整体水平和已有经验，并兼顾个体发展需要。每个不同的班级虽然在总体上符合该年龄阶段幼儿的一般趋势，但各自又有不同的实际情况。评价活动目标是否合理，不能孤立地看待某个目标，而应该根据学前儿童实际情况灵活地进行评价。

第三，活动目标能够包含科学态度、科学方法以及科学经验和概念等多个方面。目标的构成应该体现学前儿童科学教育的价值取向，促进学前儿童的全面发展。科学态度属于情感态度目标，是指学前儿童对科学活动感兴趣，有探索热情，有初步的科学精神和态度，如创造精神、合作精神、尊重事实、保护环境等；科学方法属于方法能力目标，是指学前儿童掌握初步的操作技能和探索方法；科学经验和概念属于知识经验目标，是指学前儿童获得有关周围事物间关系的知识经验。

当然，每次活动的具体情况不同。例如，在了解有关现代科技方面的内容时，目标较多指向知识经验和科学情感、态度的培养；而在了解有关科学原理时，目标则侧重于科学方法和科学经验的积累。所以，每次活动的目标应该既有所侧重，又不偏废。

第四，活动目标能够有利于学前儿童的终身学习和发展。在科学教育活动中，不能把掌握科学知识作为最终的目标，而应该注重激发学前儿童对科学探索活动的兴趣，培养学前儿童乐于思考、勇于创新的科学精神，教会学前儿童进行科学探索学习的方法，这些都将有利于学前儿童的终身学习和发展。

第五，整个活动的设计与实施能够围绕活动目标而进行。活动目标确定以后，整个活动的设计与实施应围绕活动目标来展开，如活动内容的选择、方法的运用、教师提问的设计等。

第六，活动目标的表述精练、具体，具有可行性。

（3）学前儿童科学教育活动内容的评价

学前儿童科学教育活动内容的评价包括对内容选择的评价和对内容设计的评价两个方面。活动内容的选择是指从科学教育所涉及的内容范围中去选取合适的内容；活动内容的设计是指针对所选内容，确定学习的深度和范围。学前儿童科学教育活动内容的评价标准包括以下几个方面。

第一，活动内容的选择能够与活动目标相一致。学前儿童科学教育所涉及的内容范围十分广泛，选择活动内容的首要依据就是活动目标。所以，活动内容应该紧紧围绕活动目标，有利于活动目标的实现。

第二，活动内容能够符合科学性。学前儿童科学教育的目的之一是对学前儿童进行科学素质的早期培养，因此，活动内容必须具有科学性，即活动所教授的知识应是准确的，应选取那些能被学前儿童感知的、证实的、可靠的材料。教师对活动中的知识点应认真查阅有关资料或向专业人员请教，获取正确的答案和解释。另外，活动内容的处理能够突出重点，详略得当，难易适当。

第三，活动内容能够体现时代性。科学教育活动的一大特点就是要反映科学发展成果，科学教育本身具有很强的时代性。所以，评价活动内容时要注意该内容是否符合时代特征，是否增加了现代科学的含量。

第四，活动内容能够贴近学前儿童的生活。来自学前儿童生活的内容，是最符合学前儿童天性、最自然、最富有生命力的教材。学前儿童科学教育活动的内容应该来源于学前儿童的生活，并能拓展学前儿童的经验。

第五，活动内容能够既适合学前儿童的现有水平，又具有挑战性。活动内容太难或太简单，都不利于学前儿童经验的积累和兴趣的培养。所以活动内容应该既适合学前儿童现有的发展水平，又有发展上的新要求。

第六，活动内容能够保证学前儿童直接参与活动，亲历科学发现的过程。探究是学前儿童学习的主要方式方法，因此，教师选择的活动内容应该具有探究性，能够使学前儿童在活动中手脑并用，亲身参与科学探索和发现的过程，真正成为活动的主体。

第七，活动内容能够与各领域有机结合、互相渗透。幼儿园各领域的教育内容之间存在着一定的内在联系，各领域之间只有互相渗透、有机结合，才能更好地促进学前儿童的全面发展。

（4）学前儿童科学教育活动方法的评价

在学前儿童科学教育活动中，学前儿童是学习的主体，教师是活动的组织指导者。学前儿童科学教育活动方法既包括教师指导和教的方法，也包括学前儿童探索和学习的方法。活动方法的使用是否得当，直接影响活动目标的实现。学前儿童科学教育活动方法的评价标准包括以下几个方面。

第一，活动方法多样化，如启发性的提问、准确的示范、有趣的设疑、利用适宜的材料进行启发、运用多种感官帮助感知、提出恰当的建议、师幼共同参与活动、指导具体的操作等。在活动中综合运用多种方法，才能起到良好的作用。

第二，活动方法直观、生动、形象、灵活，符合学前儿童的年龄特点。学前儿童科学教育活动方法应该根据活动目标、活动内容以及学前儿童的实际，恰当地选择和运用。

第三，活动方法能够做到因地制宜，根据幼儿园的环境、设备和条件选择合适的方法。

第四，活动方法能够体现学前儿童的主体性。在学前儿童科学教育活动中，学前儿童是活动的主人，教师应该充分调动学前儿童活动的积极性、主动性和创造性，使学前儿童亲历探索发现的过程，主动地获取科学知识和经验。

（5）学前儿童科学教育活动过程的评价

第一，活动过程的程序安排合理。活动的每个步骤之间应该存在着密切的联系，前一个步骤是后一个步骤的基础，后一个步骤是前一个步骤的不断深入。活动过程的结构应该是严密的，是层层递进、环环相扣的。

第二，活动过程能够接纳和尊重学前儿童的个体差异，充分考虑因人施教。在活动过程中，教师既要面向全体，又要注意对学前儿童个别的指导。针对学前儿童的不同特点，给予不同的具体的帮助。活动中采用集体、小组、个别活动相结合的形式，让每个学前儿童都可以通过适合自己的方法参与科学探索活动。

第三，活动过程能够充分体现教师与学前儿童之间的互动。在活动过程中，应该发挥教师的主导作用，突出学前儿童的主体地位。教师与学前儿童的沟通交流要自然、和谐、融洽。教师应多用积极肯定的语言、眼神、表情鼓励学前儿童，以自己积极饱满的情绪、生动有趣的语言感染学前儿童。在活动过程中，教师既是指导者、帮助者，又是合作者、支持者和观察者。

（6）学前儿童科学教育活动环境和材料的评价

学前儿童科学教育活动环境的创设和材料的准备是实现科学教育活动目标的物质保证。皮亚杰认为，儿童是在与周围环境的交互作用中成长起来的。对于学前儿童科学教育来说，环境的创设尤为重要。学前儿童科学教育活动环境和材料的评价标准包括以下几个方面。

第一，活动能够有效地利用周围环境中的教育资源。与学前儿童科学教育活动有关的教育资源是多方面的，它包括自然环境和材料、人力资源、社会组织、文化资源等。教师应选择有利于活动目标的完成、适合活动内容与学前儿童实际的教育资源。

第二，活动能够合理利用空间，创设科学教育的物质环境。建立科学区、自然角以及布置走廊、墙壁的环境，能够为学前儿童开辟更广泛的学习空间，提供更多接触探究物体的机会。特别是在实施每个活动的前一阶段（一两周前），应该在活动室内外（包括窗台、走廊）布置有关活动材料，张贴挂图、播放视频等，帮助学前儿童积累科学经验，有利于活动的开展。

第三，活动材料能够充分体现学前儿童科学教育的目标和内容。材料是目标的物化，只有精心选择和组织，才能确保学前儿童通过自己对材料的操作理解教育内容，实现教育目标。

第四，活动材料要安全、科学、经济、具有可操作性。材料的安全应体现在没有危险和保证清洁两方面。

（7）学前儿童科学教育活动中教师与学前儿童互动关系的评价

在学前儿童科学教育活动中，教师与学前儿童的良好的互动关系，能够在一定程度上保证活动取得尽可能好的效果。教师与学前儿童互动关系的评价标准包括以下几个方面。

第一，能够创造条件使学前儿童成为活动的主体，如学前儿童能在宽松的心理环境下积极主动地参与探索学习活动。

第二，能够充分发挥教师的主导作用，如教师的提问要得当、新奇、有启发性。

第三，教师与学前儿童的交往能够积极主动、和谐融洽，如教师的关心、接纳、尊重的交往态度，理解、支持、鼓励的交往方式。

第四，学前儿童参与活动的态度能够积极主动。学前儿童是主动的参与者，而不是被动的参与者和旁观者。

2. 对学前儿童发展的评价

学前儿童科学教育活动最终所要达到的效果应体现在学前儿童身上，即学前儿童的科学素养的提高。对学前儿童发展的评价以学前儿童为评价对象，通过对学前儿童发展的评价，对学前儿童做出某些鉴定，了解每个学前儿童的发展状况，以便更好地改进教学。同时，也可以获得一些间接的资料，以评价活动的效果。

对学前儿童发展的评价包括以下三个方面。

（1）对学前儿童科学经验和科学概念的评价

学前儿童是否获取了周围物质世界的广泛的科学经验，是否在感知经验基础上形成了初级的科学概念，可以通过有计划的测量、家长问卷、观察、作品分析、谈话等方式来了解，然后根据对资料的分析做出间接的评价。

（2）对学前儿童科学方法和能力的评价

对学前儿童科学方法和能力的评价主要是评价学前儿童探索周围世界和学习科学的技能与方法的发展水平。在科学活动中，学前儿童能够善于运用多种感官，掌握观察的方法，学会有顺序地观察；能够对一些物体进行比较、分析、抽象和概括；能够在一定时间内专注地观察、比较，有遇事思考的习惯；能用简单的方式方法记录探索和发展变化的过程，掌握简单的分类和测量方法；能够用语言、体态、绘画、塑造等手段表达交流科学发现；思维活跃，能大胆创新。

（3）对学前儿童科学情感和态度的评价

对学前儿童科学情感和态度的评价主要是评价学前儿童对周围世界的好奇心、探索周围世界和学习科学的兴趣、尊重客观事实的科学态度、乐于思考创新和合作交流的习惯以及关心、爱护自然和环境的积极情感。例如，在科学活动中，学前儿童对周围环境中的新异刺激产生惊异并做出积极反应；对自然界和科学活动感兴趣，喜欢观察、探索自然界，积极参与科学活动并在活动中表现出愉悦的情绪；关心自然界，爱护、保护动植物和周围环境。

对学前儿童发展的评价应注意以下几个问题。一是要明确评价的目的。评价的目的不是给学前儿童贴上等级的标签，或者给学前儿童排队。评价是为了教师了解自己的教育工作成效，以便根据学前儿童的发展需要，有针对性地选择教育内容和指导策略，最终目的是促进每个学前儿童科学素养的提高。二是要尊重学前儿童个体差异。注重每个学前儿童自身的纵向比较，发现他们的进步。不能用统一的标准评价不同的学前儿童，慎重采用学前儿童之间的横向比较。三是要评价方法自然化。不能只在活动结束后进行评价，必须将评价贯穿于活动过程之中，以学前儿童真实的日常活动为基础，全面反映学前儿童的发展状况。

（三）学前儿童科学教育评价的步骤

对学前儿童科学教育的评价要有一定的程序和步骤，以保证评价工作的顺利进行，使评价工作更具科学性和有效性。学前儿童科学教育评价一般包括以下几个步骤：明确评价目标，制订评价方案，实施评价方案，分析、处理评价结果。

1. 明确评价目标

评价是一种有目的的行为，所以评价之前必须确定评价目标。

（1）明确评价的目的

评价者要知道评价是为了什么，是了解科学活动的效果，还是探讨科学活动方法的运用？是考评教师的工作，还是分析学前儿童的发展状况？明确了目的，才能根据目的选择适当的评价内容和评价方法等。

（2）确定评价者

评价的目的不同，评价的实施机构和人员就不同。例如，对幼儿园进行评估定级，评价的组织机构应是上级教育行政和业务主管部门或专业的评估机构；对幼儿园内部教育效果的检查评价，评价者可以是幼儿园的管理人员或有关教师。

评价者必须接受专门的评价培训，掌握评价学前儿童科学教育活动必备的评价方法和评价技能，以达到应有的评价结果，起到评价的推动、激励、发展作用。

（3）明确评价的对象和内容

评价的目的不同，评价的对象和内容也不相同。评价学前儿童科学经验的掌握和科学概念的形成，可从以下几个方面进行评价：常见的自然现象（季节、气象、理化等自然现象）及其与人类、动植物有关的具体经验或初级的科学概念；周围环境（有生命物质和无生命物质）及其相互关系的具体经验或初级的科学概念；与学前儿童自己生活有关的科技产品及其对人类影响的具体知识。

2. 制订评价方案

制订评价方案就是根据评价的目标，对整个教育评价的内容标准、组织实施、方式方法等做出总体的规划，具体包括明确评价目标、制定评价标准、设计评价指标体系、选择收集信息资料的方法、准备评价的书面材料。

3. 实施评价方案

实施评价方案的过程主要是收集评价资料的过程，是学前儿童科学教育评价中工作量最大、技术性最强的一个步骤，是评价获得成功的关键。在评价的过程中，评价者必须遵循学前儿童科学教育的特点，用动态的、发展的眼光，尤其对教师设计活动以及组织指导活动的各个环节必须进行系统的、全程的、循环反复的评价。另外，教师组织学前儿童科学教育活动是一项复杂的劳动过程，而且学前儿童发展呈现出多样性、层次性，这些必然在科学教育活动中表现出来，因此在实施评价过程中要体现特殊性和灵活性。

4. 分析、处理评价结果

在获得评价信息和资料以后，评价者要对其进行及时、认真、科学的分析和统计，汇总整理统计结果，做出科学的评价结论并形成书面评价报告。

（四）学前儿童科学教育评价的方法

在学前儿童科学教育评价中，无论是收集评价资料，还是对评价资料做出解释，都要坚持科学性，不能通过主观臆测判断评价对象，而是应该依照第一手的客观材料来描述评价对象。特别是在收集评价信息和资料时，评价者必须严格按照科学的程序，有组织、有计划地设计和实施，包括运用观察、调查、访谈等方法来获取有关的事实资料，以保证结果的可靠性和代表性。

学前儿童科学教育评价的方法多种多样。根据不同的分类标准，可将评价的方法划分为下列几种。

1. 自我评价和他人评价

按照评价的主体，可以将评价的方法分为自我评价和他人评价。

（1）自我评价

自我评价是由评价者对自己做出评价。它是教育者从自我发展的需求出发，自发地引起评价活动，评价过程是自我观测、自我反思、自我改进的过程。自我评价是收集信息的重要渠道，现代评价观念越来越重视自我评价。

自我评价可以是定期评价，也可以是随时评价。评价范围可围绕一个研究主题进行，也可对活动的整体或某个方面进行评价。有时为了使自我评价更科学、更明确，可将活动过程用摄像机实录下来，以便于教师自我感受和评价。在自我评价的过程中，评价的组织者要引导教师进行客观积极的评价。实践表明，绝大多数教师能正确面对评价，比较客观地对所开展的科学教育活动进行评价。但有时往往找不出问题或者只找缺点而不发现优点，所以进行自我评价也需要加强指导，避免盲目性或主观性。

教师应经常性地对照评价指标，检验自己的教育观念、教育策略等，及时发现问题，补充必要的专业知识、技能，改进工作，使自己的教育水平不断提高，实现自我发展。

（2）他人评价

他人评价是由被评价者以外的其他人员作为评价主体展开的评价。所谓"其他人员"，可以是上级主管部门的工作人员、来幼儿园的参观者、本园的管理者和教师、幼儿家长等。评价应在相互信赖和相互尊重的气氛中进行。评价结束时，由评价者和评价对象共同商定评价对象在科学教育活动的设计和实施方面发展的目标以及组织指导活动的过程。一般情况下，若能排除主观偏见和不正之风，他人评价比自我评价更客观、更准确。

为保证评价的客观性、科学性和合理性，应将自我评价和他人评价结合起来，实行以教师自评为主，园长以及有关管理人员、其他教师和家长等参与评价的制度，实现评价主体的多元化。

2. 定量评价和定性评价

根据评价结果的处理手段，可以将评价的方法分为定量评价和定性评价。

（1）定量评价

定量评价是指用数字表示评价标准或结果。现代评价理论认为，凡是客观存在的现象，都有其数量方面的存在。因此，在学前儿童科学教育评价的过程中，可以通过收集有关数据，并对数据、信息、评价结果等进行量化处理，最终用数据的形式反映评价结论。例如，观察记录各班学前儿童在一段时间内在科学活动室各区域活动的人数，即可对各班学前儿童对各类科学活动的兴趣做出评价；记录学前儿童在一段时间内提问的数量，可以评价学前儿童的好奇心和善于思考的程度。

开展定量评价有助于认识的精确和深化，便于对评价结论进行数量比较，做出科学、客观的评价。在评价中，凡是能比较科学地量化的指标，应尽可能用定量的方法去评价，但也不能为了追求客观性、可比性而硬性量化。

（2）定性评价

定性评价是用简明的文字评语做出各项指标的评价结果或简单地用一个等级来表示具有多方面内容的评价方法。[①] 例如，对某教师设计与组织指导的科学教育活动做出评价：活动目标设计科学合理，符合学前儿童的年龄特点和智力水平，注重学前儿童的动手操作能力和探究兴趣的培养；教师组织能力强，语言富有启发性，能调动学前儿童学习科学的积极性；活动材料准备充分、操作性强、符合活动特点；能面向全体学前儿童并注重个别指导……

为保证评价更加科学、合理，应采用定性评价与定量评价相结合的方法。评价中坚持实事求是的态度，采用科学的理论、方法、程序，保证评价结论的可靠性、准确性。要立足于鼓励教师，坚持积极评价，避免消极评价。

3. 观察法、问卷法、作品分析法和访谈法

按照评价信息收集的途径，可以将评价的方法分为观察法、问卷法、作品分析法和访谈法。

---

① 林荣辉，2002. 幼儿科学教育活动指导[M]. 北京：北京师范大学出版社：356.

（1）观察法

观察法就是有目的、有计划地对评价对象的行为进行系统和连续的考察、记录、分析，并对观测结果作出评定的一种方法。由于观察是在日常生活的自然状态下进行的，可以保证获得真实、具体的信息。观察法的应用范围很广泛，包含的方法也比较多，常用的有自然观察、情境观察、行为核对三种具体类型。

1）自然观察。自然观察是评价者对幼儿在日常生活中自然状态下的行为进行观察及评价的方法。

自然观察的优点是可不受时间间隔的限制，只要事件一出现，便可随事件或行为的发展持续记录，可以经济有效地利用时间和精力。缺点是自然观察时的记录技术要求高，而且由于只记录选定行为的发生过程，所以有可能这些观察到的行为现象在不同的时间和场合会有不同的意义。

2）情境观察。情境观察是事先创设一种特殊的情境，以此引发评价者想要观察到的评价对象的有关行为反应，从而获得评价资料，测定幼儿发展水平的一种方法。例如，在科学桌上放置半盆水，周围摆放木块、铁钉、纸张、小瓶（有空的，半瓶水的，装满水的），观察幼儿对"沉与浮"这一科学现象的兴趣与认识，特别是观察哪些幼儿能够发现三个瓶子的沉浮关系以及纸张的沉浮变化等。

情境观察的优点是能够测定幼儿发展水平的不同层次，并且这种观察是在情境控制的情况下进行的，观察效果较好。缺点是创设一个很好地体现评价目标的情境难以把握。

3）行为核对。行为核对就是在观察之前，依据评价的目标和内容标准制定行为核对表，评价者根据观察到的事件或行为，对照行为核对表中的各项目逐条检核，并在符合的条目上做出记号并进行评定的一种方法。例如，在科学发现室中放两只小鸡、小鸭，观察幼儿对它们的行为反应，同时用幼儿行为核对表（表 0-1）记录幼儿的行为。

表 0-1　幼儿行为核对表

幼儿	从远处看	走近	在近处看	用手抚摸	用手抓捏	用语言逗引	模仿鸡和鸭的叫声	喂食	主动和同伴谈论	说出鸡和鸭的特征	发现鸡和鸭的不同	显露高兴的表情	其他行为表现	备注
甲														
乙														
丙														
丁														

注：在出现的行为上打"√"；表中未提到的行为，补充在"备注"栏。

通过现场的观察并填写幼儿行为核对表，可以得到一份幼儿对待小动物的行为记录。从中可以进行很多方面的分析：幼儿的好奇心，对待小动物的兴趣，对小动物的感情，以及幼儿的观察能力等。[①]

行为核对的优点是记录简便易行；缺点是事先要决定所要观察的行为类型，抽取一定数量的具体行为，制成行为核对表，制表比较困难。

---

① 张俊，2004. 幼儿园科学教育[M]. 北京：人民教育出版社：316.

（2）问卷法

问卷法是指由调查对象通过书面形式提供给调查者有关评价对象情况的一种评价资料收集方法。它的优点是简便易行，能在较短的时间内获得大量的反馈信息，而且便于进行量化的统计分析。缺点是缺少面对面的沟通，研究者往往不在现场，真实性无法核对；问题用文字或符号表达，对调查对象的要求较高，信息不够深入细致。

问卷调查需要事先设计和编制问卷。为便于回答和统计，一般选择的题型是填空、选择题、判断题、排序题等。

1）问卷的基本结构。问卷的基本结构包括题目、前言、指导语、调查项目、结束语五个部分。

题目就是调查的主题。

前言主要介绍调查单位和调查者的身份，简要说明调查的内容和目的；说明调查对象的选择方式和对调查结果的保密措施。语言要谦虚、真诚、简洁、明确、通俗易懂。

指导语是对回答问卷的方法、要求、注意事项等做一个说明。语言要简明易懂。

调查项目是问卷的主要部分，一般有三个方面：调查对象的基本情况（如年龄、性别、兴趣等）、行为情况、态度情况。

结束语包括答谢词和问卷回收方法。要用简短的语言对调查对象的合作表示真挚的感谢，同时，让调查对象明确如何回收问卷。

2）问题的编制和答案设计。问题的编制和答案设计是问卷的基本部分。问题的类型可根据问题内容的不同，分为开放式问题、封闭式问题、半开放半封闭式问题。

编制问题的语言要简练、通俗，内容应具体、清晰、含义单一。避免相互兼容，避免带有倾向性和诱导性，不能过分笼统和抽象，要考虑到调查对象的知识背景，问题不带任何暗示性。

设计的答案要明确简洁。多选题中各选项要相对独立，避免交叉和包容，选项应该具有层次性，排列要讲究逻辑性，所有答案只能按一个标准分类。

题目的排序和呈现要注意排列顺序，应遵循以下几条原则：同类组合、先易后难、先概括后具体、先封闭后开放、先一般后特殊。

（3）作品分析法

作品分析法是指根据幼儿的各种作品（图画、泥塑、所编故事、儿歌等），分析幼儿发展水平，或检测教育教学活动效果的一种方法。例如，要求幼儿观察小蝌蚪的生长变化并作观察记录，教师依次分析幼儿观察的细致性、准确性、系统性，同时了解幼儿坚持性、独立性等品质的发展情况。又如，秋天通过结合散步让儿童捡树叶，并用落叶粘贴成画，来分析儿童相关的兴趣、能力等。

作品分析法的优点在于资料较易收集；缺点也很明显，即往往不能系统、完整地了解幼儿的科学素质发展水平。

（4）访谈法

访谈法也称谈话法，是指评价者通过直接和访谈对象进行交谈来获取有关信息的一种收集评价资料的方法。

访谈法的优点是过程灵活、深入；获得的资料直接、可靠；有利于谈话对象发挥主动性；简单易行，使用面广。访谈法的缺点是样本较小，获得的资料比较难以标准化；对被调查者的心理状态不好控制，有一定的局限性；对访谈者素质要求很高，访谈者的价值观、态度、谈话水平、语气等，都会影响评价对象，容易导致偏差。

访谈的形式多种多样。可以进行小组访谈，即和几个访谈对象同时进行，也可以个别访谈；可以进行封闭式的访谈（即限定问题的访谈），也可以进行开放式的访谈。

不管采用何种形式的访谈法，访谈者都要做好准备工作，如选择适当的访谈形式，设计好访谈提纲，了解被访谈者的情况，选好访谈的时间、地点。访谈中要与被访谈者建立良好的关系，取得其信任。同时，要尊重访谈对象的年龄特征。

一位教师在了解幼儿心中的"虫子"概念时，就运用了访谈法。她拟出了几个中心问题和幼儿交谈。通过交谈，她甚至发现幼儿有很多想法是自己不曾知道的。例如，她和某个幼儿的谈话是这样的：

教师："你喜欢虫子吗？"

幼儿："不喜欢。"

教师："为什么不喜欢？"

幼儿："虫子不好，会咬人。"

教师："你知道哪些虫子？"

幼儿："我知道好多虫子，就是不知道名字。"

教师："蚂蚁是虫子吗？"

幼儿："蚂蚁不是虫子，它就是蚂蚁。"

教师："蚊子是虫子吗？"

幼儿："蚊子是虫子，它会咬人。"

教师："苍蝇是虫子吗？"

幼儿："苍蝇也是，它会咬人。"

这个幼儿实际上把虫子定义为会咬人的东西，而只有通过谈话的方法，才能如此真切地了解幼儿的这些想法。

📖 **案例 0-1**

有趣的影子

（大班）

一、活动目标

1）初步了解影子形成的原因，知道影子变化与光和物体位置有关。

2）主动参与操作活动，在大胆猜想中用自己的方法记录探索过程。

3）乐于与同伴分享自己的发现，了解影子与人们生活的关系。

二、活动准备

手电筒、白色幕布、投影仪、课件、记录纸、笔、各类动物模型。

三、活动过程

（一）激发兴趣，感知影子

播放《西游记》皮影戏幕前部分表演并请幼儿猜一猜："你看到了谁的影子？"随后播放幕后部分，以揭秘形式引出活动主题，让幼儿初步感知影子和皮影人的关系。教师进一步提问："教室里现在有影子吗？拉上窗帘以后呢？怎样才能看到影子？"

小结：有光、有物体就会有影子，影子是黑的。

（二）趣玩游戏，感受光影

1. 动物舞会

提供各种姿态的动物模型并提问："这些玩具的影子会发生神奇的变化，试试看，有什么发现？把它记录下来吧！"过程中引导幼儿主动探究、变换手电筒位置、观察影子的变化。鼓励幼儿演示并大胆交流。

小结：光离玩具近，影子就大；光离玩具远，影子就小。玩具的姿势变了，它的影子也就变了。

2. 影子舞会

打开投影仪并播放音乐，鼓励幼儿想办法让自己的影子在幕布上跳舞。教师尝试引导幼儿改变位置、和身边幼儿合作做造型等方式，多方面亲身体验："尝试改变位置，看看影子会有什么变化？和旁边的小朋友合作，看看用身体其他部位能不能跳出有趣的造型？"

（三）延伸生活，拓展新知

教师提问："生活中的影子能够为我们带来什么好处呢？"教师通过课件拓展幼儿思维："夏天可以用大树的影子避暑、投影仪的发明等。"

四、活动延伸

带领幼儿到户外寻找各种物体的影子及自己的影子并进行"踩影子"的游戏。

（青岛市李沧区奇峰路幼儿园　朱丽莉）

案例评析：

本活动结合幼儿日常生活中常见的物理现象"影子"展开，内容选材贴近幼儿生活。基于幼儿的直接经验，凸显"做中学"的教育理念。教学环节设计层层递进，利用幼儿喜爱的游戏，不仅激发了幼儿对影子探索的欲望，更巧妙地解决了活动的重难点。

拓展阅读

皮亚杰的认知发展阶段论

皮亚杰把儿童比喻成科学家，意指儿童像科学家一样，通过自身和周围世界的相互作用，自己建构关于客观世界的科学认识。皮亚杰关注儿童科学认识发展的自发性，描述了儿童科学认识随着认知发展阶段的演进而改变的过程，同时提倡让儿童通过主动的探究活动进行自主式的学习。

皮亚杰认为，处于前运算阶段的 2～7 岁的儿童是受直观的刺激限制的，他们不同于感觉运动阶段的儿童。他们能内化行为，但只能以环境刺激进行内化活动，而且不能持久；能在表象水平上进行运算，能使用语言但可能不正确。皮亚杰还认为，这个阶段的儿童是以自我为中心的，他们对周围世界的看法往往是主观的，不能考虑其他人的看法。这个阶段的儿童能够观察和描述一个物体的特征或一个现象的状态，但他们只能看到物体的一个特征，而且集中于表面的特征，不能协调变量，很难认识一个物体的多个特征。

皮亚杰认为，儿童的认识来自主体和客体之间的相互作用。儿童早期不能很好地区分主体和客体，因此，他们的认识常常表现出"泛灵论"的特点，即认为万物是有灵的，任何东西都是动的，是活的。

皮亚杰的认知发展阶段论从儿童认知结构发展的角度解释了儿童学习科学的特点。他认为，儿童的科学认识和认知结构的发展是平行的，儿童科学认识的发展取决于他们的认知发展阶段。

皮亚杰认为，儿童认识和智力结构的起源是物质的活动，通过活动，个体与环境相互作用，主动建构他们自己的智力结构并逐渐建立起更精确的智力结构，使儿童的智力发展从一个阶段转换到另一个阶段。

皮亚杰认为，知识经常是与动作联系在一起的，动作是连接主体和客体的桥梁。在动作操作过程中，主体和客体之间相互作用，一方面使客体发生了一定的改变，另一方面也使主体在相互作用的过程中获得了一定的认知。个体知识经验的获得是在主体与客体相互作用的过程中主动建构的结果。儿童只有通过自己具体和自发地参与各种活动，才能获得真实的知识，才能形成自己的假设，给予证实或否定，从而形成新的认知结构。

皮亚杰指出，整个认知结构的发展是儿童的自主调节，儿童会不断地将新的经验整合到已有的认知结构中，并促成原有认识的改变。这是通过同化和顺应的过程实现的。所谓同化，就是将新经验纳入已有认知结构中，而顺应则是改变已有认知结构以适应新的经验。

皮亚杰的认知发展阶段论揭示了不同发展阶段儿童认知的一般特点，发现了儿童的精神世界中具有对科学的独特而生动的理解。皮亚杰的研究对于我们理解儿童的科学及其发展、演变过程具有重要的意义。可以说，皮亚杰是发现儿童科学的第一人。他把教师的注意力从自己所理解的成人的科学转向儿童的科学，提醒教师接受、承认乃至欣赏儿童对周围世界的科学认识，从儿童的角度、用发展的观点来看待儿童的科学认识，这些对今天的学前儿童科学教育仍具有重要的意义。

综合实训

1. 了解一所幼儿园小、中、大班一学期的科学教育的内容，做好记录并分析比较其异同。
2. 观摩一个幼儿园科学教育活动，记录并尝试进行评价。
3. 以小组为单位，选择一个优秀的科学活动方案进行分析，并尝试进行模拟试教。

项目一
学前儿童观察活动

📖 学习目标

- 了解观察活动的概念、价值和类型。
- 理解并掌握学前儿童观察核心经验的发展及特点。
- 掌握不同类型观察活动设计的基本方法及指导策略。

案例引导

今天天气预报有雨，天阴沉沉的。乐乐问："老师，今天天黑乎乎的。"希希跑过来说："有乌云，有大妖怪要出来。""不是，要下雨了。"……大家你一言我一语地趴在窗户旁谈论着。老师看孩子们兴致勃勃，于是决定把这节课改成集体教学活动"下雨了"，进一步引发幼儿对下雨这个自然现象的兴趣，引导幼儿观察雨前、雨中和雨后周围环境的变化，带幼儿在雨中聆听雨落在物体表面发出的节奏声，体验雨中游戏的快乐。

老师带着幼儿来到户外，感受雨要来临时天气的变化。老师请幼儿观察天上的云，并问道："你们看，现在的云和平时的云有什么不一样？是什么颜色的？你在室外有什么感觉？"孩子们抬起头盯着云看。

明明说："要下雨了，云彩就是这个样子，黑黑的。"

乐乐说："小蚂蚁都回家了，地上都没有小蚂蚁。"

希希说："我感觉马上就要下雨了，好像有小雨点儿下来了。"

老师接着说："是啊，要下雨了，我们赶紧回教室吧。"孩子们恋恋不舍地回到教室。乐乐跑过来对老师说："我想到雨里玩一玩呢。"其他孩子异口同声地说："我也想！"老师问："那怎样才能不被雨淋呢？""穿雨衣、雨鞋。""还可以打伞。"孩子们七嘴八舌地说着，兴奋洋溢在脸上。"好，就按照你们所说，我们选择一种方法到雨中去听听雨落下来的声音、看看雨点儿的样子，把你的发现分享给大家。"

外面的雨下起来了，孩子们跃跃欲试。老师再次强调："别忘了交给你们的任务。这里有好多的瓶瓶罐罐，你们也可以拿着，接接雨水，玩一玩吧。"在雨中，有的孩子奔跑着，用脚去踩水看水花四溅；有几个幼儿蹲在伞下听雨点落下的声音、看雨落下的样子；还有的用小手去接雨点儿，想要抓住它们……

乐乐跑过来对老师说："老师，我听见雨落在房檐上是嘀嗒嗒嘀嗒嗒的声音！"

明明说："我听到的是铛铛的声音，就是在这。"老师顺着明明手指的方向看，原来是雨点儿落在了盆子上。

"我发现雨点儿落下来变成水了。"

"我能用瓶子接好多好多的雨点儿。"

"下雨了，小动物们都躲起来了，一个都看不见了。"……

活动结束后，老师请幼儿将雨具归位，整理好衣服，围坐在一起，说一说在雨中发现的有趣的事情，最开心的是什么。老师还请幼儿观察雨停了之后环境的变化，把自己的发现用图画表征出来。最后，老师给幼儿提出一个问题："为什么会下雨呢？"请幼儿找找答案。

（济南市槐荫区教育教学研究中心　景萍）

想一想

这是一个幼儿园教师组织幼儿观察雨的活动案例。在这个案例中，幼儿运用了哪些感官来观察雨？教师为什么把观察的地点从室内移向室外？活动中教师提供了哪些支持助推幼儿开展科学探索活动？观察活动应如何设计？

任务一　认识学前儿童观察活动

一、学前儿童观察活动的含义

观察是一种有目的的知觉活动，是人类认识客观世界的主要形式。千百年来，人类是这样认识和了解周围世界的：首先通过感知活动，认识客观事物的外部特征；再经过分析、综合，进一步了解事物的本质特征，并在认识新事物时，把新事物同化于已有的认知结构中。学前儿童认识周围世界同样经历了这样的过程，所以说观察是学前儿童认识世界的基本方法。

学前儿童观察一般是指教师有目的、有计划地组织和启发儿童运用眼、耳、手、口、鼻等多种感官，帮助其获得事物与现象的具体印象，并在此基础上逐步形成概念的方法；有时也指学前儿童对偶然发现的、有趣的事物与现象，自发地进行观察。

例如，教师为了让中班幼儿认识多姿多彩的菊花，在秋季布置了小小的菊花展，让幼儿在看看、闻闻、摸摸的欣赏活动中完成观察任务。活动中教师还设计了一系列问题，遵循由浅入深、层层推进的原则，积极引导幼儿进行有序的观察，借助富有启发性的问题，引导幼儿与活动材料互动，进行操作、探索、思考，进而发现问题，求得答案，这采用的就是观察法。

依据对象数量、观察时间等方面的差异，学前儿童观察活动可以划分为不同的类型，见表1-1。本书将重点对个别性观察、比较性观察和长期系统性观察三种主要类型展开分析。无论何种分类，在实际活动中必然会有相互渗透和交叉的现象。例如，长期系统性观察，既可在室内观察小蝌蚪的生长变化，又可实地比较观察桃树、杏树的发芽、长叶、开花的变化过程；个别性观察既可以是学前儿童自发性观察，也可以是教师组织的观察；实地观察可以是长期系统性观察，也可以是间或性观察，同时可以是对个别物体的观察或比较性观察，还可以是偶发性观察或自发性观察等。

表1-1 观察活动的类型

观察角度	观察活动的类型	
对象数量	个别性观察	比较性观察
观察时间	间或性观察	长期系统性观察
空间位置	室内观察	实地观察
有无预定计划	偶发性观察	有目的、有计划的观察
引发者	学前儿童自发性观察	教师有组织的观察

📖 **案例 1-1**

奇"石"妙想

一天上午，大二班的幼儿进行户外自主游戏，走出大厅后第一眼就发现了幼儿园的树下多了好多好多的石头（图1-1）。他们兴奋地走到石头旁边，起初他们只是单纯地触摸和搬运石头，后来他们发现每个石头除了大小不一样之外，外形也不一样，寻找一块喜欢的石头成为他们的兴奋点。

图1-1 幼儿园里石头多

小瑜："这些石头怎么这么大呀？"

玉玉："你看，这个石头小。"

笑笑："老师，石头太重了，我们都搬不动。"

小小："你试试这块石头，比你的轻。"

米粒："每个石头都和小朋友一样有自己的名字吗？"

可乐："幼儿园里多了好多石头，摸起来凉凉的，这些石头是从哪里来的呢？"

大象："老师，你快看，我发现了一块'爱心'石头，太漂亮了。"

淼淼："老师快看，我找了一块像翼龙的石头。"

婷婷："老师，这块石头像不像一块西瓜？"

回到班里，老师让幼儿对自己发现的石头形状进行表征。有的幼儿把自己观察到的石头用绘画的形式呈现出来，有的向大家分享自己发现的石头的外形：有三角形的石头、有蛋糕样子的石头、有长得像翼龙的石头、有像恐龙蛋的石头……他们对"为什么石头形状是不一样"这个问题产生了浓厚的兴趣。老师并没有直接回答幼儿的问题，而是请幼儿回去之后做相关调查，探寻石头风化的过程，并追随幼儿的兴趣进行了大自然的搬运工（图1-2）、"石"在好玩（图1-3）、幼儿创作的石头画（图1-4）、我和石头的100种语言等系列主题活动。

图1-2　大自然的搬运工　　　　图1-3　"石"在好玩　　　　图1-4　幼儿创作的石头画

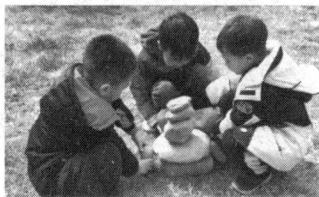

案例评析：

在上述案例中，从观察的空间位置可以看出是户外的实地观察，活动是基于幼儿的兴趣和需求，从幼儿的自发性观察到教师有组织的观察，运用特征观察法对石头外形特征进行观察并进行深入的了解，通过对比分析、判断思考发现了每一个石头的外形都是不一样的，在探究中发现石头有的大有的小，有的轻有的重，摸起来凉凉的等特点。通过对各种石头进行比较，更为精准、细致、完整地认识了石头的本质特征，并在后续的系列活动中，进一步萌发幼儿对石头的好奇心和亲近感，发展了幼儿的观察能力和科学素养。

门捷列夫认为，科学的原理起源于实验的世界和观察的领域，观察是第一步，没有观察就不会有接踵而来的前进。在学前儿童科学教育中，观察是学前儿童科学学习与发展的核心经验，也是教师指导学前儿童感知客观事物与现象的基本方式，同时也是推动学前儿童学习科学、探索科学过程中最重要、运用最多的一种手段。

二、学前儿童观察核心经验的发展及特点

阿诺德·洛贝尔（Arnold Lobel）认为，知识永远不能代替简单的观察。科学的本质在于观察，观察是人们认识世界的一种最基本的科学方法，具有目的性、计划性和持久性的特点。幼儿学科学是运用多种感官或者借助工具去发现周围的事物和现象，在不断探究中形成科学思维和方法，从而获取科学知识和经验的过程，而观察是幼儿探究活动中最基本和最重要的方法。

在日常生活中，有的幼儿对周围的环境特别好奇，他们无论是看到地上的一朵小花、一群小蚂蚁，还是看到空中飞的蝴蝶和蜜蜂，都会有特别多的问题。他们会问："小蚂蚁的家在哪里？""这朵小花在外面会不会冷？""小蜜蜂为什么蜇人？"有的幼儿却对生活中发生的事情、现象熟视无睹，即便把他带到大自然中，问他："你看这里有好多小花，你发现花上有什么吗？"他们也会习惯地说："没有。"其实，有很多蝴蝶落在花上。从上述描述中就会发现，幼儿的观察力存在明显差异，观察力的形成需要长期观察活动的积累，拥有敏锐观察力的幼儿对其感知的精准性、想象力和思维的发展都有重要的促进作用。

幼儿观察力的发展离不开教师的支持和引导，教师只有了解幼儿观察的核心经验及阶段性特点（表1-2），才能更好地组织实施科学教育活动。

表 1-2　学前儿童观察的阶段性特点

项目	第一阶段	第二阶段	第三阶段
观察目的	好奇心指引的无意识观察	任务驱动下的有意识观察	内心需求的有目的性的观察
观察方法	运用多种感官感知物体的典型特征	对不同的对象进行比较观察，尝试运用顺序观察的方法	对事物、现象进行长期系统性观察
观察内容	关注事物与现象的外在特征	发现事物现象之间的明显关系	发现事物现象的潜在特征
表达与交流	以口头语言和肢体语言为主的表征方式，能简单地讲述自己对探索的事物和发现的现象的认识、想法等	用口语比较清楚地表达探究的过程和结果	能有序、连贯、清楚地讲述和交流，能用多元表征进行交流，能注意到事物之间的发展顺序、因果关系等内在逻辑关系等

　　首先，幼儿观察的核心经验之一就是具有明确的目的性，不同于一般的感知认识活动。若在活动中没有明确的目的性，只能算是一般的感知，不能称为观察。教师可通过提问的方式与幼儿互动。例如：你发现了什么？在哪里发现的？这是什么？它的毛摸起来怎么样？引发幼儿有目的地观察。

　　其次，观察过程尽可能地运用眼、耳、舌、鼻等感官去感受、体验各种活动，在丰富的活动中认识物体，发现其特性。观察分为直接观察和间接观察。直接观察，顾名思义，就是运用各种感官，包括用眼睛去看，用鼻子去闻，用嘴巴去尝，用耳朵去听，用皮肤去感受，以了解各种事物与现象的属性和特征。例如，在认识石榴的活动中，幼儿用眼睛去看石榴的形状、颜色，去比较石榴的大小，用手触摸石榴，感受石榴皮的质感，用嘴巴去品尝石榴的味道，等等，这些都属于直接观察。间接观察是指借助工具或者仪器辅助观察以获得事物的信息，感知物体的特征，如幼儿拿放大镜去观看手指的指纹、树叶的叶脉、小蚂蚁的身体等。

　　最后，在观察活动中，幼儿经验的提升需要融合多种认知的参与，不仅有感知觉的体验，还包括注意、记忆、思维、言语等多种认知的参与，这样的观察才能更好地了解事物的本质。人们对事物的认识始于观察，在观察中运用比较、分类、分析、验证等方法，交流分享自己的发现。例如，大班教师组织幼儿探究摩擦力的教学活动，对万能工匠（一种益智玩具）的零件滑轮（形状像圆盘）进行改造，将一面贴上瓦楞纸，另一面保持不变，先让幼儿用手去触摸两面，感受光滑和粗糙的不同，然后提出问题："滑轮从斜坡滑下来，会发生什么？"让幼儿大胆猜想，并分组自由探索，体验滑轮在斜坡滚动的乐趣，交流自己的发现，验证自己的想法。在这个环节的探究中可以看出，幼儿发现摩擦力这种物理现象是多种认知融合并参与的，这样更有助于幼儿全面地了解事物的现象。

　　从《3—6岁儿童学习与发展指南》科学领域目标中可以发现，学前儿童观察核心经验随着幼儿的年龄而变化，观察能力的发展也随之变化。3～4岁幼儿受好奇心牵引，对什么都非常感兴趣，观察毫无目的性，观察对象容易转移，一会看看这儿，一会摸摸那儿，观察顺序杂乱，缺乏系统性，但在观察中能发现事物明显的外部特征，能发现事物的变化。4～5岁幼儿无论是观察目的还是观察方法都有了明显的提升，能够按照事物的表面现象进行观察并发现事物之间的联系。5～6岁幼儿能对事物进行长期系统性观察，发现事物与现象的内在联系。教师应从观察目的、观察方法以及观察内容等方面把握幼儿观察能力发展的特点，以更好地组织幼儿观察活动。

三、学前儿童观察活动的价值

观察可以保证学前儿童在直接接触事物的过程中，运用多种感官直接、具体地认识事物，提高综合活动能力，培养运用感官探索周围环境的习惯，并为发展抽象思维能力、形成概念提供丰富的感性经验。

在学前儿童科学教育中，观察的价值具体体现在如下几个方面。

（一）有助于发展学前儿童的感知能力

在观察过程中，学前儿童经常运用各种感官与自然环境接触。例如，通过视觉感知物体的外形特征，通过听觉感受不同物体发出的声音，通过味觉品尝各种食物的味道，通过嗅觉感知各种物体散发的不同气味，通过触觉感受各种物体的质地等。正因为观察活动需要多种感官共同参与，故而可提高学前儿童感觉的综合活动能力，培养学前儿童尽早学会运用感觉来主动探索周围世界的能力。

（二）有助于学前儿童获得最直接、最具体的知识和经验

观察活动为学前儿童提供了直接与周围世界接触的机会，使其获得最直接、最具体的反映客观事物的经验，将其带入科学之门。学前儿童借助各种感官，通过观察探索大自然的奥秘，在饶有兴致、刨根问底的观察过程中，学前儿童不断积累经验，为形成科学概念奠定良好的基础。

（三）有助于学前儿童掌握科学的观察方法和技能

观察是学前儿童学习自然科学、研究自然科学的一种基本的方法。在教师有目的、有计划地组织、引导和帮助下，通过多层次、多角度地审视观察对象，学前儿童可以从中学到科学的观察方法和技能，促进观察能力的发展。

观察是一种复杂的心理活动过程，不仅能提高感觉器官的机能，还可以锻炼大脑皮质，从而有效地发展学前儿童的智力。例如，在观察活动中，学前儿童相互之间积极交流信息，不断发现新问题并积极思考，进而促进语言的积极发展，提高语言表达能力；在丰富感性知识并进一步形成概念的观察过程中，逐步学会比较、分析、综合、概括，从而促进思维能力的发展。特别是在教师引导下，学前儿童可逐步学会较为自觉地控制自己的注意力，这是其他任何活动都不能替代的。

（四）有助于学前儿童语言的发展

学前儿童的认知与语言的发展密不可分。丰富的感性认识是学前儿童语言发展的源泉。学前儿童在感知事物的同时学会了相应的词汇，随着不断地观察，学前儿童词汇数量不断地增加，不仅学会名词，而且逐渐学会运用各种形容词，如雄伟、壮丽、绿油油、光秃秃、软绵绵、亮晶晶……同时，丰富多彩的事物也能激起学前儿童想用语言描述所见所闻、表达自己感受的愿望。例如，有的小朋友看见孔雀开屏时会说："孔雀开屏最

好看，尾巴一张开，就像一把很大的扇子。"观察在给学前儿童提供了大量的感性知识的同时，促使学前儿童学习了相应的词汇和句式，促进了学前儿童语言的发展。

（五）有助于学前儿童形成对人和周围事物的正确态度

学前儿童在观察了解周围世界的同时，还会发现并提出许多问题，如"太阳出来后月亮去哪儿了""用枝条能长出（繁殖）小花苗吗""小蜗牛有嘴巴吗"等，并在教师的帮助下或在与同伴的讨论、合作中，努力去探求问题的答案，不断提高探索周围世界的兴趣及探索能力。

学前儿童在直接观察周围事物的过程中，亲眼看到了人们不畏酷暑和严寒辛勤地劳动，才改造了大自然，改变了环境，种出了粮食、蔬菜、水果，盖成了高楼大厦，制造出科技产品……这有助于培养学前儿童对成人及其劳动的尊敬，逐步形成对人、对周围事物和环境的正确态度。

任务实训

请去幼儿园观摩并评价一个观察活动，分析其价值意义。

任务二　初步认识个别性观察

一、个别性观察的内容

个别性观察指幼儿对单个（或一类）物体或现象的观察，即教师有目的地引导幼儿运用视觉、听觉、嗅觉、味觉、触觉、运动觉等多种感官，与周围某一事物或现象直接接触，了解其外形特征、属性、习性等。例如，幼儿观察乌龟，或观察云等个别天气现象。

通过个别性观察，学前儿童可获得有关物体（或现象）的以下相关信息。

（一）物体（或现象）的外形特征

运用视觉观看物体（或现象）的形状、颜色、大小；运用听觉倾听事物发出的不同声音；运用嗅觉闻不同物体散发的味道；运用触觉感知物体的软和硬、粗糙和光滑；运用感知觉判别物体的轻重以及事物的弹性大小、黏滞度与湿度等特性。

（二）非生物体的外部结构和功能

例如，观察自行车的外部结构和功能。又如，通过观察汽车前后的转向灯，获知它是用来提示人们"注意！我要转弯了"，从而丰富交通安全方面的知识经验。

（三）个别生物体的生活习性和生长特点

例如，观察金鱼如何吃食物、如何游泳；观察袋鼠如何走路、如何带小宝宝；观察青蛙既可以在水里游，又可以在地上跳等。

（四）物体（或现象）的存在与周围环境的关系

例如，通过寻找蚱蜢的活动，幼儿可学习寻找和观察蚱蜢的方法，还可以学习捉蚱蜢的方法，并且在观察活动中进一步激发探索兴趣，并知道蚱蜢的外形特征、生活习性以及生活环境等。通过寻找蜗牛的活动，获知蜗牛在雨后出现，通过观察蜗牛周围菜叶的残缺，得知蜗牛吃什么等。

你好，孔雀鱼

个别性观察在整个学前儿童期均可进行。个别性观察是最基本的观察技能，是其他各种观察类型的基础。

二、个别性观察的设计与指导

个别性观察活动是学前儿童科学活动中最基本的学习方式，教师作为幼儿最早接触科学的引路人，为幼儿创设一种有生命力的自主性学习班级氛围尤为重要，通过搜集材料、我的小发现、情境表演等多种形式的引导活动，让幼儿能够直接感知、亲身体验和实际操作，在多种感官的交互下获得有意义的学习和发展。

（一）创设自然、有吸引力的环境

有吸引力的环境是指教师根据幼儿的兴趣和需求、相关科学概念和幼儿科学关键经验，有目的地创设引发幼儿好奇心的环境和吸引幼儿摆弄的材料。可以在教室进门处创设奇趣桌或者四季桌，奇趣桌的价值在于能根据每月主题活动的内容进行投放，不断变化的物品或者读物能吸引幼儿主动观察、思考和探究。

例如，教师想要引导幼儿观察不倒翁，探索理解不倒翁不倒的秘密，可以提前把不倒翁的玩具放到奇趣桌上，在操作摆弄中引发幼儿思考问题"不倒翁为什么会不倒"，继而围绕"平衡"现象展开探究活动。

四季桌源自华德福教育，强调的是与自然呼应，让幼儿更好地感受四季的变化，学会对自然和生命的敬畏，通过直接体验和观察来认识自然界中的节律和循环。例如，在秋天的四季桌上可以摆放各种水果，引导幼儿发现不同水果的形状、颜色、大小等不同。

在教室中还可以专门创设一个科学探索的区域，有计划地投放各种有趣的材料。例如，在了解物质科学、引导幼儿探究光的活动中，教师就可以在科学区投放有盖子的盒子、手电筒、小图片、厚绒布等材料，让幼儿观察"黑盒子里面的秘密"。也可以在班级的窗户上贴上一些彩色的图案，让幼儿观察阳光照进教室的样子，满足幼儿了解周围环境和自然的需要，鼓励幼儿按照自己的节奏进行观察和探究。

（二）教师的引导性发问与倾听

卡森（Carson）认为，如果一个幼儿要维持他内在的好奇心，那么他至少需要一个成人与他分享，和他一起快乐地、兴奋地探究这个神秘的世界。在个别性观察过程中，教师的引导性发问和倾听是尤为重要的。对待不同年龄段的幼儿，教师的倾听和发问需要选择不同的策略。

小班幼儿处于提问的高峰期，易受外界变化的影响，表现出随机性探究的特点，他们看到什么就会问什么。例如，为什么天会黑呀？布娃娃怎么不会说话呢？妈妈为什么会生气？……但对于问题的答案并不在意，因此教师最好的支持就是尽可能地倾听幼儿，提供多元环境刺激幼儿感官，满足其好问和摆弄的天性，对于幼儿提出的问题给予关注和鼓励，并积极地回应和欣赏。例如，当幼儿提出"布娃娃怎么不说话"的问题时，教师可以回应幼儿的想法说："你发现这个布娃娃不说话，你是不是想和布娃娃说话呀？"然后和幼儿一起玩游戏，分享游戏的体验和乐趣。

到了中班，幼儿不仅提出问题，而且积极地寻找问题的答案，能初步发现事物之间的关系，这时教师的支持更多表现在与幼儿一起卷入感兴趣的情境中，共同探究，寻找答案，而不是直接告诉幼儿答案。为了更好地维持幼儿的兴趣，教师可采用与幼儿同样好奇的态度或者运用提出新问题的方法，启发幼儿进一步思考。例如，幼儿在日常生活中发现了风车会转动、汽车轮子会转动、玩具齿轮会转动等现象，于是产生了强烈的兴趣，教师可以专门设计一次活动——有趣的转动，与幼儿一起探索转动的秘密，从导入环节提出问题"我们的身体有哪些部位会转动呢"让幼儿去体验、感受和发现，到展开环节提供各种材料（风车、陀螺、积木、篮球、伞、硬币、地球仪、风车等）让幼儿玩一玩、看一看、说一说，寻找物体转动的原因，发现转动的速度与力、角度和方向等有关系。

大班幼儿的问题意识更强，他们喜欢刨根问底，能通过自己的探究找到答案，只有找到答案或者问题解决了，他们的好奇心才能真正得到满足。在此阶段，教师要倾听幼儿的想法，及时鼓励并支持幼儿的探究行为，帮助幼儿明确探究的问题、做出假设，在探究中收集证据并讨论分享发现的结论。例如，一个幼儿观察小鱼，发现小鱼在鱼缸里游来游去，和他在书中看到的小鱼吐泡泡的样子不一样，于是他从科学区里拿出吹泡泡的材料悄悄地放到了鱼缸里，第二天发现小鱼都死了，于是他很伤心地对老师说："我看见小鱼不吐泡泡了，以为它快要死了，我给它制造了一些泡泡，为什么它还会死？"老师了解了幼儿的行为后，没有斥责幼儿，而是换了一缸新鱼，引导幼儿观察鱼在水中是否吐泡泡，周末让家长带幼儿去海洋世界看看鱼在水中的样子，一起交流鱼到底吐不吐泡泡、鱼什么时候会吐泡泡，并和幼儿一起生成了关于"各种各样的鱼"的科学探究活动，进一步了解鱼类的生活习性以及鱼与人类的关系。

（三）注重多领域融合渗透

个别性观察活动是一切观察的基础，教师可以根据观察内容开展多元的学习活动，结合主题模块化的科学概念进行多领域渗透，让幼儿的科学学习随时随地发生。有关研究表明，发现式学习是幼儿阶段最佳的学习方式，教师可以直接或者间接地做出指导，可以直接预设学习内容，组织实施教学活动，也可以创设问题情境，引导幼儿进行实验探索，并提供创造和解决问题的机会间接地进行指导，引导幼儿展开讨论。

个别性观察的组织形式要灵活多样，可以通过集体教学、小组活动、区域活动等方式，运用整合的方法激发幼儿身体、情绪、感觉、认知等的内在潜能，促进幼儿科学思维及能力的发展。例如，主题活动"有趣的磁力"中，核心概念包括：磁铁能吸引一些物体，不同磁铁有不同的磁力，磁铁能隔着一些材料吸引物体，磁铁能磁化另外一些物体，磁铁的两端磁力最强，磁铁的两端有不同的指向。教师可以通过小组活动开展关于"磁铁能吸引什么物体"的调查记录，提出问题让幼儿预测推断"你认为磁铁能吸引所有的物体吗"，几个幼儿结对记录他们的发现，检验磁铁的力量，完成核心概念的习得。当然，也可以组织跨领域的活动，如手工制作磁力小人、体育游戏磁力碰碰碰、绘本《磁铁怪物》等。多元的活动能不断激发幼儿的好奇心和求知欲，持续推进幼儿的学习和发展。

三、个别性观察案例与评析

📖 **案例 1-2**

奇妙的声音

（小班）

一、设计意图

《3—6 岁儿童学习与发展指南》提出，支持幼儿在接触自然、生活事物和现象中积累有益的直接经验和感性认识。听觉是幼儿感知世界、理解世界的重要途径。自然界中有许多奇妙的声音，如动物的声音、自然现象的声音。小班幼儿已经初步具备对常见声音的认识经验，对能发出声音的东西通常表现出无比的好奇，有进一步探索的欲望，如物体是怎样发出声音的，物体怎样发出不同的声音，等等。小班科学活动——奇妙的声音，从幼儿生活经验出发，引导幼儿在听辨声音中回忆经验，在亲身感知、实际操作中探索物体声音产生的方法，在敲敲打打、玩玩乐乐中感知、理解、体验发现声音、创造声音的乐趣，激发幼儿对生活中科学现象的兴趣，发展初步的探究能力。

二、活动目标

1）知道周围环境中存在多种声音，对生活中的各种声音感兴趣。

2）能用多种感官或动作探索物体产生声音的方法，尝试让相同的事物发出不同的声音。

三、重难点分析

重点：辨认生活中常见的声音，乐意动手操作探索事物发出声音的办法。

难点：探索相同的物体能发出不同的声音。

四、活动准备

物质准备：音频（常见自然现象的声音、动物叫声）资料、矿泉水瓶、塑料袋、小石子、木质积木、空盒、水杯。

经验准备：幼儿听过并能辨认生活中常见的声音。

五、活动过程

（一）创设情境，激趣设疑——辨别生活中熟悉的声音

1）通过绘本《谁藏起来了》插图，激发幼儿兴趣，创设小动物去参观声音王国的情境。

指导语：小朋友们，小动物收到了"声音王国"寄过来的邀请函，国王想要邀请大家和小动物们参观"声音王国"，可是有个小动物特别调皮，藏了起来，你们找一找是谁。

提问：小朋友们，谁藏起来了？它的声音是什么样的？

2）创设帮小动物找座位的情境，引导幼儿辨别动物的叫声。

教师依次播放大象、鸭子、青蛙等动物的声音，请幼儿辨认并说出动物名称，帮小动物找座位。

指导语：有个小动物没有找到座位，我们来帮帮他。听听这是谁的声音？

（二）问题导入，感知科学现象——探索声音产生的原因

1. 自然界中的声音

创设沿途遇到事情的情境，引导幼儿倾听并辨别自然现象的声音。教师依次播放下雨、打雷、汽车、钟表的声音，引导幼儿说出是什么声音并模仿。

指导语：在去声音王国的路上，我们路过了钟表王国、汽车王国，还遇到了大雨天气。声音王国终于到了，国王为我们准备了好多的声音宝宝，我们快来听一听。

小结：生活中我们身边很多事物都可以发出声音，比如动物发出的声音，打雷、刮风的声音，还有生活中的钟表、电话等发出的声音，这些都是我们通过耳朵听到的声音。

2. 生活中常见物体发出的声音

（1）出示记录表，请幼儿猜一猜有哪些物体可以发声

教师提供瓶子、石头、木质积木、塑料袋、纸、空盒子、一次性筷子、瓶盖等材料，请幼儿自主探索。

指导语：生活中几乎所有的物体都能发出声音，请你在会发声的物体后面贴一个五角星。

（2）幼儿尝试探索，验证实验结果

指导语：今天，老师也准备了这些物品，请你们试一试，它们能不能发出声音，想一想物体是如何发声的。

小结：原来，小朋友可以通过碰一碰、捏一捏、摸一摸、拍一拍、团一团等多种方法，让物体发出奇妙的声音。

（三）操作体验，分享交流——尝试探索相同物体如何发出不同声音的方法

1）幼儿分组实验，分享并验证实验结果。

2）探索相同的物体能发出不同的声音。

指导语：小朋友们，你们每个人的操作盘里都有一张纸，请你们尝试用不同的办法让物体发出声音。

提问：你发现了什么？你的纸张是怎么发出声音的？

小结：相同的一张纸，小朋友通过拍打、揉搓、吹动纸张等方式，可以发出不同的声音。其实对于每个物体，通过不同的方式使它震动，就可以发出不同的声音。

（四）经验拓展——回归生活，拓展迁移

教师展示水杯奏鸣曲，激发幼儿探索生活中奇妙声音的兴趣。

小结：水杯通过敲击可以发出美妙的音乐，使人心情愉悦；闹钟通过闹铃可以提醒人们按时起床；汽车通过鸣笛可以提醒人们注意安全。生活中还有许许多多奇妙的声音，只要我们用心倾听、仔细观察，就可以发现更多奇妙的声音。

（济南市槐荫区实验幼儿园 孟倩、田娣）

案例评析：

本活动将科学教育物质科学中有关"声音"这一自然现象作为个别化观察对象，教师充分调动幼儿用多种感官去感知探索物体产生声音的方法，倾听并分辨相同的事物发出不同的声音，在游戏中知道了周围环境中存在着多种声音，激发了幼儿对生活中各种声音持续关注的兴趣。

首先，教师给予幼儿足够的探究时间，为科学观察奠定基础。在本次活动开展的过程中，教师并未急于进行讲解，而是给予幼儿时间探究问题，先让幼儿仔细观察，充分操作，对问题产生兴趣，再及时给予适当的支持，引导幼儿主动进行科学观察。

其次，鼓励幼儿大胆猜想，调动科学观察兴趣。在活动中，教师在调动幼儿已有经验的基础上，引导幼儿大胆表达自己对"物体是如何发出声音"的想法，利用有效提问，将幼儿的简单猜测引向深入猜想。在这个过程中，虽然幼儿对猜测的结果并未把握准确，但幼儿进行科学观察的兴趣得到充分调动。

最后，综合运用多种感官，在直接经验中观察科学现象。基于小班幼儿的年龄特点，他们获取知识的途径多依赖于直接感知。活动中，幼儿通过耳朵听、眼睛看、大脑想、动手摸等多种感官的调动充分获得有关声音的直接经验，同时用记录表的方式，将幼儿零散的探究经验整合起来，促进幼儿运用多种感官进行整体感知。

📖 **案例 1-3**

认识神奇的中草药——薄荷

（大班）

一天吃完午饭散步时，孩子们刚走到种植园地，程程就突然停住了脚步，大声喊道："老师，我闻到了薄荷的味道，这里有好多薄荷呀！你们快看！"小朋友们听到后围了过来，仔细观察着薄荷（图1-5）。

神奇的中草药
——薄荷

图1-5　幼儿发现薄荷

一、初探薄荷

《3—6岁儿童学习与发展指南》指出："成人要善于发现和保护幼儿的好奇心，充分利用自然和实际生活机会，引导幼儿通过观察、比较、操作等方法，学习发现问题、分析问题和解决问题。"

在发现孩子们对薄荷产生极大的兴趣后，老师提问："薄荷的叶子是什么样子的？摸起来有什么感觉？"通过引导，孩子们从薄荷地摘下几片薄荷叶，用放大镜仔细地观察（图1-6），时而用手摸一摸薄荷的叶，时而把鼻子凑近薄荷叶闻一闻。思颖说："薄荷叶上面是有纹路的。"知行说："薄荷的味道好特别，还有一点熏鼻子呢。"

图1-6　幼儿用放大镜间接观察薄荷

幼儿对薄荷叶已经具备了初步的探究能力，教师追随幼儿的兴趣点，不断给予支持，并摘下薄荷叶回班内继续探索，利用多感官观察法，让幼儿能够通过自己的已有经验仔细观察事物。

孩子们用表征等方法记录观察和探究过程与结果，通过记录，不仅丰富了观察经验，而且建立了事物之间的联系。

二、薄荷大调查

"薄荷可以吃吗？""薄荷摸起来是什么感觉呀？""薄荷是药材吗？有哪些用途呀？"带着这些疑问，孩子们进行了一次薄荷主题探究亲子大调查活动（图1-7）。

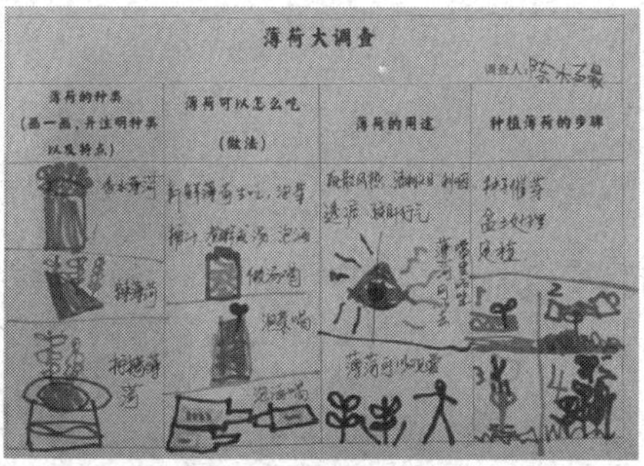

图 1-7　薄荷调查表

通过调查，孩子们知道了关于薄荷的不同秘密，了解了薄荷的生长环境及需求，也知道了薄荷有很多不同的用处，并在班内进行分享交流（图 1-8）。孩子们对薄荷有了进一步的认知。

图 1-8　幼儿分享交流

通过分享交流，孩子们了解到薄荷是一种非常常见的草本类植物，它的适应能力很强，能在各种环境下生存，而且薄荷具有食用和医用双重功能。在食用上，薄荷既可作为调味剂，又可作香料，还可配酒、冲茶等。薄荷还是一种常用中药，可以防治风热感冒、头痛。薄荷含有薄荷醇，可以清新口气。薄荷还有一种特殊的作用，在夏天可以驱蚊。

三、品薄荷茶

观察是多种感官参与的过程，自然少不了味觉。薄荷是一种很好的百搭食材，其中薄荷茶就是最具代表性的一款饮品。孩子们迫不及待地开始了下一步的行动——采摘薄荷叶（图 1-9），制作薄荷茶。

图 1-9　采摘薄荷叶

孩子们通过采摘、清洗薄荷叶，再把薄荷叶晾干冲水泡茶喝，了解到薄荷茶喝起来感觉是凉凉的、麻麻的，有淡淡的清香。

四、鸡蛋薄荷饼

薄荷除了可以用于制作薄荷茶以外，还可以用于制作食物。老师带着孩子们一起做了鸡蛋薄荷饼。先把洗干净的薄荷叶放到案板上，手指轻轻压住薄荷叶，用刀切得碎碎的；然后拿一个鸡蛋，在碗边轻轻一敲，从裂缝打开，就把鸡蛋打到碗里了；再把切碎的薄荷放入蛋液中，加入适量盐并拌匀；最后在电饼铛中放入香油，油热后，把调好的鸡蛋液倒进锅中，煎至两面金黄，美味的薄荷鸡蛋饼就做好了。孩子们开心地吃起了鸡蛋薄荷饼（图1-10）。

图1-10 幼儿品尝鸡蛋薄荷饼

大自然是神奇的，总能带给我们无限惊喜。正如陈鹤琴所说："大自然、大社会都是活教材。"在对薄荷的探索过程中，教师根据大班幼儿的年龄特点，抓住幼儿日常生活的兴趣点，从小小的薄荷入手，通过一系列的看、闻、摸、品等活动，在做一做、玩一玩、亲身体验和探究中不断收获和架构经验，同时有效利用家长资源和网络资源，拓展、延伸了幼儿对薄荷的认识。

（济南市槐荫区礼乐佳苑幼儿园　邱婷婷、王超、魏传燕）

案例评析：

中草药是我国特有的文化瑰宝，是中华民族几千年的历史沉淀。"认识神奇的中草药——薄荷"是由种植园地里的绿色植物引起的科学探究活动。教师充分利用幼儿园的特有资源，并根据大班幼儿的年龄特点，抓住幼儿日常生活的兴趣点，让幼儿去找寻、认识中草药——薄荷，做到了"亲近自然，喜欢探究"。

在活动中，幼儿通过看一看、闻一闻、尝一尝，利用多种感官直接感知和亲身体验，了解薄荷的特征和功效，从中获得经验，在观察记录的过程中探索薄荷生长的奥秘。孩子们在初探薄荷—调查薄荷—品薄荷茶—煎薄荷饼—探寻薄荷的应用价值的过程中慢慢积累，形成积极主动、勇于探究的学习品质。同时有效利用家长资源和网络资源，拓展、延伸了幼儿对薄荷的认识。

一片薄荷叶让幼儿一起参与到课程的建设中，教师放慢节奏与幼儿互动，以一种不同的形式为幼儿建构知识提供可能。

任务三　初步认识比较性观察

一、比较性观察的作用

比较性观察指学前儿童同时观察两个（种）或两个（种）以上的人、物、自然现象或科技产品等，并进行分析比较，找出事物间的异同点。比较性观察最主要的两种形式是同中求异和异中求同。同中求异是指比较相似的人或物，寻找其不同之处，如比较一对外表十分相似的双胞胎；异中求同是指比较看似大不相同的人或物，找出其相同之处，如比较白菜与萝卜、冰箱与空调等。

学前儿童通过比较性观察，可获得以下知识、技能与学习方法。

（一）发现物体的异同

比较性观察有利于幼儿发现物体的不同点和相似处，提高其分析判断能力，为其分析判断能力的发展奠定基础。比较性观察可帮助幼儿学会寻找两样物体的相应部分和整体，进而做出对应比较。例如，教师可通过引导幼儿观察鸭子和鹅，并分别从两者的外形特征、生活习性和成长过程作出比较，得出鸭子和鹅的相似与不同之处，从而帮助幼儿正确识别鸭子和鹅，促进幼儿分析判断能力的发展。

案例 1-4

是鸭还是鹅

（中班）

一天户外活动时，孩子们在骑行区开心地活动。突然东东说这里有鸭子，其他孩子纷纷被他的发现所吸引，争先恐后地想去一探究竟。

琛琛说："这是鸭子吗？"

宁宁说："我感觉它像是鹅，它比鸭子大。"

这可真难倒孩子们了，于是老师和孩子们一起查阅资料，并通过对比图（图 1-11）的记录方式，一起梳理鹅和鸭的不同（图 1-12～图 1-15）。

是鸭还是鹅

老师："看一看图片上有什么地方是一样的？"

"老师，我觉得大白鹅和鸭子长得很像，嘴巴是黄黄的，脚也是黄黄的。""大白鹅和鸭子不一样，大白鹅身上都是白白的。"孩子们你一言我一语地讨论着。到底哪里不一样呢？通过对比图的记录方式，孩子们一起梳理出了鹅与鸭的不同：小鹅体型大于小鸭子；小鸭子毛色杂，黄羽毛中会掺杂灰色羽毛；小鸭子的叫声是嘎嘎，小鹅的叫声偏向于发 e 的音；鸭子的嘴巴长，鹅的嘴巴短，鹅的嘴巴上有个包。

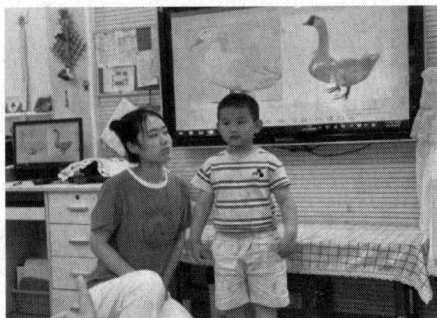
图1-11 利用图片让幼儿观察比较鸭和鹅

图1-12 体型不同

图1-13 毛色不同

图1-14 叫声不同

图1-15 嘴巴根部不同

但是孩子们再回到现实生活中去比对自己的小鹅时，困惑又来了："可是你看它们的体型一点也不大，也是小小的。""它们的嘴巴看起来好像也没有很明显的区别。"

因为小鹅还没有长大，所以与鸭子没有较为明显的区别。尽管这一次的探究并没有解决孩子们的问题，但是孩子们经历了查阅、记录的过程，学习了科学的记录方法。

（槐荫区礼乐佳苑幼儿园 王亚群、曹娅丽）

案例评析：

本案例发生在幼儿园中班的一次户外活动中，孩子们对一只外形似鸭又似鹅的动物产生了浓厚的兴趣。教师敏锐地捕捉到了这一教育契机，决定通过比较性观察的方式，帮助孩子们区分鸭和鹅，并在此过程中提升他们的分析判断能力。

案例中教师引导孩子们通过图片和实物对比的方式，观察鸭和鹅在外形特征、生活习性和成长过程等方面的异同。孩子们积极参与讨论，提出了自己的观察结果和疑问，教师利用对比图的方式，帮助孩子们梳理出鸭和鹅的不同之处，如体型、毛色、叫声和嘴巴根部等特征。孩子们也学会了科学的记录方法，为后续的探究提供了依据。尽管孩子们通过对比观察得出了一些结论，但在现实生活中面对小鹅时，仍然感到困惑。这是因为小鹅还未长大，与鸭子的区别不明显。这一困惑促使孩子们意识到观察需要时间和耐心，也激发了他们继续探究的兴趣。本案例通过比较性观察的方式，不仅有效地促进了幼儿分析判断的能力，还培养了他们科学的探究精神。

（二）提升认知能力

比较性观察有利于学前儿童记忆等思维能力的提高。比较性观察一般是先要求幼儿对认识过的事物与新的观察对象进行比较，这就巩固了以前的认识，发展了记忆力。例如，幼儿事先观察过桃树，再观察杏树时，就可引导幼儿与桃树相比较。在多次进行比较性观察的基础上，开始学习对两种新的自然物或科技产品进行比较性观察。例如，比较电风扇和空调两种科技产品有何异同，从而有效地促进学前儿童思维能力的发展。

（三）形成正确的科学概念

比较性观察有利于帮助学前儿童把握事物的特征，形成概念。例如，通过寻找鸡与鸭的相似之处、猪与羊的共同特点，来区分家禽和家畜等。

比较性观察是较复杂的智力活动，主要在幼儿园中、大班进行。各年龄段儿童进行比较性观察时要求应有所不同，如中班只比较物体明显的不同点，而大班应学会比较物体的不同点和相同点（相似处），并进行分类。

目前幼儿园最常用的观察形式是个别性观察和比较性观察。二者有其本身的特点和要求，但它们之间又相互联系，不能绝对分开。例如，个别物体和现象的观察是比较性观察的基础，个别性观察活动为了明确观察物的特征，有的环节也要与相关物体加以比较；比较性观察活动中必然有对个别物体或现象的观察。

二、比较性观察的设计与指导

幼儿天生对世界充满好奇，他们在与世界的互动中主动建构自己的经验。好奇心是幼儿探究的原动力，带领幼儿走进科学世界。《3—6岁儿童学习与发展指南》科学领域对不同年龄幼儿的观察行为进行了描述，指出4~5岁幼儿"能对事物或现象进行观察比较，发现其相同与不同"，5~6岁幼儿"能通过观察、比较与分析，发现并描述不同种类物体的特征或某个事物前后的变化"。可见，比较性观察能帮助幼儿发现事物的特征，促进其分类能力和概念的形成。在幼儿园科学教育活动中，比较性观察活动是培养幼儿科学素养的重要的活动形式。此外，在强调幼儿自发观察探究的同时，也应注重教师在观察活动中的引导作用，帮助幼儿深入理解物体之间的异同，促进幼儿观察能力和思维能力的不断提升。

（一）确定观察的主题和目标

观察的主题要依据幼儿的年龄特点和发展水平，选择与幼儿生活密切关联的内容，可以是动物、植物、天气、季节变化等自然现象，也可以是日常生活中常见的物品和材料。观察对象源于幼儿的现实生活，有明显特征和差异的事物和现象，以便幼儿能够进行比较分析。在活动前要明确观察目的和任务，可提供适当的观察工具，如放大镜、温度计等，帮助幼儿深入地观察和理解自然现象。例如，春天到了，周末妈妈带着盈盈去公园看见了黄色的花，妈妈告诉她，这种花叫迎春花。开学了，盈盈去幼儿园，发现园内也开了很多黄色的小花。她高兴地对小朋友说："这是迎春花。"老师笑着说"这个不是迎春花，它叫连翘"，然后请幼儿仔细观察连翘的枝条、叶及花瓣，之后进行专门的教学活动。通过观察比较的方式发现：迎春花有 5～6 片花瓣，连翘有 4 片花瓣；迎春花的枝条是拱形生长，呈四棱形，而连翘的枝条常下垂，呈圆形。该教学活动帮助幼儿更为准确、系统地认识这两种不同的花，使幼儿萌发对大自然的喜爱。

（二）引发观察问题和持续探究的兴趣

在活动过程中，教师可以创设安全、舒适的班级环境，投放幼儿能清楚看到的观察材料，以利于幼儿的自主探究；也可以通过故事、游戏、实验等方法，激发幼儿的观察兴趣，建立幼儿对观察对象的已有认知经验，通过集体活动、小组活动和个别化学习等方式，运用开放性、启发性的问题，找出不同观察对象的异同点，推动幼儿有计划、有目的、全面有序地观察。例如，小二班的康康发现鱼缸里的水越来越少，于是对老师说："小鱼把水喝光了，我们需要给鱼缸加水了。"对于幼儿得到的朴素理论（是指人们对一组信息、事物和现象的日常理解，也叫天真理论），老师没有急于去纠正，而是拿了一个同样大小的鱼缸（里面没有鱼），两个鱼缸里的水看起来一样多，并问幼儿："小鱼真的会喝水吗？""你们看，现在这两个鱼缸里的水一样多吗？""请你们猜一猜，没有小鱼的鱼缸里的水会少吗？"请幼儿观察，几天过去之后，再和幼儿交流他们的猜想和预测，看看有什么变化。最后幼儿发现两个鱼缸里的水都变少了，这时候，老师针对"水蒸发了"这个现象组织了一次科学活动，帮助幼儿更好地形成科学的概念和认知。

（三）引导幼儿记录并分享观察结果

观察记录就是幼儿通过形象化的绘画、列表等形式，表达记录所观察到的自然物、科学现象以及实验操作的结果。通过观察记录，引发幼儿回忆对观察对象的印象，使得这些印象更加清晰，达到复习巩固的目的，还能引起幼儿再次观察的兴趣。通过形象化的绘画、列表，还能发展幼儿的动手能力。通过幼儿的观察记录，教师可以了解幼儿的观察水平以及对观察对象的认识，并利用相关的反馈信息调整自身的教育方式。

观察记录的形式也是多种多样的，可以是绘画，也可以是填表格等。以天气记录为例，在幼儿园不同的年龄班可用以下三种形式。

1. 转盘式

把一个大圆分成五个部分，分别装饰上阴、晴、雨、雪、风等标示图案，接上转盘、指针，小班幼儿便可以通过拨盘记录当日的天气情况。

2. 卡片式

在精心装饰的天气记录图案上，用布袋制作若干口袋，用于装插画有各种天气情况的卡片。此记录只要能认识和区别阴、晴、雨、雪、风等标识，即可根据当天的气象把相应的卡片插入图案中。卡片式记录一般用于中班上学期和小班幼儿。

3. 表格绘画式

在白纸或卡纸上画上表格，要求中、大班幼儿根据自己的观察经验或从电视上获得的信息，通过绘画天气标识（也可以自己设计形象的图案）记录一周的天气情况。此形式可以全班每个幼儿每周填一张表格，人人记录，每月合计一次。

教师可以让大班幼儿独立完成表格绘画式记录工作，也可以和幼儿共同设计记录形式，共同讨论每月、每周的天气情况，如晴天、雨天各有几天等。在全班每人每周填一张表格的基础上，可在活动室设置统一的气象角或气象园地。

表格绘画式记录还可用于有关植物生长情况的观察，可要求大班幼儿用绘图的形式记录动植物生长发育过程中的各个主要阶段。记录可用单张的记录表，也可用专门的自然角记录本和动植物生长记录本等。

通过在观察活动中做观察记录，活动过程中既动手又动脑，便可进一步巩固和加深幼儿对所记录现象的认识，并培养幼儿对自然物和自然现象细心观察的习惯。记录活动内容丰富、形象生动，有助于激发幼儿对自然的兴趣。教师还可请幼儿把自己的记录描述给同伴，相互观看记录，从而促使幼儿相互交流科学学习的成果，进一步激发幼儿再观察、再记录的兴趣。

三、比较性观察案例与评析

案例 1-5

熄灭的蜡烛
（大班）

一、设计意图

《3—6岁儿童学习与发展指南》指出："幼儿科学学习的核心是激发探究兴趣，体验探究过程，发展初步的探究能力。成人要善于发现和保护幼儿的好奇心，充分利用自然和实际生活机会，引导幼儿通过观察、比较、操作、实验等方法，学习发现问题、分析问题和解决问题；帮助幼儿不断积累经验，并运用于新的学习活动，形成受益终身的学习态度和能力。"

"熄灭的蜡烛"就是教师从幼儿生活中捕捉到的一个兴趣点，抓住教育契机，结合大班（上）第二主题目标，精心设计的科学活动。在活动中，通过提出问题—大胆猜测—实验探索—分享交流—拓展延伸这样的过程，让幼儿通过直接感知、亲身体验和实际操作来探索蜡烛熄灭背后的秘密，从而初步了解蜡烛熄灭与氧气的关系，以及氧气助燃的特性。通过层层递进的实验探索，让幼儿在观察中发现问题，在操作中提升经验，激发幼儿探究的兴趣和欲望，提高幼儿的探究能力，使幼儿充分体验实验中的新发现带给自己的喜悦和满足。

二、活动目标

1）喜欢做科学小实验，萌发对周围事物的兴趣和求知欲。

2）能够通过观察、比较与分析，发现蜡烛熄灭的奥秘，并用图画或符号进行记录。

3）探究蜡烛熄灭与氧气的关系，了解氧气助燃的特性。

三、重难点分析

能够通过观察、比较与分析，发现蜡烛熄灭的奥秘，并用图画或符号进行记录。实验探究蜡烛熄灭与氧气的关系，了解氧气助燃的特性。

四、活动准备

物质准备：蜡烛若干、透明玻璃杯（大小不同）、记录表、记号笔、积木块、课件、白醋、小苏打、托盘、大框、笑脸贴、打火机、标识图片。

五、活动经验

1）知道空气是无所不在的。

2）见过蜡烛燃烧，有点燃蜡烛的经验，知道如何安全地使用蜡烛。

六、活动过程

（一）谈话导入，激发幼儿探索兴趣

指导语：孩子们，这是什么？（蜡烛）蜡烛有什么用途？今天我们就用这根蜡烛来玩一些有趣的小实验。

（二）实验操作，探索蜡烛燃烧、熄灭与氧气的关系

1. 探索一：蜡烛燃烧需要氧气

1）教师介绍实验材料。

2）幼儿自主操作，探索蜡烛熄灭的原因。

3）播放视频，知道氧气的助燃性。

小结：氧气可以帮助蜡烛燃烧，杯子里的氧气被燃烧的蜡烛消耗完了，所以蜡烛熄灭了。

2. 探索二：氧气含量对燃烧时间长短的影响

1）实验猜想。

2）幼儿自主实验操作，验证猜想。

3）请幼儿分享实验结果。

小结：我们发现小玻璃杯中的蜡烛先熄灭。这是因为：大玻璃杯里面的氧气较多，所以蜡烛燃烧的时间较长；而小玻璃杯里面的氧气较少，所以蜡烛燃烧的时间较短，就先熄灭了。

3. 探索三：在同一玻璃杯内，高矮不同的蜡烛熄灭的时间不同

1）创设"防火演练"的生活情境，引发思考。

2）幼儿分组合作实验，并记录结果。

3）幼儿分享实验结果。

小结：在同一玻璃杯内，高的蜡烛先熄灭。在发生火灾时，人们要用湿毛巾捂住口鼻，弯腰低头贴着墙边向安全出口的方向逃生，因为低处的氧气比高处充足，便于呼吸。

七、活动结束

实验：隔空灭火，进一步激发幼儿对科学现象的探索欲望。

（济南市槐荫区实验幼儿园　刘硕）

案例评析：

在"熄灭的蜡烛"活动中，在"探索二：氧气含量对燃烧时间长短的影响"这一环节，通过把两根相同的蜡烛，同时放到两个大小不同的玻璃杯中，引导幼儿运用比较性观察法，观察一大一小两个玻璃杯中的蜡烛，看看哪个玻璃杯中的蜡烛先熄灭，从而了解蜡烛熄灭的快慢与氧气含量的多少之间的关系。幼儿通过比较性观察，发现小玻璃杯中的蜡烛会先熄灭，并找到其原因：大玻璃杯里面的氧气较多，所以蜡烛燃烧的时间较长；而小玻璃杯里面的氧气较少，所以蜡烛燃烧的时间较短，就先熄灭了。在"探索三：在同一玻璃杯内，高矮不同的蜡烛熄灭的时间不同"这一环节中，幼儿把两根高矮不同的蜡烛，同时放到一个大的玻璃杯中，运用比较观察法，观察玻璃杯中一高一矮两根蜡烛，看看玻璃杯中的哪根蜡烛先熄灭，从而了解高的蜡烛先熄灭的原因。幼儿通过比较性观察，发现在同一玻璃杯内，高的蜡烛先熄灭，并迁移到生活中，了解到在发生火灾时，人们要用湿毛巾捂住口鼻，弯腰低头贴着墙边向安全出口的方向逃生，因为低处的氧气比高处充足，便于呼吸。

案例1-6

摩　擦　力

（大班）

一、试一试，初步感知摩擦力存在的现象

（一）看一看、摸一摸，感知光滑与粗糙

教师：小朋友们好，今天老师给你们带来了"小圆盘"，请你们看一看、摸一摸，说一说你发现的圆盘的秘密。

幼儿1：圆盘的中间有个孔。

幼儿2：圆盘的一边摸起来很光滑，一边很粗糙。

幼儿3：这个粗糙的面感觉摸起来像木头。

教师：你发现摸起来像木头的这一面跟光滑的那一面材质不一样。

幼儿3：对，那个粗糙的面是纸做的。

教师：还有不一样的发现吗？看来小朋友们都在看一看、摸一摸的过程中发现了圆盘的两个面，一面光滑、一面粗糙。

（二）猜一猜、试一试，圆盘从斜坡滑下来会发生什么。

教师：小朋友们，如果这个圆盘从桌子上的斜坡滑下来，会发生什么呢？

幼儿1：那个圆盘会从斜坡上掉下来。

幼儿2：如果那个圆盘滑得很快，就会掉下来（掉到地面上）；如果滑得很慢，就不会掉下来。

教师：那你们快去试试吧。请大家自由分组，3个小伙伴为一组，开始吧！

幼儿操作探索，教师观察。

教师：我看到小朋友们手中的圆盘有的从斜坡上滑到了桌子上，有的滚到了地上。小朋友们，你们知道吗，当我们的手去摸圆盘的时候，手和圆盘接触，就产生了摩擦力。当圆盘从斜坡上滑下或滚动的时候，圆盘跟斜坡的斜面接触，接触面会相互摩擦，也会产生摩擦力。

二、玩一玩，进一步了解摩擦力，尝试改变摩擦力的大小

（一）看谁滑得远

玩游戏"看谁滑得远"，请幼儿探索圆盘从斜坡滑落，怎样滑得远。

教师：小朋友们，咱们玩个游戏，比一比谁的圆盘从斜坡滑下，滑得最远。

幼儿操作，教师巡回观察。

教师：谁的圆盘滑得最远？你是怎么做到的？

幼儿1：我是让圆盘这样竖着滑下去，就滑得特别远。

幼儿2：我这样使劲推，圆盘就滚到地上了。

幼儿3：滑光滑的这一面滑得远。

（二）怎样让圆盘滑到相同位置

玩游戏"怎样让圆盘滑到相同位置"，了解物体光滑面与粗糙面对摩擦力大小的影响。

提问：现在加大游戏的难度，请小朋友们想一想、试一试怎样让圆盘从斜坡上滑动，停止的位置相同。

幼儿操作，教师巡回观察指导。

教师：你们是怎样让圆盘保持停在同一位置的？

幼儿1：我们把圆盘都放在这条线上开始滑。

教师：哦，起始位置相同。还有其他的秘诀吗？

幼儿2：我们的力气差不多。

幼儿3：我们都是用的这个光滑的面。

教师：那你们发现圆盘的粗糙面和光滑面对它滚动的距离有什么影响吗？

幼儿4：光滑的那一面滑得远一点儿，粗糙的那一面滑得近一点儿。

教师小结：用圆盘的同一面、在同一位置上往下滑，圆盘就能停在同一位置。往下滑时，圆盘跟斜坡接触，产生了摩擦力。光滑的那一面摩擦力小，圆盘滑行得快且远，粗糙的那一面摩擦力大，圆盘滑行得慢且近。

（三）怎样让圆盘滑到指定位置

玩游戏"怎样让圆盘滑到指定位置"，继续挑战，请幼儿操作探索如何让圆盘从斜坡起始线位置滑到红线和绿线之间的位置。

1）出示课件，请幼儿讨论怎样做可以让圆盘从斜坡起始位置滑到红线和绿线之间的位置。

教师：游戏再度升级，你觉得怎样做可以让圆盘从斜坡起始位置滑到红线和绿线之间的位置呢？

幼儿1：可以用手挡住它。

教师：这是一个办法。如果不许用手挡呢？

幼儿2：可以用摩擦力。

教师：那怎么利用呢？

幼儿3：可以用粗糙的这一面。

幼儿4：光滑的那一面也可以，我有一次就成功了。

2）出示记录表，请幼儿探索操作，在表格上记录自己的探索方法，是否成功完成挑战。教师巡回指导，请幼儿说说自己的方法。

教师：看来大家都有自己的办法，老师给大家准备了记录表，你们可以把办法记录下来。如果你的方法成功了，就在后面画上对号，没有成功就画叉号。

3）请成功的小朋友分享方法。

（四）改造圆盘

玩游戏"改造圆盘"，尝试改变摩擦力的大小。

1）出示课件，请幼儿根据数字，制定游戏规则。

教师：没成功的小朋友不要着急，接下来我会请大家继续探索。大家看这里，在线的旁边出现了几个数字，你觉得这些数字代表什么？（幼儿讨论，教师总结游戏规则。）

幼儿1：代表分数。

幼儿2：分数最高就会赢。

教师：看来要让圆盘停在红线和绿线之间分数才最高。老师还给大家准备了一些材料，你可以选择用"改造圆盘"的办法试一试。（提醒幼儿在"改造圆盘"的过程中注意保持地面整洁。）

2）幼儿自主探索，或通过圆盘改造，尝试让圆盘滑行到红线和绿线之间。

3）终极对决。

教师：现在进入终极对决。每次每小组派1名选手上场，圆盘从斜坡滑到停止位置，获得相应得分，总分最高的小组获胜。

三、说一说，观看视频，了解摩擦力在生活中的应用

（一）讨论摩擦力在生活中有哪些作用

教师：我们通过圆盘的滑行游戏，不仅知道了摩擦力，还通过自己的手和脑改变了摩擦力的大小。你们还知道摩擦力有哪些用处吗？

幼儿1：手搓一搓就会热，这是摩擦生热。

幼儿2：滑滑梯。

教师：看来摩擦力就在我们的生活中。

（二）观看摩擦力视频，了解摩擦力在生活中的应用

教师：我请大家看段视频，你会有新的发现。

总结：摩擦力可真奇妙，摩擦力的一点点改变就可以影响我们的生活。希望大家遇到问题多动脑筋想办法，说不定你的一个发现就能改变我们的世界。

（济南市槐荫区杨柳春风幼儿园　燕盈）

案例评析：

摩擦力在生活中应用广泛且蕴含了物质科学领域中核心概念"力"的物理现象，观察作为科学领域的核心经验，需要教师在幼儿科学活动中有计划、有目的地引导。本活动以引导幼儿比较观察圆盘在斜坡滑动的游戏贯穿活动整个过程，圆盘两个底面不同的材质，以及"改造圆盘"环节中润滑油、无纺布、海绵纸等各种材料，让圆盘有了不同的面，与斜坡摩擦产生的摩擦力大小也有不同的变化。首先，通过观察、触摸圆盘两个底面，比较感受两个底面的粗糙与光滑；其次，通过玩圆盘在斜坡滑动的游戏，激发幼儿通过系统观察发现圆盘立面在斜坡滑动比圆盘底面在斜坡滑动的距离远；再次，比较观察用圆盘的底面在斜坡滑动，光滑面比粗糙面滑动的距离远，从而感受影响摩擦力大小的因素；最后，通过改造圆盘底面，比较观察不同材质对圆盘滑动距离远近的影响，进而尝试改变摩擦力的大小。在游戏"看谁滑得远""怎样让圆盘滑到相同位置""怎样让圆盘滑到指定位置""改造圆盘"中，幼儿通过比较性观察，探索摩擦力如何受物体光滑、粗糙程度的影响。

> **—— 任务实训**
>
> 请结合《3—6 岁儿童学习与发展指南》科学领域的相关要求，为中班幼儿设计一个比较性观察活动的教案，并分析活动中运用了哪些观察的方法来提升儿童的探究能力。

任务四　初步认识长期系统性观察

一、长期系统性观察概述

（一）长期系统性观察的含义

长期系统性观察是指学前儿童在较长的时间内，持续地对某一物体或现象（如动植物的生长、变化，天气、季节的变化等）进行系统的观察，对其质和量两方面的发展变化过程有较完整的认识。例如，在观察鹌鹑蛋孵化的过程中，教师敏锐地抓住了幼儿对"鹌鹑蛋能变成小鹌鹑吗"这个兴趣点，引导幼儿系统观察鹌鹑蛋不断变化的整个过程（案例 1-7）。

案例 1-7

你好，毛茸茸——鹌鹑的孵化之旅

（中班）

蛋，在我们日常生活中经常见到。这一天，幼儿园的早餐里有鹌鹑蛋。只见孩子们灵活的小手敲蛋、剥蛋壳，很快白白的鹌鹑蛋就出现了。就在这时，月月小朋友一本正经地说："你知道吗？我见过它的妈妈。"月月的一句话引起了大家的兴趣，一时间，其他孩子也叽叽喳喳地讨论起来："我在超市见过好多这种蛋，我爸爸还给我做酱鹌鹑蛋呢。""我能吃好几个呢。""鹌鹑像鸡一样吗？""那它吃什么呀？也会下蛋吗？"随着孩子们讨论得越发激烈，他们对于鹌鹑蛋的探索兴趣也越来越浓。生活即教育，以此为契机，我们展开了一场关于"鹌鹑蛋"的深入探究。

为了满足孩子们的好奇心，老师为孩子们准备了蛋和孵化器（图1-16），在班里开展孵化小鹌鹑（图1-17）的活动。"小鹌鹑到底长什么样子呢？""小鹌鹑会飞吗？""小鹌鹑吃什么呀？""我只知道鹌鹑蛋很好吃，但我没见过小鹌鹑。"孩子们兴奋地讨论着，面对排列整齐的鹌鹑蛋，他们陷入了沉思。他们通过调查、记录鹌鹑的相关知识（图1-18），提前了解了鹌鹑的生活习性和饮食习惯，有的孩子甚至还买来了小鹌鹑，提前了解小鹌鹑出生后吃什么、住在哪里、要注意些什么。孩子们将自己的调查记录相互分享。

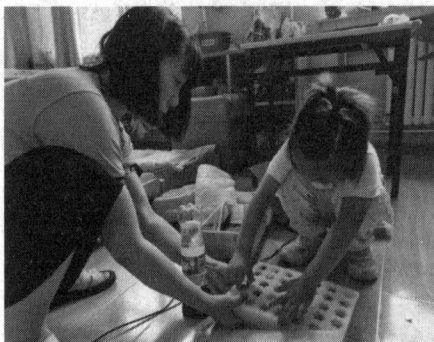

图1-16　老师与幼儿一起放入蛋宝宝

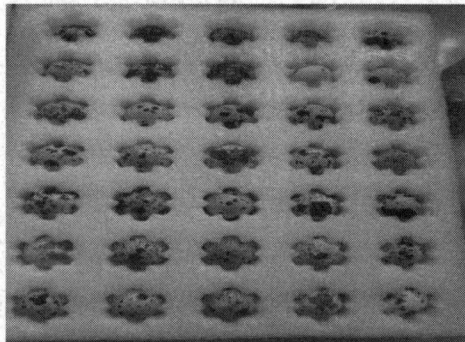

图1-17　孵化器里的蛋宝宝

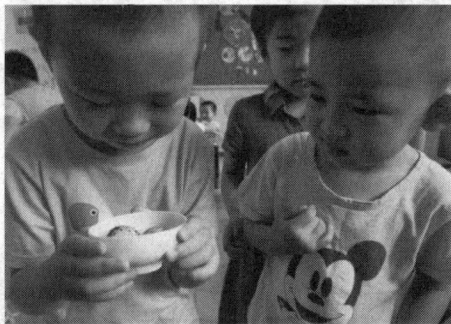

图1-18　调查鹌鹑的相关知识表征

孵化活动正式开始啦！皓茹指着蛋宝宝说："你们看，这个外壳和我们吃的一模一样。""这个孵化箱是有温度的，还有棉被。""它需要温暖的环境。""我们要怎么做呢？"通过前期的知识了解，孩子们知道需要把鹌鹑蛋放在温暖的环境里，需要每天给孵化器供水，还需要不停地翻蛋、照蛋，以防鹌鹑蛋坏掉。在孵化的过程中，翻蛋有利于鹌鹑的孵化。为此，我们设计了翻蛋记录表，孩子们每天轮流翻蛋，大家一起期待新生命的成长。

在第六天，阳阳在照蛋时发现蛋里面已经开始有血丝了。孩子们既兴奋又期待，奔走相告。就在大家仔细又紧张地照料鹌鹑宝宝时，月月发出了疑问："老师，我照蛋时发现有一个蛋壳破了，还有一点臭，是不是坏了呀？"（图1-19）平平说："我也闻到了

图1-19　蛋宝宝"臭"了

臭味。"大家瞬间变得很紧张，却又很好奇鹌鹑蛋到底出现了什么问题。为了探究到底是哪里出了问题，我们把破了的鹌鹑蛋打开，发现里面有一点黏稠，还有一点血丝。"臭"了的蛋宝宝让孩子们由兴奋、满怀期待到失落，但大家并不气馁，并通过查阅资料了解到对人工孵蛋的要求是十分严格的。温度、湿度的控制，地点、季节的选择都十分重要。另外，翻蛋的方法不准确也会导致血管与薄膜粘连，所以孵化的时候要特别细心。

接下来的日子里，孩子们更加认真地进行翻蛋、照蛋，并将每一天的变化记录下来。早晨来到幼儿园，看看鹌鹑蛋成了他们必做的事情，也经常能听到他们的讨论："今天来的路上，感觉风有点凉，我们一会儿关上鹌鹑蛋那边的窗户吧。""你说它会不会害怕呀？""周末没有人照顾它，我们下午多加点水吧。""感觉好久了，怎么还没动静呀？"放进孵化器的蛋宝宝成了孩子们每天关心的事儿，他们吃完饭、游戏后都会去看蛋宝宝。

就在第二个星期，依诺惊呼："快来看，鹌鹑宝宝的蛋裂开了。"这声呼喊吸引了孩子们，许多小脑袋凑在孵化器上面，左看看右看看，指指点点，可是经过一天的观察，小鹌鹑并没有自己破壳而出。通过上网查阅资料，孩子们知道这种情况必须帮助小鹌鹑破壳而出了，否则小鹌鹑就会被憋死在壳里。看到这儿，老师戴上手套，拿起小剪刀，开始了小心翼翼的破壳行动。经过一番努力，小鹌鹑终于破壳而出（图1-20）。听着小鹌鹑微弱的叫声，孩子们脸上都露出开心的笑容。

在孩子们细心的照料下，小鹌鹑破壳而出。小鹌鹑宝宝用嘴啄开蛋壳、用身体脱离蛋壳、破壳而出的那一刻，身上好像披挂着蓑衣，湿湿的，但这就是最完美的瞬间。那一刻，孩子们激动亢奋的心情无法用语言表达，他们更是逢人便说："我们班现在有了两只小鹌鹑。""它们太可爱了，毛茸茸的颜色还不一样呢。""好神奇呀，我给它起名叫'雨来'。"初次见证生命降生的孩子们对小鹌鹑充满了好奇，一整天都想看着小鹌鹑（图1-21）。

（济南二机床集团有限公司幼儿园　张晓娟、李文秀）

图1-20　第一个鹌鹑宝宝出生了

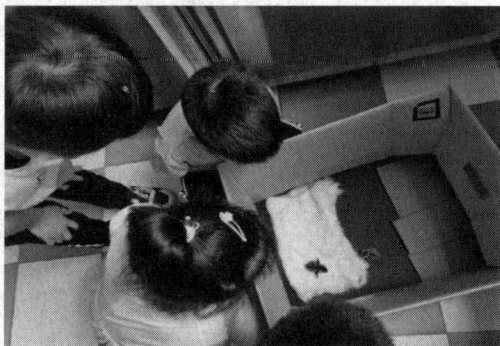

图1-21　观察出生的鹌鹑宝宝

案例评析：

1）观察的连续性。案例中的幼儿对鹌鹑蛋的兴趣源于日常生活中的一次偶然发现——早餐中的鹌鹑蛋。这一兴趣点被教师敏锐地捕捉并引导，从而开启了整个探究活动。从讨论鹌鹑蛋的来源、特性到决定孵化小鹌鹑，幼儿始终保持着浓厚的兴趣和高度的参与感。这种兴趣的激发与持续，为后续的持续观察活动奠定了坚实的基础。从游戏开始到结束，教师能够持续跟踪观察幼儿在游戏过程中的行为表现，保证了观察的完整性。

2）观察的细致性。在孵化小鹌鹑的过程中，幼儿通过翻蛋、照蛋、记录等方式，对鹌鹑蛋的变化进行了持续的观察。他们不仅观察了鹌鹑蛋的外观变化，如蛋壳的颜色、形状等，还通过照蛋观察了鹌鹑蛋内部的变化，如血丝的出现等。同时，幼儿还通过绘画、橡皮泥塑形、积木搭建等方式，表达了自己对鹌鹑蛋及小鹌鹑的期待和想象。这种持续观察与记录的实践，不仅锻炼了幼儿的观察能力，还培养了他们的耐心和细心。后来幼儿遇到蛋宝宝"臭"了的问题，这一意外情况并没有打击他们的积极性，反而激发了他们进一步探究的兴趣。幼儿通过查阅资料、讨论等方式，了解了人工孵蛋的严格要求和孵化失败的原因。这种面对挑战与问题时的积极态度和解决问题的能力，是持续观察活动中不可或缺的一部分。教师采用定点观察和定人观察相结合的方式，详细记录了幼儿在游戏中的语言、行为、表情等，使观察结果丰富而客观。

3）教师对幼儿行为的解读与支持。在整个探究活动中，教师始终扮演引导者和支持者的角色。敏锐地捕捉到幼儿的兴趣点，并以此为契机展开了深入的探究活动。同时，教师还通过提供孵化器、设计翻蛋记录表等方式，为幼儿的持续观察提供必要的支持和帮助，促进了幼儿在游戏中的学习和发展。

（二）长期系统性观察的特点

长期系统性观察的对象一般是一个，根据实际情况也可以是两至三个。例如，某幼儿园大班选择了春季的桃树和杏树作为长期系统性观察的对象。两个月之内，根据这两棵树的明显变化，组织幼儿进行多次观察：第一次是在第一场春雨后；十天后进行第二次观察，发现桃树尚未发芽，有小花苞，杏树的花苞更小；再过一周后进行第三次观察，发现杏树的花苞呈浅粉色，桃树的花苞也越长越大，有的也显现粉色了；第四次观察是在四月中旬进行的，这时桃树的花苞在翠绿的嫩芽陪衬下显得很大，杏树开满了浅粉色的花，却不见一点绿色；第五次观察是在四月下旬进行的，杏花已败落，杏树长出了新叶，桃花却开得满树粉红，非常惹人喜爱。通过长期系统性观察，幼儿对这两种树的生长过程有了更深刻的认识，他们自己得出了结论：杏树先开花后长叶，桃树在开花过程中就长出了小叶。

（三）长期系统性观察的适用范围

长期系统性观察主要用于观察动物、植物的生长过程，以及气象的变化，以直观地了解自然界各种因素的相互关系和自然界的发展规律。长期系统性观察有益于培养幼儿观察的持久性，进一步培养幼儿观察的兴趣和对观察对象的感情。长期系统性观察对幼儿的知识经验和智力要求较高，尤其对观察的持久性要求高，所以通常中班才开始采用这种观察方法，而且主要在大班进行。根据长期系统性观察的要求，一般是在物体或现象有明显变化时组织幼儿进行观察。例如，在蝌蚪长后腿、长前腿、尾巴退化时进行观察。

二、长期系统性观察的设计与指导

对幼儿长期系统性观察能力的培养主要在幼儿 5～6 岁时进行，需要幼儿有一定的知识经验和认知水平，在具体探究的过程中引导幼儿学习观察事物的运动和变化，发现事物和现象之间的内在联系。在长期系统性观察活动中，教师的持续关注和支持对幼儿深度学习至关重要。教师应在探究过程中提供适宜的环境和材料，明确观察的对象，对幼儿的观察方法和实验操作给予适当的指导，以帮助幼儿更好地收集信息，鼓励幼儿持续观察记录发现并交流分享结果。具体指导要点如下。

（一）兴趣为先，尽量为幼儿提供实物、实景

提供实物、实景是保证幼儿观察活动效果的前提，可以使幼儿的观察得到最真实的效果。幼儿的思维特点是从直觉行动思维发展到具体形象思维，到 5～6 岁才开始产生抽象逻辑思维的萌芽，整个学龄前期，幼儿的思维以具体形象思维为主。只是通过图片或模型带领幼儿观察，会使幼儿的感性经验不真实、模糊，甚至出现错误。所以教师必须尽可能为幼儿准确、顺利地观察提供实物、实景，幼儿园的自然环境应尽可能生态化和多元化，让幼儿在园内就能感受到四季的变化，与大自然亲密接触。在室内，教师可以把一些动植物搬进教室。例如，提供植物的种子（如黄豆、绿豆等），引导儿童观察记录种子的生长过程；种植蒜苗、水培萝卜，饲养小乌龟、小鱼、小蝌蚪等动物，观察记录它们的生长变化。有条件的班级还可以添设绿植和鲜花，在使空间更明亮美丽的同时改善空气质量。相关研究表明，幼儿生活中自然的缺失与幼儿在发展过程中出现的肥胖症、抑郁症、注意力缺失等问题相关联，解决自然缺失症的方法就是把幼儿领到室外和把大自然请进教室。除此之外，要经常带领幼儿外出活动，到实地进行观察，使幼儿更乐于观察，在生动活泼的观察活动中获得更清晰、准确的感性经验。

例如，在案例 1-7 系列活动中，教师发现幼儿对鹌鹑蛋如何孵化出鹌鹑的问题有强烈的好奇心和浓厚的兴趣，就提供了可持续观察的对象——受精蛋，并在班级投放了孵化器、记录表等工具，与幼儿一起交流讨论，丰富经验，持续观察蛋的变化，生成了一系列的学习活动。在整个活动中，教师不仅保护了幼儿的好奇心，也激发了幼儿探究的兴趣，并运用多种方法引导幼儿观察，鼓励幼儿收集孵化活动的相关资料，丰富其经验；运用集体活动梳理蛋孵化的发现和想法，既有环境的持续激发和挑战，又充分发挥了教师引导者的作用，运用不同方法引发幼儿的内驱力，让幼儿坚持观察，使有意义的学习不断发生。

又如，观察秋季的自然景象，生活在城市的幼儿可以到公园或郊外树木较多、比较开阔的场所，观察秋天各种颜色的树叶及落叶的景象，了解秋天的相关特征，激发热爱大自然的情感。生活在农村的幼儿可以到田间地头观察大豆、玉米、棉花的生长、成熟变化以及如何收获、采摘等，认识秋天的植物，并形成珍惜劳动成果、尊重成人的劳动

等良好品德。

有准备的环境是激发幼儿长期系统性观察的重要保障。当幼儿积极的情感被唤醒，就会有浓厚的兴趣和好奇心，就会产生持续观察的探究动力和学习热情，在不断地与周围环境、材料和活动事件的积极互动中，亲身体验、实际操作、直接感知，观察发现事物的特征、各种现象的变化，养成爱观察、会观察的好习惯。

（二）关注过程，激发多感官参与

幼儿学科学的本质是做中学、玩中学。有的教师认为提供工具和材料让幼儿操作、体验、摆弄一下就是科学活动，其实不然，单纯的操作活动并不等于科学探究。教师只有明确观察目的，引导幼儿运用一定的方法进行观察，并注重在观察过程中培养幼儿发现问题、分析问题和解决问题的能力，才能真正提升幼儿的科学素养。

1. 明确观察的目的，主动完成观察任务

幼儿观察的过程是从生活中的问题开始，到寻求解决问题的方法，并得出结论逐步推进的，需要教师的积极引导和鼓励，帮助他们明确观察的目的和任务，充分调动幼儿多种感官，促使他们有目的、有意识且持续、深入、系统地感知观察对象，并在大脑中对所记忆的信息进行再加工并组合成最优的知觉现象。因此，观察的目的性是保证长期系统性观察的前提条件，目的越具体，观察的效果往往就越好。

例如，幼儿园里的植物有很多种，如果没有明确的目的，幼儿一般不会知道幼儿园有多少种树，多少种花，菜地里长了什么，更不会知道大树有多少棵，常绿树有多少，分布在哪里，落叶树长得什么样，什么时候落叶，等等。如果教师有目的地引导幼儿观察幼儿园里有哪些植物，并明确每次观察的目的，要观察什么，是如何变化的，前后有什么不同，最后的结论是什么，是哪些因素改变了物体，等等，让儿童的观察有针对性和选择性，探究学习就发生了，幼儿观察的意识和效果也会明显提升。需要注意的是，教师和幼儿可以对某一观察对象共同制订详细的观察计划，包括时间、地点、对象、工具、记录、方法等。在不同阶段教师可启发幼儿将注意力集中到具体的任务探究中，引导幼儿从具体微小的部分逐渐向整体性过渡，确保幼儿在整个观察过程中有一个较为全面、清晰的认识。

2. 指导幼儿掌握观察方法，助推探究活动的深入

（1）多角度、全面有序地观察

授之以鱼，不如授之以渔。幼儿观察事物较笼统，不够精确，其主要原因之一是他们还未掌握一些基本的观察方法。例如，幼儿看到韭菜有细细长长的叶子，就把细长绿叶的草、菜都当成韭菜，而不会仔细探究它们的气味和叶子的特有形状。让幼儿学习全面地进行观察，除了调动各种感官参与观察活动外，还应引导幼儿从多个角度去观察物体或现象。教师在指导幼儿观察物体（或现象）的同时，应根据观察对象的特点，有目的、有计划、有针对性地教给幼儿一些最基本的观察方法。根据幼儿的年龄特点，主要是让幼儿学习顺序观察法。所谓顺序观察法，就是按观察对象外部结构的特点，有顺序

地进行观察。例如，从上到下或从下到上，从左到右或从右到左，从整体到局部或从局部到整体，从明显特征到不明显特征，从外到里或从里到外等，按顺序、有层次地细心观察。当然，具体的顺序依观察对象而定，某些事物适宜近距离观察，而另一些事物则远距离观察更为全面，有时远距离观察又是近距离观察的补充。总之，通过指导幼儿学习观察方法，学会多角度的观察，可使幼儿对观察对象有较为系统和全面的认识，并获得全面发展。

（2）引导幼儿关注事物的异同点

幼儿在学习顺序观察法的同时，还应学习比较性观察，即对相似事物中的不同因素，对不同事物中的相同因素进行对照和辨别。例如，将橘子和皮球的形状加以比较，使幼儿认识到橘子的圆和皮球的圆是不同的。这样不仅有利于提高幼儿对事物认识的精确性，发展幼儿的观察能力，也有利于发展幼儿的思维能力。应当注意的是，用比较的方法进行观察，并不仅仅指开展比较性观察活动。在个别物体的观察和长期系统性观察等各种类型的观察中，在观察事物的主要特征时，也要教幼儿进行比较观察。例如，儿童常常把飞蛾误认为是小蝴蝶，教师就应引导幼儿观察：飞蛾不飞的时候，它的翅膀平铺在背面，而蝴蝶不飞时，它的翅膀常常合并起来竖立在背上；飞蛾的一对触角像小羽毛，而蝴蝶的触角无羽毛状，顶端还有一个小鼓包，很像小鼓槌；最明显的是它们的腹部，飞蛾的腹部又肥又大，而蝴蝶的腹部又细又长。另外，还要引导幼儿探索飞蛾和小蝴蝶活动的时间也不同：飞蛾白天藏在阴暗的地方，只有在夜晚才飞出来活动，还喜欢飞向有亮光的地方；而蝴蝶是在白天活动，特别喜欢在阳光下的花丛中飞舞。通过比较性观察，可以使两种昆虫的个别特征更为突出地展现在幼儿面前，给幼儿留下深刻而又清晰的印象。

（3）引导幼儿观察事物的静态和动态

传统的常识教学以带领幼儿观察事物的静态为主，其优点是容易组织幼儿，还便于看清事物的形态结构，但观察活动往往欠生动，也不容易获知观察物的功能。《幼儿园教育指导纲要（试行）》要求教师应多组织儿童观察事物的动态，其优点是不仅可以看到观察物的结构，了解其功能，对形态结构的观察也更为深入细致，还可使观察活动更生动活泼。例如，在静态观察中，观看图中的鸭子，教师可以问鸭脚上有什么，幼儿答鸭脚上有蹼；教师问鱼背上和腹部下面有什么，幼儿答鱼背上和腹部下面有鳍。在动态观察中，教师则可以这样提问：鸭子是怎么划水的，鱼是怎么游水的……从而使儿童观察到鸭蹼和鱼鳍的功能，这样科学观察活动就变得生动而有趣了。当然，在不便于或不能直接感知事物的某一特性时，只能观察物体（或现象）相对的静态，如认识轮船等，所以两种观察形态可以结合进行。

（4）给幼儿提供实践操作的机会

客观事物的特征是多方面的，有颜色、大小、形状、气味、味道、冷热、声音、手感等方面的差异。观察活动中要求多种感官协同活动，既包括用眼睛看，也包括用其他各种感官去感知事物。在观察过程中，应该尽可能地让幼儿的各种感官都参与：用眼睛去观看，用耳朵去聆听，用手去触摸，用鼻子去嗅，有些东西还可以用嘴巴去品尝，使大脑接收的信息来自视觉、听觉、味觉、触觉等多种途径，在大脑皮质建立多通道联系。例如，在观察鸟时，老师若问鸟是什么样子的，幼儿往往回答鸟有尖尖的嘴、有翅膀等，而忽视了鸟有羽毛等重要特征。因而，还应让幼儿摸摸鸟的羽毛，知道羽毛很柔软，是一片片的，从而使幼儿学会从物体的不同角度对其属性有一个较完整的认识，在观察的同时也就发展了幼儿的感知力及观察力。

教师应努力创造条件，使观察活动尽可能地让幼儿有自己动手和操作的机会，通过各种感官的协同活动去感知事物，更真实地了解客观事物的特征。

（三）鼓励支持，帮助幼儿形成正确的科学概念和方法

对幼儿来说，他们的观察往往是由对周围环境的好奇或偶然的兴趣引起的，带有很大的无意识性。如何把幼儿无意、自发的感知转化为有目的的观察，有赖于教师在活动中适时地、积极地提问和参与，通过启发性问题指引幼儿观察的方向，掌握观察的深度，引导幼儿全面、系统、有序地观察。运用提问帮助幼儿既观察事物的整体，又观察其主要的细节，处理好观察整体与局部的关系，保证观察的全面性。用提问引发观察的教育手段可贯穿观察活动的全过程，但同时也要给幼儿留下自由观察的空间，以免造成幼儿被动学习的局面。

要真正发挥提问的作用，要求教师所设计的问题应具有启发性，能创造一种触发幼儿全力投入观察的环境。所提问题要能引发幼儿的感知、思考和回忆，帮助幼儿把观察对象的有关信息与已有经验相联系，并通过表达、交流形成观察对象的概念。

例如，在中班观察活动"多彩多姿的菊花"中提出的以下问题就能引发幼儿积极观察和思考，从而在探索中经过努力求得答案：

1）这些花好看吗？你知道它们叫什么名字吗？

2）你喜欢它们吗？为什么？

3）谁能说说你看到的菊花是什么样子的？像什么？

4）请你把鼻子凑到花蕊前深呼吸并闻一闻，又有什么新发现？

5）你能谈谈菊花的花瓣（叶子）是什么样的吗？像什么？

6）你们看看这是什么（茎）？它是什么样子的？它有什么用？看看、摸摸，会有什么感觉？

7）请你找出自己最喜爱的一盆菊花，给我们介绍（推荐）一下，说一说你为什么喜欢它？

在活动过程中，教师应为幼儿提供充分的操作机会，注意其探索活动的独到之处，尊重幼儿科学合理的或不符合常规的每一个发现，并鼓励幼儿将观察的结果生动形象地描述出来，将经验介绍给大家。与此同时，应引导幼儿善于运用准确、形象的语言来表达、交流，如啄木鸟的嘴是长长的、尖尖的、硬硬的，能伸向树洞捉虫。

只有操作有条有理，表达才能清楚有序。要求幼儿把自己的探索简要、准确地表达出来，但又不等同于成人的要求，这就要求教师的语言要尽量儿童化。例如，对"弹性"这一概念的理解，不可能让幼儿像成人一样按词典上的要求来复述，而应帮助幼儿借助物体的形象和自身的动作感受来理解和掌握，从而将幼儿"用力压，弹簧就变短了；手一松弹簧又变长了"这种直观理解和叙述，在教师的指导下理解并建构为"有的物体，当我们用力拉它或压它的时候，它就改变形状；手一松，它又能变回来，这就是弹性"。

三、长期系统性观察案例与评析

📖 案例 1-8

你好，鹦鹉

（大班）

一、课程缘起

班级自然角是孩子们观察、发现、探索的乐园。在这里，每个角落都充满了生命的奇迹。孩子们用眼睛去观察，用手去触摸，用心灵去感受大自然的魅力。在我们的自然角里，孩子们学会了珍惜生命，学会了热爱大自然。

我的鹦鹉朋友

10 月份大二班的自然角里迎来了两个新朋友——鹦鹉。两只鹦鹉成了孩子们的"爱宠"，鹦鹉的话题时常挂在孩子们的嘴边。见到孩子们对鹦鹉有着强烈的探究兴趣，便安排了"你好，鹦鹉"的活动。

二、预设目标

1）愿意亲近小动物，对周围的动物感兴趣，体验饲养的乐趣。

2）感知鹦鹉的外形特征和生活习性，产生浓厚的探索欲望。

3）能用一定的方法验证自己的猜想，可以大胆表达和交流自己的发现。

三、活动思维导图

活动思维导图如图 1-22 所示。

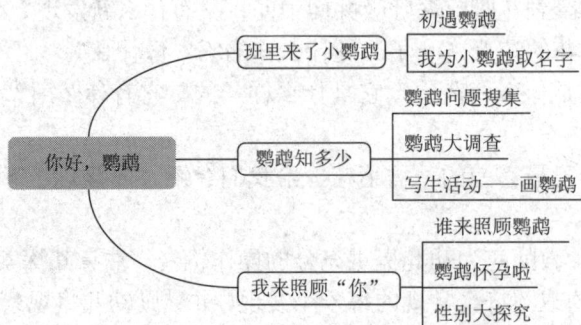

图 1-22 活动思维导图

四、活动实施

（一）班里来了小鹦鹉（10 月 9 日—10 月 19 日）

1. 初遇鹦鹉

在自然角投放鹦鹉后，我心中就想象着孩子们看到鹦鹉之后的表情和心情。到了鹦鹉和孩子们见面的时间，孩子们进班之后瞬间被鹦鹉吸引并围观，各种问题也随之而来。孩子们七嘴八舌地讨论着：

糖豆："老师，这两只鸟哪来的？"

米宝："它们是什么呀？"

跳跳："这个是鹦鹉吗？它好像还会学人说话。"

梧桐："不是鹦鹉吧？"

孩子们对鹦鹉很感兴趣，于是我追随他们的兴趣，当天晨谈的话题就是我们的班宠——鹦鹉。我说道："早上跳跳说这两只小可爱叫鹦鹉，那它们到底是不是鹦鹉？鹦鹉都长什么样子？"米宝："老师，你要不上网查一下吧。"于是我带幼儿一起查阅了鹦鹉的相关知识，了解到这两只鸟就是鹦鹉。

之后的日常，孩子们常去观察小鹦鹉（图 1-23）。孩子们喝水时，会去看一眼小鹦鹉是否也在喝水，吃饭前走过去看一看，看鹦鹉是否在啄食。

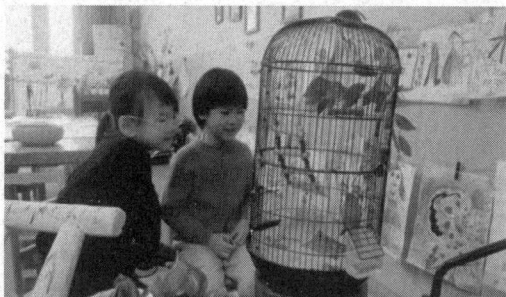

图 1-23　幼儿近距离观察鹦鹉

2. 我为小鹦鹉取名字

"小鹦鹉来了幼儿园，它们还没有名字呢，我们给它们取个名字吧。"孩子们对小鹦鹉取什么名字好听进行了探讨和思考。

力源：因为它们是蓝色和绿色的，就叫小蓝和小绿吧。"

彤彤："不好，我给它们取名字叫小可爱和小豆豆。"

琳琳："我给它们取名字叫花花和小冰雹。"

有的孩子竟然给小鹦鹉取了自己的名字，大家都开心地为小鹦鹉取名字，最后投票选出两个呼声最高的名字——"小豆豆"和"小彩虹"（图 1-24）。

图 1-24　幼儿投票选鹦鹉名字

孩子们为了更方便和快速记住鹦鹉的名字，别出心裁地为鹦鹉设计了"姓名牌"并系挂在鸟笼上（图1-25）。

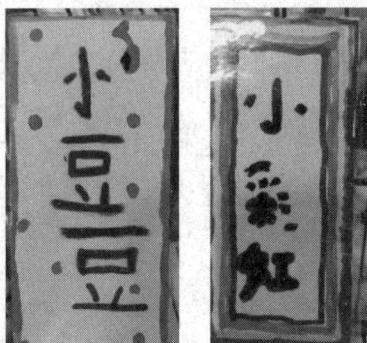

图1-25 幼儿为鹦鹉设计了独一无二的"姓名牌"

（二）鹦鹉知多少（10月20日—11月6日）

1. 鹦鹉问题搜集

孩子们和鹦鹉相处半个月，产生兴趣的同时也产生了许多的问题：

晨谈时的糖豆："鹦鹉真的会说话吗？"

区域时间的韵韵："为什么鹦鹉的羽毛是五颜六色的？"

午餐时间的阿源："鹦鹉它都爱吃什么？"

随着孩子们问题的提出，我将他们产生的问题以思维导图的形式呈现出来，方便后期帮他们梳理（图1-26）。

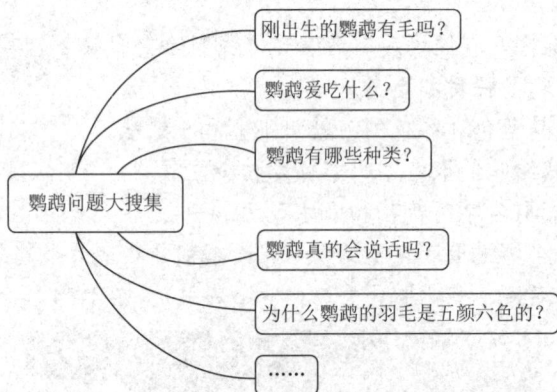

图1-26 幼儿提出的关于鹦鹉的问题

2. 鹦鹉大调查

对于孩子们的问题，我们开展了讨论。讨论中发现，孩子们对鹦鹉的了解只是最基本的，并不知道鹦鹉的具体生活习性。对于孩子们的疑问，我们一起开始了调查。调查的方式多种多样。在幼儿园内我投放了相关的绘本《揭秘鸟类》，还制作了调查表并在班级群内发布了亲子任务。家长带着孩子通过上网查阅资料、走访宠物店、花鸟市场等方式深入地了解鹦鹉。孩子们用自己喜欢的方式（拍照、绘画、录制视频等）记录下来，回幼儿园和大家进行了分享介绍。

3. 写生活动——画鹦鹉

孩子们对鹦鹉有了进一步的了解后，便有了画鹦鹉的想法，于是我为孩子们准备了材料，在区域时间孩子们开始了鹦鹉写生（图1-27）。

图1-27　幼儿画鹦鹉

（三）我来照顾"你"（11月7日—11月21日）

1. 谁来照顾鹦鹉

鹦鹉前期是由我来照顾的，后来，糖豆说："老师，我来给鹦鹉喂食吧。"于是我和孩子们开始讨论照顾鹦鹉的事。

"小朋友想来照顾小鹦鹉，那谁来照顾呢？"问题一提出，孩子们就争先恐后地说"我""我""我"。大多数孩子想参与照顾鹦鹉。"这么多小朋友想照顾鹦鹉，一次不用这么多人照顾，怎么办？"我问道。

阿源说："我们分男生和女生，男生一天，女生一天，这样轮流不就行了吗？"

李良："我们可以和值日生一样，值日生轮流去照顾它。"

通过商量，最后同意李良的方法。

接下来我把喂食、放水槽、清理粪便等工作交给了孩子们。在照顾鹦鹉的时候，孩子们觉得清理粪便时需要将鹦鹉移到小鸟笼内太麻烦了，他们想到了在下面垫个东西，就像平时画表征图时下面垫报纸一样，脏了拿出来更换新的，这样就不用经常清洗了。孩子们还将照顾鹦鹉的细节表征出来，并贴在了自然角（图1-28）。

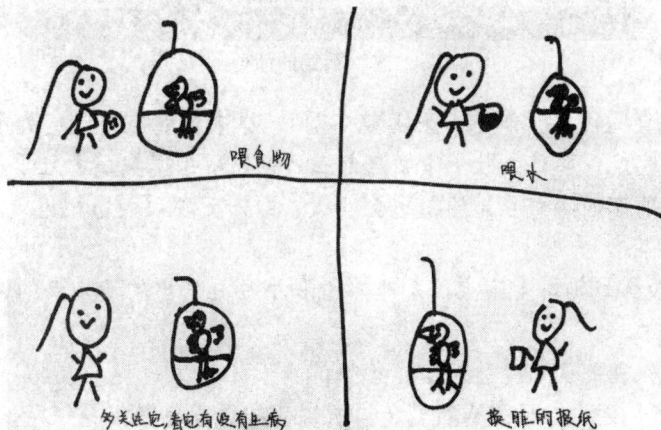

图1-28　照顾鹦鹉

图 1-28（续）

2. 鹦鹉怀孕啦

近期幼儿园的兔妈妈生宝宝了，于是孩子们也常提起："鹦鹉什么时候生宝宝？""鹦鹉怎么还不生宝宝？"轮到糖豆照顾鹦鹉的时候，糖豆说："老师，小彩虹的肚子大了，它是不是要生宝宝了？"我们被糖豆的声音所吸引，发现小彩虹的肚子确实大了好多。于是我们继续等待并观察，看是否如我们所想。

过了两天，小彩虹的肚子变小了，而笼子里有好多便便，于是我们知道了原来是鹦鹉的便便（图 1-29）太多了，把它的肚子撑大了。

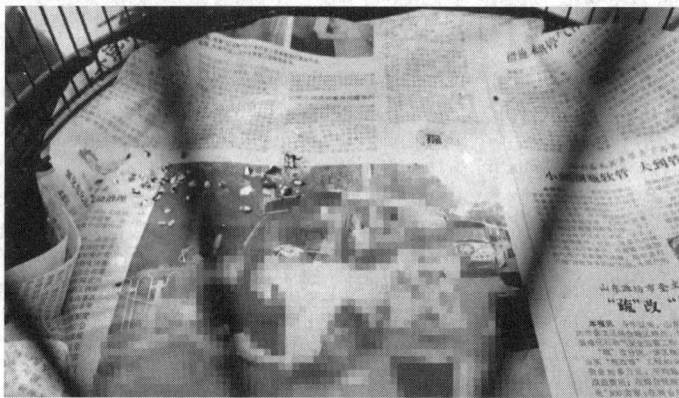

图 1-29　鹦鹉的便便

孩子们回家查阅"怎么能看出来鹦鹉怀孕"。原来鹦鹉在繁殖交配前会相互吐食，不久之后会踩背交配，鹦鹉小肚子微微隆起。还可以用手摸鹦鹉的肚子，如果怀孕就会摸到一个圆和硬的东西，而且排的便也会变大，跟一元硬币大小相近。

3. 性别大探究

米宝："一般都是妈妈生宝宝，那小彩虹和小豆豆是男的还是女的？"米宝的问题引起了我们的思考。

孩子们通过以往的认知经验做出了猜想。

阿源："老师，因为小男孩喜欢蓝色，所以我觉得蓝色鹦鹉是'男孩'，绿色鹦鹉是'女孩'。"

梧桐："老师，我觉得绿色鹦鹉是男的，因为它平时的声音比较大。"

针对孩子们的问题，我没有给出答案，而是提供了相关的书籍放到自然角，供孩子们查阅。经过查阅得知，雄性的鼻包为蓝色，雌性为肉色（图 1-30）。最终确认为蓝色羽毛鹦鹉为雄性，绿色羽毛鹦鹉为雌性。

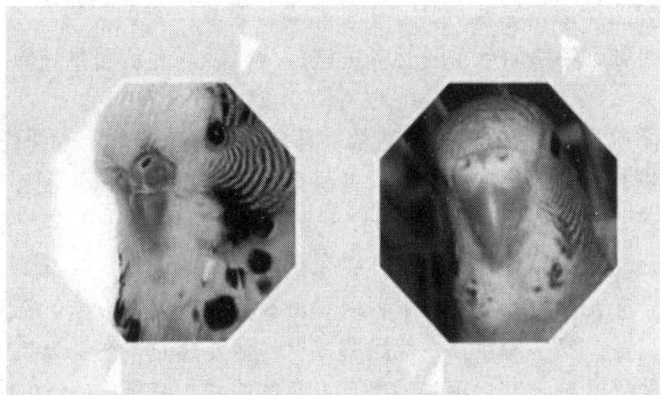

图 1-30　分辨鹦鹉的性别

桐桐在照顾鹦鹉时说："老师，我看到两只鹦鹉在亲嘴，它们好像在谈恋爱。"（图 1-31）
小川："它们是不是要结婚呀？"

图 1-31　鹦鹉喙对喙在亲亲

孩子们经常对着鹦鹉窃窃私语，好像对它们谈恋爱比较感兴趣。正值大班幼儿已到婚姻敏感期，接下来，我将继续追随幼儿的兴趣点，开展结婚那些事等活动。

小彩虹、小豆豆的到来，不仅为孩子们打开了一扇情感大门，同时促进了孩子们社会性的发展，照顾鹦鹉的过程也是孩子们增强责任心和关爱之心的过程。生命教育应该教育孩子敬畏生命，不论是植物也好，动物也罢，孩子们在感知它们的过程中会延伸到人的身上去，孩子们照顾鹦鹉的过程就是一个实际感知生命的过程，后面孩子们还会遇到很多很多的问题，如鹦鹉结婚啦，也可能因为某种原因鹦鹉会出现意外等。

（济南市槐荫区第二实验幼儿园　魏苗苗）

案例评析：

这个案例通过长期系统性观察的方式，在一个半月的时间里，教师引导幼儿持续观察两只鹦鹉的变化。从科学的概念来看，此活动蕴含了生命科学的核心概念：生物的外形特征、生物的生活习性以及生物的基本需求。鹦鹉虽然不是生活中常见的小动物，但它的外形特点使其深受幼儿喜欢。活动中幼儿通过观察、查阅资料、走访鸟类市场等，获得鹦鹉的身体特征、鹦鹉的生活习性等关键经验。教师对活动推进的方法是符合大班年龄特点的。

活动分为三个阶段。第一阶段，初遇鹦鹉环节，教师带领幼儿查阅资料认识鹦鹉后，引导幼儿对鹦鹉进行有效的比较分析，同时找到鹦鹉之间的不同点和相同点。为鹦鹉取名字，教师做到了"幼儿在前，教师在后"。第二阶段，针对幼儿提出的问题，教师没有将答案直接告诉幼儿，而是通过为幼儿提供图书、亲子调查等方式，让幼儿带着问题去查阅、观察、思考并寻找答案。从中可以看出教师注重家园联系，在家园合作中共同促进幼儿的全面发展。第三阶段，在照顾鹦鹉时，幼儿通过多种感官对其进行观察。通过视觉观察鹦鹉的外部特征，如羽毛的颜色、身体的结构特征等，通过触觉去探索鹦鹉的羽毛等。在这个案例中，除了无法运用味觉外，许多感觉被运用到探索过程中。在大班年龄阶段，幼儿思维的中心性明显减弱，他们更愿意通过事实证据去寻求合理的解释。例如，对于鹦鹉性别问题，首先想到查阅资料，得出正确的答案。

在整个活动中，教师倾听幼儿的谈话和问题，了解幼儿的兴趣点，灵活、综合地采用多种形式，以适应幼儿的发展需要。

📖 案例 1-9

白菜精灵成长记

（中班）

一、课程起源

气温上升，万物生长。一天，当餐后散步走到光秃秃的菜地时，果果突然问："老师，小菜地里光秃秃的，怎么什么都没有呀？"——一说："我们可以种上小白菜，因为我姥姥姥爷家就种过小白菜。"于是，一次源于孩子们的种植活动开始了。

二、种子大探秘

第二天，一一从家里带来了小白菜种子，大家好奇地围着——观察种子（图1-32），有的还忍不住摸了摸、闻了闻："它看起来黑黑的、小小的。""有点硬硬的。"……

腾腾疑惑地问："种子那么小，能长出我们吃的白菜吗？"兴艺回过头说："当然可以啦，萝卜种子也很小，我们也种出了萝卜啊。"老师问："现在已经有了白菜种子了，我们怎么种呢？"星星想了一会儿说："我觉得把它们全部倒在地里就可以。"瑞瑞不同意："要先清理菜地，还要浇水，才能撒种子呢。"老师说："没错，在撒种子之前，我们要先翻翻地、松松土，这样种子才能发芽和生长。"

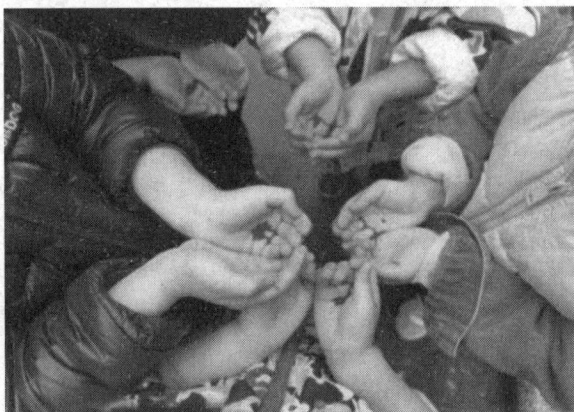

图 1-32　幼儿在观察种子

三、小白菜种植记

孩子们纷纷行动，开始除草（图 1-33）、翻地。

图 1-33　幼儿在清理杂草

翻完地后，老师给每个孩子都发了一些种子。有的孩子直接把种子撒在地里；有的孩子蹲在地上先用小铲子挖几个小洞，然后小心翼翼地把种子埋进去（图 1-34）。

图 1-34　幼儿播下希望的种子

孩子们把种子都种了下去，小小的种子承载着孩子们大大的梦想，对种子的观察和感受让他们更加好奇小种子是如何长成小白菜的。

四、焦灼地等待

一周过去了，白菜苗还没有长出来，有些孩子心急地问："老师，为什么我们的白菜还没有长出来呀？"子涵说："种子是不是坏的呀？"一一听立马反驳道："不可能，我妈妈买的种子都是好的。"乔羽说："是不是我们浇的水太少了。"腾腾说："对呀，你看地都是干干的。""那怎么办呢？"老师佯装着急地问道。子涵和腾腾马上建议每天都来浇水。老师说："好办法，你们可以利用早操前的时间给白菜浇水。负责浇水的小朋友要每天汇报一下白菜生长的情况。"从此，早早来园的孩子第一件"大事"就是去菜地给白菜浇水。

虽然只是短短的一周，但对孩子们来说尤其漫长。白菜迟迟不见"踪影"，他们逐渐失去了耐心。为了安抚孩子们焦急的情绪，老师与他们一起讨论问题发生的原因并商量解决办法，转移注意力，缓解他们的焦虑情绪。

五、白菜长出来了

又过了几天，菜地里终于冒出了一点点儿绿绿的小芽（图 1-35）。早上，子涵和腾腾给白菜地浇水的时候发现地里冒出了许多青绿色的芽儿，回到教室便迫不及待地跟大家分享："白菜长出来了。"

图 1-35　菜地里冒出的小绿芽

幼儿会对生命的成长过程充满好奇，他们会精心呵护、仔细观察，关注生命成长过程中的每一个细节，对生命充满感情、倾注热情（图 1-36）。通过种植活动，孩子们对小白菜有了初步的了解，不断积累经验，接触自然、认识自然，体验发现和探索的乐趣。因此，种植是一种有温度和有情感的活动，幼儿在种植过程中收获的不只是能力和知识，还有情感和态度。

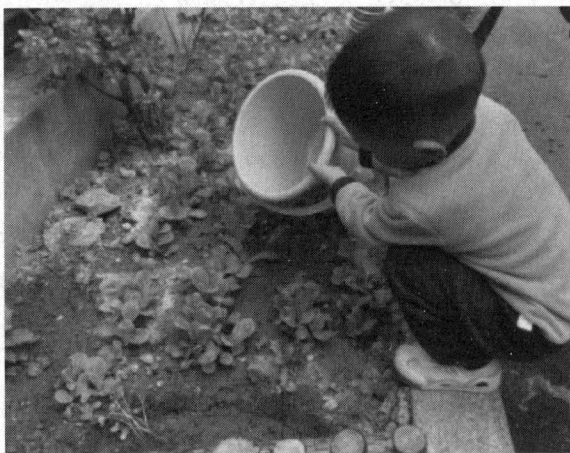

图1-36　幼儿细心呵护

六、小白菜美食记

渐渐地，小白菜长大了。到了收获的日子，孩子们提议做白菜汤喝。瞧，种植地一派热闹景象。孩子们有的拔，有的抱，各显身手（图1-37）。不时有孩子叫道："我拔的是小白菜。""哈哈，瞧我的巨无霸小白菜。"孩子们的吆喝声和笑闹声不绝于耳，响成一片，每个人的心里都乐开了花。

图1-37　孩子们拔白菜

美味的白菜汤出炉了，孩子们通过亲身劳动，成功地品尝到了美味的白菜汤，连不爱吃青菜的小朋友也都把汤喝光了。由一粒小小的、黑黑的种子到一道白菜做成的菜肴，孩子们体会到了收获劳动果实的喜悦心情。

种植活动是孩子们真实感受、亲身参与的一种体验活动，孩子们在大自然中用眼睛、耳朵、身体感知世界。

从一粒种子到一颗果实，这是对植物生长神奇变化的最直接的认知和体验。白菜的生长需要阳光、土壤、空气和水，虽然这些知识看起来简单又日常，但是通过种植体验，孩子们逐渐了解到我们的日常食物源自大自然、源自劳动，这是最直接、最有效的途径。

孩子们亲手播下种子，亲自养护，教师的高度关注和充分支持，让漫长的等待充满了各种可能。孩子们对白菜到达餐桌之前所经历的整个过程的充分参与和感受，让最后的"食物收获感"更具意义。对教师来说，让孩子参与种植过程的意义就在于此：做真实的劳动、吃真正的食物、解决真正的问题，最终和大自然建立真实、亲密的联系。

（济南市槐荫区礼乐佳苑幼儿园　魏健美、郭宵、邱婷婷）

案例评析：

"白菜精灵成长记"是幼儿园典型的长期系统性观察活动，本案例讲述了中班孩子进行白菜种植、照料、收获及食用的全过程。种植白菜为孩子观察、探索白菜的生长状态提供了机会。

从播下种子到收获白菜，孩子们亲自翻地、播种、盖土、浇水、收获，享受着见证白菜发芽、长大的惊喜，享受着收获并最终品尝到自己劳动果实的喜悦。通过这一系列的活动，孩子们在五大领域方面都获得了发展，这对他们来说是最有意义的生活体验。这样的体验渗透着丰富的学习经验和发展机会，孩子们的想象力、创造力、探究能力、表达能力在一次次的应用中得到了锻炼和发展。

在这个案例中，孩子是主角，老师是配角，孩子们用自己的热情和认真，生动地演绎着这个故事。无论是幼儿还是老师，都在这个过程中有所收获。

--- **任务实训** ---

请任选一种自己喜欢的观察活动类型，设计一个适合学前儿童发展水平的观察活动方案。

综合实训

1. 平时注意搜集、挖掘和积累有关适合幼儿的观察活动资源。
2. 设计一个以生命科学为核心内容的大班幼儿观察活动的课程方案。

项目二
学前儿童实验探究活动

学习目标

- 了解实验探究活动的内涵和意义。
- 掌握实验探究活动的设计实施方法和组织指导策略。
- 培养严谨科学的态度和探索创新的精神。

案例引导

　　游戏时间，中二班的小朋友们在沙水区玩耍。翰翰正在水池边玩，头顶的一片树叶落下来，漂在水面上。翰翰惊喜地朝旁边的小伙伴喊道："一只小船！"小昀听到凑了过来："对，小船开过来了。"周围的小朋友被叫喊声吸引了过来，对树叶漂在水上的现象产生了兴趣。旁边正在玩泥巴的萌萌看到了，说："我也有小船。"然后把手里拿的金属材质的铲子放到了水里，想做一艘自己的船，但是铲子一放进去就沉到水里了。周围的小朋友七嘴八舌地议论起沉下去的原因。有人说："因为铲子太沉了。"有人说："因为铲子是铁的，铁的东西漂不起来。"慢慢地，小朋友们纷纷尝试把周围能找到的金属小桶、木质积木、塑料瓶子、小花、小草、石头等不同的东西放到水里，探索哪些东西能浮起来，哪些东西会沉下去。

（济南幼儿师范高等专科学校常春藤附属幼儿园　荐秋）

想一想

　　在案例中，小朋友们对沉浮现象产生了极大的兴趣，自发产生了一次简单的实验探究活动。实验探究活动是学前儿童科学教育的重要手段，那么究竟什么是幼儿园实验探究活动呢？接下来我们一起来了解一下吧。

任务一　初步认识实验探究活动

　　实验探究活动是学前儿童科学教育的重要手段，通过实验探究，幼儿可以亲身体验科学现象，直接参与知识的探索和发现过程，从而更深入地理解科学概念。实验探究活动有助于培养幼儿的科学素养，激发好奇心，提高动手能力等。

学前儿童科学探究能力的发展具有明显的知觉导向与随机范畴特点。学前儿童科学教育是启蒙性、生活性和过程性的，应支持和引导幼儿进行经验建构，提高其科学能力。抓住有利时机，提高幼儿的科学理解能力。随时关注和鼓励幼儿进行探索与发现，正确理解幼儿，提高其科学解释能力。

应当引导幼儿学会探究。通过提供有利于激发幼儿兴趣的活动材料，让幼儿在活动中感受世界的奇妙，体会成功的喜悦。重视个体差异，使幼儿在自己原有水平上得到提高，将好奇心转化为对探究活动的兴趣。组织多种形式的探究活动，引导幼儿从问题出发开始探究，尝试多种探究方法。

实验探究活动是学前儿童科学教育不可或缺的一部分，为幼儿提供了主动学习和探索的机会。

一、了解实验探究活动的概念

学前儿童实验探究活动是指教师或学前儿童按照预想的目的或设计，利用一些操作仪器和材料，通过简单的演示或操作，对周围常见的科学现象加以验证的一种活动；是儿童亲历科学探究的过程，发现事物的变化及相互联系的一种活动。学前儿童实验探究活动的操作和演示过程必须简便易行，一般带有游戏性质。

从定义当中不难发现，实验探究活动注重幼儿的简单操作和亲历探究。同观察活动相比，它需要控制条件，排除干扰，突出引起某种自然现象或变化的因素，以发现某一现象的原因，了解事物间的联系以及检验开始的假设等。

幼儿的实验探究活动不能完全等同于科学实验，它具有自身的特点，主要表现在以下几个方面。首先，幼儿的实验探究活动具有趣味性。幼儿实验探究往往带有游戏性，是在玩中做。幼儿有很强的游戏心理，实验也常常结合游戏情境。其次，幼儿实验操作具有随意性。幼儿实验的过程往往比较简略，没有严格的科学控制，且多数没有数量化，而是以定性实验为主。最后，幼儿实验内容是生活化的。由于实验的随意性，幼儿实验往往泛化到生活的方方面面，随时随地都可以做实验。

实验探究活动帮助幼儿理解一些简单的科学现象和知识，培养幼儿对科学的兴趣、求知欲望和动手操作能力。因为实验探究活动是在教师精心创设的特定条件下进行的，可以弥补在自然条件下观察的局限性。从某种意义上说，实验探究活动也属于特殊的观察形式。

例如，某教师为了让中班幼儿认识"沉与浮"，选用了实验探究的方法。活动之前，教师先为幼儿准备了各种各样的实验材料——木块、石子、积塑、玻璃瓶等，供幼儿探究沉与浮的现象。在活动中，幼儿把这些材料分别放入水中做实验，探究它们在水里的情况，结果观察到了很多有趣的现象：当发现木块漂在水面上时，有的幼儿一次又一次地尝试把它按下去，但只要手一松开，木块又会漂上来；还有的发现没有盖子的玻璃瓶放进水中后，先是漂着的，过一会儿灌进了水，就慢慢地沉下去了；有的小朋友开始探索、尝试把玻璃瓶里的水倒掉，把盖子盖好，玻璃瓶就再也不会沉下去了……在整个实验活动过程中，每个幼儿都有自己的发现，对操作活动百玩不厌。在此基础上，教师及时组织引导幼儿把自己的"重大发现"讲给其他幼儿听，并且鼓励其他幼儿进一步验证这些发现。最后，教师和幼儿一起总结了今天的收获："我们今天玩得好开心，而且发现了很多的科学秘密——有些东西是浮在水面上的，有的却是沉到水里的，还有的悬在水中。以后我们还可以试着把别的东西放到水里，看看它们会怎样。"

这是一个司空见惯的实验探究活动。整个实验探究过程的展开，就表现为幼儿在教师所提供的实验环境中进行自主的探究活动。幼儿把不同的材料放进水中，发现了不同的结果。这一发现更激起幼儿的好奇，于是又尝试用不同的材料做实验，以获取更多的发现，这就是幼儿的科学探究过程。在科学探究的过程中，幼儿获取了丰富的科学经验。他们不是被动地接受知识，而是通过自己的操作和尝试，知道哪些东西在水里是沉的，哪些在水里是浮的，这些经验比教师告诉他们的知识更加直接、生动、丰富，也更加有意义。

学前儿童实验探究活动是一种以幼儿为中心的学习方式，通过让幼儿亲自参与实验、观察和探究来促进他们的学习和发展。这种活动通常涉及让幼儿进行简单的科学实验或探究，以帮助他们了解自然现象、物理规律和生物特征等。在实验探究活动中，幼儿可以通过观察、提问、假设、实验、记录和分析等步骤来主动探索和发现知识。

学前儿童实验探究活动的目的是培养幼儿的观察力、思维能力、创造力和解决问题的能力，同时也可以激发他们对科学和自然的兴趣，促进他们的全面发展。这种学习方式强调幼儿的主动性和参与性，让他们在探究中体验学习的乐趣和成就感。

二、区分实验探究活动的类型

（一）按实验探究主体分类

根据主体不同，实验探究活动可以分为教师演示实验和学前儿童操作实验两种。尽管实验探究简单常见，但幼儿的生活、知识经验和能力决定了操作实验仍有一定的困难，因此小班常以教师演示实验为主，而操作实验一般在幼儿园中、大班运用。

1. 教师演示实验

教师演示实验是指由教师操作实验的全过程，幼儿观察实验的过程、现象、变化和结果的一种形式，一般应用于幼儿操作有一定困难或危险，或者所需仪器设备条件不足等情况。例如，需要用到明火的实验，安全要求太高，一般要做教师演示实验。

有时教师演示实验也可作为幼儿实验前的示范，即先由教师对实验内容进行演示，然后幼儿按照教师演示的方法进行实验操作，并进一步进行观察，获得发现。教师在幼儿操作实验前进行示范性演示实验的优点是，便于教师组织活动，幼儿实验操作的目的性也能明确，但是教师的演示不可避免地会限制幼儿自己的想法，所以并不能充分地体现幼儿的自主探究学习。当幼儿由于年龄小而无法独立进行探究，或者实验材料的操作方式不易被幼儿理解时，可以采用此法。

例如，教师要设计一个"物体怎样下落"的实验活动，并为幼儿提供了很多材料，但是幼儿自己对这些材料的自由探究是很难联系到"自由下落"这一科学现象的，这时教师可以先演示给幼儿看，然后激发幼儿自己探究的兴趣。一般情况下，最好让幼儿独立完成操作实验的全过程。例如，活动"认识磁铁"就不需要教师事先演示，因为幼儿看见磁铁就可能知道它能够吸东西。教师可以放手让幼儿自己去探究得知磁铁可以吸哪些东西，然后加以引导等。

2. 学前儿童操作实验

学前儿童操作实验是指幼儿亲自动手操作并参与全过程的实验，一般是对实验内容、仪器的要求不高，又带有游戏性质，适合让幼儿亲自动手操作并参与的实验。例如，磁铁吸铁的实验、种子发芽的实验等。这类实验因为是幼儿自己动手操作，所以在操作过程中幼儿可以充分摆弄材料、仪器，近距离地观察实验过程中的现象和变化，还可以反复操作、多次尝试，满足了幼儿的好奇心，故而他们的实验积极性很高。例如，在沉与浮的实验中，教师只需提供各种材料，提出操作中应注意的事项，便可让幼儿进行自由的、充分的探索活动：将各种东西一一放入水中，观察会出现哪几种不同的情况……在这种带有游戏性质的活动中，幼儿自己会发现有些东西放进水中会沉，有些东西放进水中会浮等现象。由于幼儿在操作实验中兴致很高，体验较深，获得的知识也就更为牢固。因此，在条件许可的情况下，教师应尽可能让幼儿有实验操作的机会。

（二）按实验探究目的分类

按照实验探究目的，实验探究活动可分为验证性实验、探究性实验和应用性实验。

1. 验证性实验

验证性实验是验证已有科学理论或定律正确性的实验，是学前儿童常用的实验探究类型，目的是通过实验来验证已有的科学理论、定律或假设的正确性。验证性实验通常基于已知的科学知识和理论，通过实验操作来检验这些知识和理论的正确性。

在验证性实验中，研究者会根据已有的科学理论或假设提出一个预期的结果，然后通过实验来观察和测量实际的结果。如果实际结果与预期结果相符，就可以进一步确认该理论或假设的正确性；如果实际结果与预期结果不一致，那么可能需要对理论或假设进行修正或重新审视。

验证性实验通常具有明确的实验设计和方法，需要精确的测量和数据分析。实验结果的可靠性和有效性取决于实验设计的合理性、实验操作的准确性以及对实验数据的正确解释。

2. 探究性实验

探究性实验是通过实验探索新的科学现象或规律的实验。与验证性实验不同，探究性实验通常没有明确的预期结果，而是通过实验观察和数据分析来发现新的知识或关系。

在探究性实验中，研究者会提出一个研究问题或假设，然后设计实验来收集数据和信息。通过对实验结果的分析和解释，研究者可以得出新的结论、发现新的规律或关系，或者进一步深入探究所研究的问题。

探究性实验强调主动参与和探索的过程，鼓励幼儿提出问题、设计实验方案、进行实验操作、收集和分析数据，并根据实验结果进行推断和结论。这种实验能够培养幼儿的科学探究能力、批判性思维和解决问题的能力。学前儿童实验探究一般不追求新的发现，但也注重思维、能力、兴趣的培养。

3. 应用性实验

应用性实验是将科学知识应用于解决实际问题的实验。应用性实验强调将所学的科学原理和方法应用到实际情境中，以培养幼儿解决实际问题的能力。

在应用性实验中，幼儿通常会面临一个真实的问题或情境，然后使用所学的科学知识和技能来设计和实施实验方案，以解决问题或验证假设。这种实验不仅能帮助幼儿巩固和深化对科学概念的理解，还能培养他们的实践能力、创新思维和解决问题的技巧。

（三）按实验探究方法分类

按照实验探究方法，实验探究活动可分为定性实验和定量实验。

1. 定性实验

定性实验是通过观察和描述现象来进行分析和推断的实验。在定性实验中，研究者通过观察实验对象的颜色、形状、气味、味道、熔点、沸点、溶解性、反应性等特征来描述和确定物质的性质。定性实验不需要精确测量物质的量，而是关注物质的性质和特征。这种实验通常比较简单和直观，可以帮助幼儿了解和熟悉物质的基本性质和特征，培养观察力、描述能力和科学思维能力。

2. 定量实验

定量实验是通过测量和数据分析来得出精确结果的实验。在定量实验中，研究者使用测量仪器和技术来测量实验变量的具体数值，如质量、长度、时间、温度等。通过对测量数据的统计分析和计算，可以得到关于实验对象的定量信息。这种实验能培养幼儿对数量的感知能力，形成严谨的科学态度。

（四）按设计思路分类

按照设计思路分类，实验探究活动可以分为演示-操作式、自由-引导式和猜想-验证式三种。

1. 演示-操作式

演示-操作式实验探究活动是指教师演示操作实验的全过程，然后幼儿对应操作，通过自己的观察，获得发现。这种设计使幼儿实验探究的目的性增强，但对幼儿的自主探究学习会有一定的限制。

2. 自由-引导式

自由-引导式实验探究活动是指由教师通过材料引导幼儿，让其先进行自由探究，然后组织幼儿交流，进而引导幼儿进行有兴趣、有目的的探究。这种方法将幼儿的自由探究和教师的引导结合起来，能够取得较好的效果。

3. 猜想-验证式

猜想-验证式实验探究活动是指针对某一问题，教师启发幼儿先猜想可能发生的问题，幼儿根据已知的科学原理和事实，对未知的现象规律做出一种假定性、说明性命题，即猜想，然后通过实验、自主探究、动手操作等活动方式对其猜想进行验证和鉴定的一种科学探究方法。这种方式适合于幼儿已有类似生活经验的情况。

三、把握实验探究活动的特点

（一）内容简单常见，不求有新的发现

学前儿童实验探究活动与研究自然科学的实验不同，它仅是重复前人的实验，不要求有新的科学发现。实验探究的内容应是生活中常见的，在幼儿原有知识经验基础上所能接受的科学现象。这些现象对幼儿来说是新的发现，但实验所产生的结果却是成人早就有了结论的科学知识和概念。

（二）设备、条件及技术要求简单

学前儿童实验探究活动的设备和条件简单，一般不用专门的实验设备和特定的实验室，而是就近而取的某种材料，甚至是工业上不需要的半成品。学前儿童实验探究活动操作技术简单，要求低，和日常生活紧密联系，实验活动时间短，能较快观察到实验的变化和结果。

（三）趣味性强，深得学前儿童的喜爱

学前儿童实验探究活动常采用游戏的形式，在方法上注意趣味性，往往和游戏结合，和游戏没有明显的界限。幼儿是在十分有趣味的活动中生动活泼地进行科学的探索。例如，在变魔术似的探索酸碱变化的化学实验"会变的茶水"中，幼儿的好奇心得到了充分的满足，成就感油然而生。

四、理解实验探究活动的意义

（一）培养科学探究的兴趣

幼儿亲自参与实验，亲身探索科学的奥秘，这就顺应了幼儿好奇、好问、好动等心理特点。实验探究能满足他们的需要，引起他们的兴趣，激发他们学科学的内部动机，并且使他们在实验过程中得到愉快的情绪体验。这些都是仅靠教师的操作演示来引导幼儿观察所难以获得的。如"纸鱼、纸虾游起来了"的实验：将两本书并列放好（中间留有较大的空隙），将一块玻璃板搭在两本书的上面，用薄薄的彩纸剪一些小鱼、小虾，放在玻璃板下面两本书之间；用丝绸在玻璃板上摩擦，玻璃板下的纸鱼、纸虾就会竞相跳跃，栩栩如生。这是因为丝绸与玻璃板摩擦会产生静电，从而吸引纸鱼、纸虾。在这个摩擦起电的实验活动中，幼儿产生了极大的兴趣，并积极主动地认真观察新产生的科学现象。

（二）提高科学探究的方法和技能

探究过程本身就是运用科学方法获取知识的过程。即使在成人眼里非常简单的探究过程，也会有科学方法的存在。比如在上面提到的"沉与浮"案例中，幼儿通过观察、实验得出科学结论——哪些物体放到水里是沉的，哪些物体放到水里是浮的。在观察教师提供的现有实验物品的同时，幼儿会做出猜测——还有哪些东西可能是沉的或者浮的，随后就会通过亲身实验来验证自己的推测。如果实验的结果和他们的推测一样，成就感油然而生；如果不一样，将更加激发起幼儿的思考。

在实验过程中，幼儿亲身经历了探索科学的全过程，综合运用各种感官，从各个角度接触材料。在自身与物体的相互作用中，幼儿通过观察发现实验中科学现象的产生与变化，获取了第一手感性材料，从而进一步理解科学现象，并进行初步的比较、概括，形成简单的科学概念，并在大脑中留下较深的痕迹，保持较长时间的记忆。例如，大班的实验探究活动"一个变许多"，就是利用多面镜子观察不同的物体，从而理解镜子对光的反射作用。

（三）提升科学探究的综合素养

儿童在亲自操作过程中，既学习了简单的操作技能，又培养了动手能力。儿童在探究的过程中，通过进一步探索和设法解决问题，可弥补自然条件下观察的不足，学会细致的观察，发展观察分析能力。实验探究能让学前儿童体验到科学探究的本质，通过真正的"做科学"，学前儿童学习发现问题、提出问题、解决问题，有益于儿童的学习能力、思考能力和思维能力的提高。在实验探究的过程中，学前儿童发现和理解事实，也逐步养成了尊重事实、勇于探索、细致严谨等科学态度，使儿童的认知和能力获得综合提升。

总之，科学探究是学前儿童学科学的核心，而实验探究是学前儿童进行科学探究的重要形式。明确学前儿童科学教育的过程就是学前儿童的科学探究过程，对于明确学前儿童在科学教育中的主体地位具有重要的意义。不过，我们也要认识到，学前儿童实验探究的过程，不同于其自发的科学探究，它是在教师的不同程度、不同方式指导下的科学探究过程。

📖 案例2-1

顶　顶　乐
（大班）

一、活动目标

1）情感目标：乐于交流，体验同伴合作的快乐。

2）能力目标：能通过探索发现随一侧重量的增加，支撑点位置会发生有规律变化的现象。

3）认知目标：发现顶起物品时需要寻找支撑点，体验顶物品的乐趣。

二、重难点分析

重点：发现顶起物品时需要寻找支撑点，探索支撑点位置的变化。

难点：探索随着一侧重量的增加，支撑点位置会发生有规律的变化。

三、活动准备

PPT 课件，5 辆顶顶乐小汽车。

四、活动过程

（一）艺术为引，"启"兴趣——小碗顶顶乐

1. 激发欲望，初尝试

评委团来幼儿园选杂技小演员，请小朋友们按照海豚小博士的要求完成考核小游戏。

观看顶碗视频，完成第一个游戏。

游戏前听海豚博士说规则：①音乐响起，取下小碗车灯，放在头顶上；②两手打开，缓缓站起，一起向前走一走；③音乐停止，将小碗车灯放回原位，坐好。（可用头、额头、小拳头顶小碗车灯）

2. 观察图片，激发兴趣

提出问题，吸引幼儿注意，激发观看兴趣。

教师：瞧，第一个游戏里还有图片让我们欣赏，请小朋友仔细看，像不像我们的顶叠杯？他们在顶什么？顶球，顶积木，顶书，顶缸。他们做得怎么样？为什么能很平稳？

小结：因为我们用头顶物品的时候，要找一个物品和头接触的位置，这个位置能让我们顶的物品在头上比较牢固、稳定，这个位置就是物品的支撑点。

恭喜你们闯过第一关（动画）。

（二）科学为题，"齐"发现——圆盘顶顶乐

引导幼儿初步探究顶物品的方法，感知顶物要先找到支撑点。

玩第二个游戏，用汽车轮轴顶圆盘。

1. 教师示范，观察"点"

游戏规则：①音乐响起，抽出轮轴放在桌上；②打开 1 号门，取出小圆盘；③耐心找到支撑点，将红色贴纸贴在支撑点上；④将小圆盘放在支撑点上，保持小圆盘不动；⑤音乐停，身体坐正看前面。

2. 讨论谈话，寻找"点"

师幼共同讨论如何找到支撑点，完成第二个游戏。

（三）技术为基，"心"探索——立体图形顶顶乐

1. 应用经验，探索"点"

玩第三个游戏，用汽车轮轴顶积木。

游戏规则：①音乐响起，打开 2 号门，取出立体积木、水彩笔和记录单；②耐心找到支撑点，将数字贴纸贴在支撑点上；③看看一共能找到几个支撑点，将结果写到记录单上；④音乐停止，身体坐正看前面。

2. 分享交流，寻找多个"点"

探索不同形状积木上最多能找到几个支撑点。

3. 经验梳理，提升"点"

教师小结：原来我们顶起的正方体、长方体的积木，每块积木上有多个支撑点，而且我们发现找到的支撑点都是在每个面的中心、中央。为你们的科学探索精神点个赞。

（四）工程为策，"协"合作——支点变化顶顶乐

发现顶起物品保持平衡时支撑点位置变化的规律，探索保持平衡的方法。改变支撑物一端的重量，探索通过调整支撑点的位置，使支撑保持平衡的方法。

玩第四个游戏，用汽车轮轴顶直尺。

游戏规则：音乐响起，从车顶一层取材料。A 幼儿取下直尺，耐心找到支撑点，B 幼儿配合用记号笔标记好支撑点 0。然后，A 幼儿取下一个小夹子，夹在直尺的一端，耐心找到支撑点，B 幼儿拿好记录单和笔，标记支撑点 1，并记录支撑点的变化方向。A 幼儿取下另一个小夹子，夹在直尺的同一端，找到支撑点，B 幼儿标记支撑点 2，并记录支撑点的变化方向。音乐停止，将材料放回原位，身体坐正看前面。

教师小结：直尺一端的小夹子增加，要保持支撑的平衡，就需要调整支撑点的位置；支撑点位置的改变是有规律的，往哪边增加长尾夹，支撑点的位置就向哪边调整。

（五）数学为纽，"力"拓展——自选物品顶顶乐

所有游戏圆满通关，获得入选券。

通关小秘籍送给你：顶起物品不容易，先要找到支撑点；支撑点多少不相同，等着我们耐心发现；如果物品一侧加重量，支撑点的位置就会变；支撑点会跟随重的一边。孩子们，今天我们玩的顶各种物品的游戏就是中国杂技中的"顶举技"——顶顶乐。中国杂技，历史悠久，让我们一起去看一看。

（阳信县实验幼儿园 魏方卉）

案例评析：

这是一个常见的幼儿园实验探究活动。本活动目标明确、具体，符合幼儿认知规律，游戏活动贯穿始终，用感知体验、操作尝试和探索发现等方法引导幼儿进行自主学习，有效师幼互动，使幼儿学习的兴趣浓厚，积极主动参与，在活动中获得良好的体验。《幼儿园教育指导纲要（试行）》明确指出："科学教育应密切联系幼儿的实际生活进行，利用身边的事物与现象作为科学探索的对象。"本活动将重心这一抽象的物理知识与生活中有趣常见的杂技表演结合起来，让科学教育生活化、生活问题科学化，通过实验探究的形式，设计游戏闯关的情境，让幼儿大胆尝试，探究实践，激发探索热情，拓宽认知体验，学习科学方法，提升思维能力，让幼儿感受科学的趣味与价值。

任务实训

判断以下哪个活动适合设计为幼儿园实验探究活动，并据此尝试设计一个大班实验探究活动。

A. 滚动的秘密

B. 种子的旅行

任务二　实验探究活动的设计

了解了实验探究活动的基本知识以后，究竟应如何设计一次高质量的实验探究活动呢？接下来一起了解实验探究活动的设计。

一、遵循活动设计的基本原则

（一）安全性原则

在实验设计和实施过程中，要优先考虑幼儿的安全，确保实验探究活动的材料和环境对幼儿是安全的，避免任何可能对幼儿造成伤害的情况，避免潜在的危险和风险。

1）审查实验设计：仔细审查实验设计，确保实验过程中不存在明显的安全隐患。

2）提供个人防护设备：根据实验的需要，为幼儿提供适当的个人防护设备，如护目镜、手套等。

3）安全环境检查：定期检查实验场地和设备的安全性，确保没有损坏或故障。

4）开展安全教育：在实验前，开展全面的安全教育和操作培训，包括如何正确使用实验设备、处理危险物品等。

5）清晰的指示和监督：给予幼儿清晰明确的实验操作指示，并在实验过程中进行密切监督，及时纠正不安全行为。

6）紧急应对计划：制订紧急应对计划，包括火灾、化学品泄漏等突发情况的处理方法。

同时，教师要保持警惕，不断评估和改进安全管理措施，以确保幼儿在安全的环境中进行有益的实验探究。

例如，在进行燃烧实验时，需要用到酒精灯、明火等危险物品，教师在设计时，应充分考虑其危险性，以教师演示、幼儿观察为主；在安排幼儿座次时，应保持适当的距离；确需幼儿参与操作时，应当提供阻燃手套或手柄较长的安全的点火装置等；注意清除实验场地中的易燃易爆物品，备好灭火器等应急设施。

（二）科学性原则

实验设计应基于科学知识和原理，确保实验方法和结果的科学性和可靠性。

1）严谨的实验设计：确保实验设计合理、严谨，控制好变量，避免干扰因素的影响。例如，采用对照实验来比较不同条件下的结果。

2）准确的测量和记录：使用准确的测量工具和方法，如实记录实验数据，避免误差和偏差。同时，要注意数据的可靠性和可重复性。

3）科学的方法和技术：选择适当的科学方法和技术进行实验，遵循科学研究的规范和标准。例如，采用公认的实验流程和操作步骤。

4）验证和复验：对实验结果进行验证和复验，以确保结果的准确性和可靠性。可以通过重复实验或由其他小组进行复验来验证结果。

5）科学的解释和结论：根据实验结果进行科学的解释和分析，避免主观臆断和不合理的推论。结论应基于客观的实验数据和科学原理。

6）引用可靠的资料：在实验探究过程中，引用可靠的科学资料和研究成果，以支持自己的实验和结论。

（三）适宜性原则

根据幼儿的年龄和发展水平设计实验探究活动，确保活动的难度和内容适合幼儿的能力和兴趣。

1）实验材料：选择幼儿熟悉且容易操作的种子、培养皿和水等材料，让幼儿能够亲自参与实验过程。

2）实验步骤：实验步骤简单明了，易于幼儿理解和操作。教师可以根据幼儿的实际情况，适当调整实验步骤和时间。

3）观察记录：种子的发芽情况易于观察发现，可让幼儿亲自观察并记录发芽的数量和时间，培养幼儿的观察能力和记录能力。

4）讨论交流：实验结束后，教师可以组织幼儿进行讨论和交流，让幼儿分享自己的观察结果和体会，促进幼儿之间的互动和交流。

（四）探究性原则

实验探究活动应该是基于幼儿的好奇心和探究欲望，鼓励他们主动发现、提问、探索和解决问题，让幼儿通过亲身参与实验探究活动，获得直接的体验和感受，帮助他们建立对科学概念的理解。

1）提出问题：通过引导幼儿观察、思考和质疑，鼓励他们提出自己感兴趣的问题或现象，激发探究的欲望。创设与实际生活或真实问题相关的实验情境，使幼儿在真实的情境中进行探究，增强实验的现实意义和实用性。

2）自主探究：幼儿在实验探究过程中拥有一定的自主性，可以根据自己的问题和假设，设计实验方案，选择实验材料和方法，主动探索和解决问题。在实验探究中，幼儿可以通过视觉、听觉、触觉等多种感官来感受和体验实验现象，从而更全面地了解实验对象。

3）注重探究过程：让幼儿在实验中体验尝试、失败、调整和成功的过程，培养他们的耐心和坚持精神。在实验探究过程中，幼儿之间可以进行互动和交流，分享自己的体验和发现，共同探讨问题，从而丰富彼此的学习。

4）收集与分析数据：幼儿通过实验收集数据，并对数据进行分析和解释，从中发现规律和关系，培养科学的思维方式。

5）推导结论：根据实验结果，引导幼儿推导出合理的结论，而不仅仅是接受现成的知识，培养他们的逻辑推理能力。

6）开放与创新：实验探究活动应保持一定的开放性，鼓励幼儿提出新的问题和想法，尝试不同的方法和途径，培养创新精神。

例如，在颜色混合实验中，通过提出问题（当不同颜色混合时会发生什么）、设计实验（两种不同颜色等量或不等量混合）、观察记录（颜色变化情况）、分析验证（反复调整颜料水的量进行实验）等步骤，可以系统地探究颜色混合的不同效果，从而推动幼儿对颜色和量的认知。

（五）开放性原则

实验结果应具有一定的开放性，允许幼儿提出不同的见解和想法，培养创新思维。

1）多种可能：实验设计和结果不局限于一种固定的模式或答案，鼓励幼儿思考多种可能性。

2）材料选择：幼儿可以根据自己的兴趣和创意选择不同的实验材料，拓展实验的多样性。

3）方法创新：鼓励幼儿尝试新的方法和途径，培养创新精神和实践能力。

4）结果讨论：开放实验结果的讨论，让幼儿分享不同的观点和发现，促进思维的碰撞和拓展。

5）拓展延伸：实验活动可以引发幼儿对其他相关问题的思考和探索，拓宽知识领域。

二、选择适宜的活动内容

学前儿童实验探究活动的内容一般可以从幼儿日常生活中感兴趣的事物入手，如水、食物、动物、植物等，选择能够激发幼儿兴趣和好奇心，具有可操作性和教育价值的实验内容。也可以与学前儿童的课程主题相结合，有一定的计划性和系统性，促进幼儿对科学知识的学习和理解。想要选择适合幼儿的实验探究活动，应当注意以下几点。

（一）了解幼儿的发展特点

选择活动前，首先了解幼儿的年龄段以及他们的身体和心理发展水平，这将有助于确定他们能够理解和参与的活动类型。了解幼儿的年龄和发展阶段涉及多个方面，包括生理发展、认知发展、社会发展以及情感和语言发展等。可以通过查阅文献资料、专业书籍、标准图表等相关资料了解阶段性基础特点。研究特定年龄段的典型行为和里程碑，如幼儿通常在社交技能、自主性、语言能力和粗细动作等方面有一定的预期进展。通过观察和评估，直接观察幼儿的行为和互动，注意他们如何完成任务，他们的兴趣点以及他们与其他幼儿的社交能力。使用标准化测试或发展性筛查工具，定量地评估幼儿在某些领域的发展水平。通过与幼儿及家长的常态沟通，了解幼儿发展状况和支持需求。长期观察和记录幼儿的发展进程，以便于了解他们的成长轨迹和可能的发展延迟。如果有疑虑或问题，也可以寻求儿童发展专家、心理学家或儿科医生的专业意见。

（二）考虑幼儿的兴趣和认知经验

观察和了解幼儿的兴趣点，以及他们对周围世界的现有认知，这有助于选择能够激发他们好奇心和参与度的主题。例如，注意幼儿在自由玩耍时倾向于使用的材料或主题。直接向幼儿询问他们喜欢的事物、活动以及想要探索的主题，或通过问题激发幼儿表达自己对某些话题的看法和想法。提供多样化的材料和资源，让幼儿能够根据自己的喜好做出选择。了解幼儿的家庭和文化背景，这可能影响他们的兴趣和他们对世界的理解。运用

水中开花

简单的调查方式，让幼儿表达他们对不同主题的兴趣程度。尽可能个性化教育内容，以适应每个幼儿的独特兴趣和发展水平，为有特殊兴趣的幼儿提供深入探索的机会。

（三）安全无风险，简单易操作

在活动开始前进行风险评估，识别可能存在的安全隐患，并采取措施加以消除或降低风险。确保所有设备和材料都是适合幼儿年龄的，并且处于良好的维护状态。所有实验材料都应该是安全无害的，避免使用小零件以防吞咽，尖锐物品以防划伤，以及有毒物质以防中毒。选择简单的实验活动，活动难易程度要适合幼儿的年龄和发展水平。设计容易理解和操作的活动步骤，提供清晰直观的指导说明，包括图示和简单的语言描述，便于幼儿在成人指导下独立完成，太复杂的实验可能会让幼儿感到困惑和沮丧。开展关于安全规则的教育，如不跑跳、不推搡及使用剪刀等工具的正确方法。对可能发生的事故进行预案演练，确保幼儿知道如何应对紧急情况。考虑资源和材料的可获得性，选择需要的材料容易获取且成本合理的实验活动。

彩虹

（四）注重实践和观察，连接生活实际

选择与日常生活相关的实验主题，帮助幼儿理解生活中遇到的科学现象和应用。可以提出日常生活中可能遇到的问题，让幼儿参与讨论并提出解决方案。通过游戏或情景模拟，让幼儿练习解决问题的技巧。鼓励幼儿使用日记、绘画或拍照等方式记录他们的观察和发现，并定期回顾和分享这些记录，帮助幼儿加深对所学知识的理解。鼓励动手操作，通过亲身体验加深对科学原理的理解。鼓励多感官参与，多感官参与的活动能够帮助幼儿更好地理解和记忆科学概念。使用多媒体资源，如视频、动画和交互式应用程序，展示日常生活中的场景和活动。利用技术手段创造虚拟现实或增强现实体验，使幼儿沉浸在仿真的生活环境中。

（五）教育性与趣味性相结合

确保活动既具有教育价值，又能够吸引幼儿的注意力，让他们在玩乐中学习。选取能够激发幼儿好奇心和探索欲的活动，寓教于乐。设计有挑战性的游戏和竞赛，激发幼儿的求胜欲望，同时巩固所学知识。提供积极的反馈和鼓励，帮助幼儿建立自信并保持学习动力。使用贴纸、印章或小奖品等形式奖励幼儿的努力和成就。

（六）多样化、开放性、持续性

提供多样化的实验活动，以适应不同幼儿的需求和反应。同时保持活动的开放性，鼓励幼儿探索、提问和创新。设计可以持续一段时间的实验，以便幼儿观察变化过程并记录实验结果。

以下是一些常见的学前儿童实验探究活动内容：

1）物理实验：探究物体的沉浮、颜色变化、形态变化等。

2）化学实验：探究物质的溶解、反应、沉淀等。

3）生物实验：探究植物的生长、动物的行为等。

神奇的瓶子

4）自然现象实验：探究天气变化、季节变化等。

5）生活实验：探究食物的变化、水的净化等。

三、科学制定活动目标

（一）准确定位

实验探究活动的活动目标是指幼儿在实验探究活动中期望实现的具体结果或成就，为活动的内容、形式、流程等提供方向引导。实验探究活动的目标设计必须依据学前儿童科学教育的总目标。

实验探究活动作为学前儿童科学教育的重要形式和内容，其目标与总目标一脉相承，其核心仍是激发探究兴趣，体验探究过程，发展初步的探究能力。二者都强调培养幼儿的科学素养和探究精神，旨在帮助幼儿了解和认识周围的世界，发展他们的观察力、思维能力和解决问题的能力，鼓励幼儿积极参与、主动探索，通过实践和体验来学习科学知识。但二者在侧重点和实施方式上有所不同。实验探究活动更侧重通过实验来探究科学现象和原理，强调动手操作和实践验证；而科学教育的目标更广泛，包括科学知识、科学方法、科学态度等方面的培养。实验探究活动通常是在特定的实验环境中进行的，有明确的实验目的和步骤；而科学教育可以在多种情境下进行，包括课堂教学、日常生活、户外探索等。实验探究活动的目标更加具体和短期，通常针对某个具体的科学概念或现象进行探究；而科学教育的目标更加长期和综合，旨在培养幼儿对科学的兴趣和热爱，以及终身学习科学的能力。

（二）包含情感、能力、认知三个方面

实验探究活动的目标，应当从促进幼儿全面发展的角度出发，注重培养幼儿的综合素质，为未来的学习和生活奠定基础，注重增强幼儿的学习兴趣和动力，通常涉及情感、能力、认知三个方面，而不仅仅局限于知识的获取或技能的锻炼。一次具体的实验探究活动应当明确在活动中可达成的具体目标，包括以下三个方面。

1. 情感态度价值观

激发幼儿对科学的兴趣，培养探索精神、合作精神等。

2. 能力提升

通过实验探究活动进行多元能力的综合提升，如观察事物的能力、用语言描述实验过程和结果的能力、运用知识解决实际问题的能力等。

3. 知识与技能

通过实验探究可掌握一些具体知识和技能，如实验中涉及的科学概念、使用仪器材料的技能等。

（三）角度一致、便于操作、清晰恰当

在设计活动目标时，应注意以下几点：一是要清晰地阐述活动所追求的具体成果；二是要能够通过一定的标准或指标进行评估；三是要与活动的主题、对象、背景有紧密联系，且在现有资源条件下能够达成。

活动目标一定要表述清楚，角度一致，避免混乱。一般可从两个角度进行表述，教师角度和幼儿角度。可以从教师教的角度出发确定目标，指明教师应该做的工作，表述教师期望通过教育活动帮助幼儿获得的学习结果。也可以从幼儿的角度出发，指出幼儿通过学习应该达到的发展水平。但是，无论从哪个角度表述，都要注意情感、能力、认知三个维度出发点一致，即有统一的表述角度。可以通过简单的方法检验目标表述是否一致：从教师角度表述时，在目标前加上"教师使幼儿……"会使语句通顺；从幼儿角度表述时，在目标前加上"幼儿能……"会使语句通顺。

目标表述要具体，便于操作实现，避免过大或过于笼统。例如，人们常常把培养、提高幼儿的动手能力、想象力、观察力等作为活动目标，但这种表述方式只说明幼儿发展的方向，可广泛应用于各种教育活动，却不够具体。可以先明确本次实验探究活动具体做什么，想象什么，观察什么，然后列出内容和目的。例如，观察发现生活中的沉浮现象，以达成激发兴趣、引发好奇心和探究欲望的目的。提供不同材料放入水中，通过实际操作，观察记录分析结果，可提升动手操作能力、观察能力等。最后将具体的内容和对应可达成的效果整理表述成具体的目标。

同时还要注意，目标就是目标，不要写得过于繁杂，与过程、方法混淆，要表述清晰、得体，突出一个重点，有代表性。

在本项目的案例引导中，中班的孩子们在游戏过程中对沉浮现象产生了兴趣，沉浮现象在生活中非常常见，具有较高的趣味性及可操作性，教师应当敏锐地发现教育契机，可以设计一个沉浮主题的实验探究活动支持幼儿探索发现。与沉浮现象相关的值得探索的内容有很多，如发现沉浮现象，不同材质物体在水中的沉浮情况，同样材质不同重量或不同形状的物体在水中的沉浮情况，同一物体在不同密度液体中的沉浮变化，沉浮原理在生活中的应用，等等。幼儿的一次实验探究活动，往往只探索一个内容。如果幼儿在游戏中已经发现并观察到了沉浮现象，对不同材质的物体能否浮在水中进行了简单尝试，就可以先设计一次探索不同材质物体沉浮情况的实验探究活动，再根据幼儿探索的情况和兴趣点的变化逐步深入开展一系列实验探究。

针对探索不同材质物体的沉浮情况这一主题，结合幼儿的发展特点和学前儿童科学教育的相关目标，可以进一步明确本次实验探究活动的目标。例如：

1）情感目标：对沉浮现象产生好奇心和探究欲望，体验实验探究的乐趣。

2）能力目标：能认真观察，尝试记录与分类，能通过实验研究沉浮这一科学现象。

3）认知目标：知道同样重量和形状的不同材质物体在水中的沉浮情况不同。

四、准备适宜的活动材料

实验探究活动的材料，是吸引幼儿参与、增加学习主动性、激发兴趣的重要载体。

幼儿通过直接接触和操作材料，促进探索，培养科学精神，提升综合能力，加深对抽象知识的理解。设计幼儿园实验探究活动的材料时，需要考虑以下因素。

1）幼儿年龄：根据不同年龄段幼儿的认知水平和动手能力选择合适的材料。

2）安全性：确保材料无毒、无害、无危险，避免对幼儿造成伤害。

3）教育性：与教学目标和内容相匹配，有助于幼儿的学习和发展。

4）趣味性：能够吸引幼儿的兴趣，激发他们的探索欲望。

5）可操作性：材料易于幼儿操作，不会过于复杂。

6）多样性：提供多种类型的材料，丰富幼儿的体验。

7）直观性：使幼儿能够直观地观察和理解实验现象。

8）成本：考虑材料的成本，确保经济可行。

9）稳定性：材料要稳定可靠，不易损坏。

10）环保性：选择环保材料，对环境友好。

11）数量：保证足够的材料数量，满足幼儿的参与需求。

12）存放和管理：便于教师存放和管理。

五、有效设计活动过程

确定了实验探究活动的目标和内容后，就需要设计一个科学有趣的实验探究过程。合理的过程设计可以提高实验探究的效率和成功率，有趣且有挑战性的实验过程能够激发幼儿的兴趣和好奇心，精心设计的过程有助于幼儿更深入地理解实验原理和相关知识。过程设计对幼儿的学习效果、能力培养、全面发展都具有重要意义。

（一）实验探究活动设计的基本要求

1）明确实验目的：确定实验要探究的问题或概念，确保实验设计有明确的目标。

2）提出合理的假设：根据已有知识和观察，提出关于实验结果的假设，为实验设计提供指导。

3）设计可操作的实验方案：制定详细的实验步骤，包括材料、设备、操作方法等，确保实验可以顺利进行。

4）控制变量：识别并控制可能影响实验结果的变量，以确保实验结果的可靠性。

5）进行有效的数据收集：选择适当的测量工具和方法，准确地收集实验数据。

6）分析数据：选用合适的方法对收集的数据进行科学分析，以得出结论。

7）验证假设：根据数据分析结果，验证或否定初始的假设。

8）结论与讨论：根据实验结果得出结论，并进行讨论，包括对结果的解释、可能的误差来源以及进一步研究的建议。

9）安全与伦理考虑：在实验设计中要考虑安全因素，遵循相关的安全规定和伦理原则。

（二）实验探究活动的一般设计思路

实验探究活动的一般设计思路包括以下几个步骤。

1. 观察现象，引起兴趣

通过一些贴近生活的有趣现象，引出实验探究的主题，激发幼儿的好奇心和探究欲。例如，在认识静电的探究活动中，教师先让幼儿观察冬天穿脱衣服帽子时，小女生的头发会竖起来的现象，引起幼儿的兴趣，随之引出静电这一主题内容，再进行讨论探索。

在本项目的案例引导中，通过树叶漂在水中的有趣现象，引起探究沉浮的兴趣，就是一次自然而有趣的导入。

2. 发现问题，猜想假设

通过现象发现问题，引导幼儿结合现象解放思想，充分讨论，根据已有的知识和经验，对研究问题提出一个可能的解释或假说。

例如，树叶可以浮在水面上，同样重量、同样形状的木质积木也可以浮在水面上，但同样重量、同样形状的金属材质物品和橡皮泥会沉到水下。

3. 提供支持，放手探索

设计一个简单的实验来检验假设，控制实验变量，确保实验的可重复性。提供环境和材料支持，放手让幼儿开展充分探索。例如，提供同样重量、同样形状的树叶、橡皮泥、木质积木、硬币等不同材质的可反复使用的或若干数量的物体，允许幼儿自由实验，依次放在同样一盆水中，观察沉浮情况。

提供简单的记录表，让幼儿通过画对号、画箭头或粘贴等容易操作的方式记录实验结果。注意记录表可采用压膜等方式做成可以反复使用、便于修改、不易损坏的样式。学前儿童实验探究的材料用具，一般做成可以循环利用且结实耐用的样式，采用简单易得或废旧的物品。一方面，这样的用具可以重复利用，避免重复制作浪费人力物力，绿色环保；另一方面，学前儿童的实验探究活动本身就是反复尝试的过程，要能满足反复进行、多次修改的需要，不能让幼儿因材料工具的"不好用"或"太麻烦"而分散注意力，导致探究兴趣下降。

4. 讨论交流，完善流程

将初步实验结果及过程与他人交流，接受他人的质疑和建议，反思实验过程中的不足之处，进行阶段性小结，教师适时指导，为进一步的研究提供参考。例如，不同小组在第一次实验探索中记录到了不同的结果，有的小组的圆饼状橡皮泥沉到了水里，有的小组将橡皮泥捏成了碗状就浮在了水面上；有的小组的树叶轻轻放在水面上就浮起来了，有的小组的树叶按压进水里就沉下去了。经过讨论交流和教师指导，幼儿发现，要保持不同材质物体的形状一样、放入水中的方式也一样，才能探究出材质与沉浮的关系。与此同时，幼儿对同一材质、同一重量、不同形状的物体沉浮情况，以及树叶、茶叶等植物叶片的沉浮情况产生了好奇心和探究欲望。

5. 重复实验，验证总结

调整实验方法，进行多次实验，对实验数据进行记录和分析，判断是否支持或推翻了原始假设，并进一步引发幼儿深度学习探索的欲望。例如，经过第一次实验后，幼儿进一步完善实验过程，保持不同材质物体的形状一样，都"轻轻地"放在水面上，再观察记录沉浮情况，结果证明树叶可以浮在水面上，同样重量、同样形状的木质积木也可以浮在水面上，但同样重量、同样形状的硬币和橡皮泥会沉到水下。

6. 整理总结，延伸结束

通过实验探究及分析总结，幼儿知道了同样重量、同样形状、不同材质物体在水中的沉浮情况不同。在实验过程中，幼儿对沉浮现象产生好奇心和探究欲望，都能认真地进行观察，记录实验结果，根据沉浮情况对物体进行分类，体验到了实验探究的乐趣，也培养了科学严谨的精神，活动目标良好达成。教师可引导幼儿共同整理实验材料，留下重复实验的材料，计划和安排下一次实验探究活动的内容，如将实验材料投放到区域角中，结束本次实验探究活动，允许幼儿在游戏时间自由进行实验。同时师幼共同计划，在第二天再研究不同形状的橡皮泥的沉浮情况。近期可收集不同的植物叶片，下周再探索植物叶片在水中的沉浮情况，促成幼儿的深度学习思考。

需要注意的是，在一次实验探究活动中，一般至少为幼儿提供两次以上操作的机会，并应允许幼儿得出不同的结论，产生不同的思考。探究操作与讨论讲解的环节一般分开进行，可通过座位的变换、巧妙设置情境引导幼儿在不同区域进行，以避免操作材料分散幼儿的注意力，导致活动效果不佳。例如，在颜色变化实验探究活动中，幼儿先围坐在教师身边，听教师讲述"颜色宝宝抱一抱"的故事。在这一环节，幼儿与操作材料处于隔离状态，有助于幼儿集中精力理解故事内容。然后通过"请小朋友们一起来当魔术师，到魔术工厂里变出不同的颜色吧"的情境引导幼儿走到操作区域，与操作材料进行互动，进入实验操作环节，随后又通过"请小魔术师们带着自己变出来的新颜色，到舞台上一起秀一秀"的情境引导幼儿离开操作区，以便进入展示讨论环节。

任务实训

1. 为大班实验探究活动"燃烧的蜡烛"设计适宜的活动目标。
2. 以"溶解"为主题，为中班幼儿设计一个完整的实验探究活动。

任务三 实验探究活动的指导

有效的指导策略可以帮助幼儿更好地理解活动目标和要求，激发学习兴趣，引导幼儿享受学习的过程，培养他们对知识的好奇心和探索欲望，促进合作、分享，规范行为习惯，培养良好的品德和价值观。教师可以根据幼儿的个体差异，提供个性化的教育支持，在指导支持的过程中，也建立起良好的师幼关系。那么在实验探究活动中，教师应如何进行恰当有效的指导呢？根据实验探究活动的设计思路，常见的实验探究活动主要有三种类型：演示-操作式、自由-引导式和猜想-验证式，其指导方式各有不同。

一、演示-操作式实验探究活动的指导

（一）活动前要做预备性实验

进行演示-操作式实验前，教师要预先做一遍实验。一则便于妥善安排实验过程中每个环节的时间；二则预先检验实验仪器和材料在实验过程中可能出现的各种情况，避免活动时发生意外而影响实验效果。

（二）保证每个幼儿看清演示过程

在演示-操作式实验过程中，教师的动作要熟练，操作速度要尽量放慢。还要注意妥善安排好幼儿的座位，并充分考虑仪器的大小、安放的位置以及教师出示材料时所处的位置等，以便于幼儿观察，保证让每个幼儿都能看清楚教师演示的步骤，特别是便于幼儿观察操作过程中物体所发生的变化及其特性。因此，要根据幼儿的年龄特点，随着实验的进程逐步出示仪器、材料。一般不要一下子就把仪器材料全部出示，以免分散幼儿的注意力。

（三）演示与讲解、提问密切配合

教师应边演示边讲解，精心设计一系列问题，随着演示的进程启发幼儿在观察和思考的基础上回答问题，理解知识。讲解一定要简洁明了，提问要富有启发性，确保每一个幼儿在观看实验的过程中，都始终处于积极的参与、探索和求知状态，并确保在实验过程中教师能与幼儿双边互动。

二、自由-引导式实验探究活动的指导

（一）提供材料支持，保证实验时间

在自由-引导式实验探究活动中，教师应为幼儿的操作实验提供必要的、充足的用具和材料，并保证充分的实验时间。幼儿操作实验的用具和材料一般比较简单，应尽量用一些玩具、日用品代替，但要确保方便幼儿使用。要根据实验内容为幼儿准备相应数量的用具和材料：人手一份或各组一份。不管数量是多还是少，都要保证每个幼儿都能参与到活动中来。

充分的时间能保证幼儿反复进行实验活动，并在操作过程中探究、发现、提出问题，自己找出问题的答案。所以在幼儿进行实验操作时，不能机械地用时间限制，以免影响实验效果。

（二）指导操作技能

因为幼儿的操作实验一般较简单且有趣，所以应尽可能让幼儿自己动手操作全过程。但在实验中的某些环节，或某些材料的使用上，幼儿也会遇到各种不同的困难；又因为幼儿的能力及个体发展水平的不同，即使再简单的实验，也会有一些幼儿难以完成，

因而需要教师根据实验内容的难度和个人情况，给予不同程度的指导。例如，教师应反复强调并指导幼儿轻拿轻放物品，学会控制手的力量和平衡地摆放物品，安全、熟练地使用各种盛器等。

（三）引导参与观察

教师应积极引导幼儿主动参与活动，使实验活动成为幼儿主动的探索活动。在活动中要给幼儿充足的操作时间，鼓励幼儿大胆尝试，激发其探究欲望。在实验过程中，要引导幼儿仔细观察，注意实验材料在操作过程中的变化，同时也要引导幼儿学习记录实验中的发现。对于幼儿的各种想法和尝试，要加以支持。必要时，对幼儿的实验操作方法还要给予适当指导。

下面通过一个例子来看怎样才算让幼儿直接参与活动。

某教师组织了一次有关颜色变化的实验活动。她准备了红、绿、黄、蓝、紫、白等颜色的颜料，然后向幼儿解释，在彩色中加入白色后，可以使原来的颜色改变，如红色变成粉红色、绿色变成粉绿色等。解释完毕，教师在每种彩色的颜料中都加入白色的颜料并用小棒调和，让全体幼儿传递着看混合后颜料的颜色。在这个活动中，教师仅仅是向幼儿展示了调色的结果，幼儿没有动手操作，他们都是旁观者而非直接参与者。

要让幼儿直接参与活动，并在活动中有新发现，可对上述活动过程做以下修改。教师向幼儿宣布："我们要当一回会变色的魔术师。"然后发给每个幼儿一个调色用的小盘、一支水彩画笔，激发他们在红、绿、黄、蓝、紫等彩色的颜料中任意选取一种颜色，并加入白色的颜料，先猜一猜会有什么变化，再用木棒搅拌，观察颜色的变化与自己预计的结果是否相同。之后教师与幼儿一起讨论颜色的变化，并使他们明确变浅了的那种颜色的名称，如粉红色、淡蓝色、浅黄色等。最后教师让幼儿把自己调出来的颜料和原来的颜料一并涂在白纸上，互相交换观看，并引导他们得出结论：白色对其他颜色的影响——使之变浅。在这样的教学活动中，幼儿是真正的参与者而不是旁观者，他们自己调色，从中发现白色能使其他颜色变浅。

（四）建立规则，保证安全

实验规则对于保证学前儿童科学实验成功起着重要作用，幼儿大多是在像玩游戏一样地操作实验。所以在实验开始前，教师有必要用通俗、简洁的语言交代清楚有关的规则；在实验过程中，也应及时指导幼儿遵守规则，以保证实验成功。如果有的活动或某一实验环节不适宜幼儿操作，特别是有一定的不安全因素，则可灵活调整计划，改由教师演示实验，以确保幼儿的安全。

（五）恰当记录结果

在实验过程中，教师应运用恰当的语言引导幼儿理解科学实验所揭示的关系，鼓励幼儿用语言表达和交流实验过程、方法、结果，并尝试用各种方法记录实验结果。

在幼儿操作实验的过程中，教师适时地给予提示和提问，引导幼儿去观察操作实验中产生的现象和变化，思考某一自然现象产生的原因，并学会用实验的事实来解释现象的发生，或用其他实验操作来验证、解释结论。在这一过程中，教师切忌花过多的时间和精力去说明和告诉幼儿有关的科学道理和概念，而要让幼儿自己去探索发现。特别要防止幼儿养成鹦鹉学舌、机械背诵的不良习惯。

除了教师自己精心设计提问和适时地给予幼儿提示外，还要帮助幼儿用自己的语言表达自己的操作实验过程以及自然现象的变化、因果关系和联系等。假如幼儿的结论与事实相差甚远，可以激发幼儿再实验、再观察的兴致，并鼓励幼儿把自己新的发现或创造介绍给同伴，以相互启发。

每次实验之后，教师可以让幼儿用自己的办法把猜想和实验的结果都记录下来，以资对照。这样做既可以避免遗忘，更便于幼儿进行比较，进一步学习做科学记录的方法。幼儿可以用文字、数字、标记、图画等方式来表达他们的想法和发现，这本身也是一种重要的科学技能。

三、猜想-验证式实验探究活动的指导

猜想-验证式指的是在组织实验探究活动时，教师不是让幼儿先去探索，而是先猜想可能会得到什么结果，然后进行实际的探究活动，来验证原先的猜想是不是正确。这一教学方式体现了一种新的、更全面的科学观，即科学的内涵不仅是一种知识，同时也是一种获取知识的过程和方法。即便是知识，我们也不再把它看成是一种固定不变的权威的概念，而是一种有待于通过事实来验证的猜想。这对于幼儿理解科学具有重要的意义。

首先，猜想-验证式实验探究活动可以教会学前儿童科学探究的基本过程和方法。可以说人类科学发现的过程就是提出问题—做出假设—验证假设的过程。让学前儿童亲历科学知识的获取过程，特别是鼓励他们去猜想，这不仅是让幼儿体验科学发现的过程，更渗透了一种科学价值观：在问题面前，人人都有平等地猜想的权利；在事实面前，每个人都将平等地接受检验。

其次，猜想-验证式科学实验还有助于学前儿童形成实事求是的科学态度。按照皮亚杰的理论，学前儿童还处于假象和真实不能完全分清的思维发展阶段——学前儿童最喜欢玩角色游戏就是最好的例证。在实验探究过程中，幼儿常常用自己的设想代替真正的事实，甚至会无视客观事实而"顽固"地坚持自己的想法。因为幼儿猜想的实质，就是以其自身的生活经验，用自己的思维方式，对问题进行自主思考。经常采用猜想-验证式科学实验，让幼儿通过亲自实验来检验自己的猜想，能帮助幼儿意识到假想和事实之间的差别，进而形成尊重事实的科学态度。

然而，并不是所有的科学实验都要采用猜想-验证式。如果学习的内容是幼儿生活经验中所不熟悉的，甚至是超越他们理解能力的，那幼儿猜想就失去了意义。例如，某幼儿园曾组织过一个探索碘酒的科学实验活动。教师在简单演示了这种神秘药水后，就让幼儿猜想把它滴在苹果、馒头、米饭、饼干等物品上，会不会出现蓝颜色。尽管幼儿也都做出了猜想，但还是难以想象他们是根据什么来进行猜想的，而这样的猜想只是为了要一种新的设计形式，对幼儿形成科学意识和思维的促进意义并不是很大。

东营市实验幼儿园薄娜娜老师在大班主题活动"未来的家"中设计了这样一个环节：

在描绘未来的家之前老师先做了一个小实验——先用彩笔画轮廓，再用油画棒涂色，最后刷上水粉，请幼儿猜想，最后刷上的深颜色的水粉是否会把上面的浅颜色盖住。根据已有经验，幼儿猜想深颜色会把已画好的浅颜色盖住。当结果出乎预料时，幼儿兴致很高，由此牢固地掌握了一种绘画技巧——油水分离法。

在另一个主题为"吹泡泡"的活动中，因幼儿已经有了很多吹泡泡的经验，他们常常用圆形的吹泡泡器（实际上就是用铁丝做成的一个环）来帮助自己吹出一个大泡泡，因此老师给幼儿提供了几种不同形状的吹泡泡器，有三角形的，有方形的，有半圆形的，请幼儿猜想用它们可以吹出什么样的泡泡。猜想的结果是，大多数幼儿认为，三角形的吹泡泡器能吹出三角形的泡泡，方形的吹泡泡器能吹出方形的泡泡……面对这样一个他们自以为熟知但又从来没有认真思考和探究的问题，幼儿兴致勃勃地接受了同样是出乎预料的结果。猜想-验证式实验探究活动一般应注意以下几个方面。

（一）提出问题，启发猜想

教师应引导幼儿仔细观察现象、进行讨论，从而提出明确、具体的问题，使探究方向更加清晰。可以通过提供相关案例、引导幼儿思考已有知识和经验等方式，激发幼儿的想象力，提出合理的、有依据的猜想。

（二）合理设计实验，强调控制变量

教师应帮助幼儿明确实验目的和变量，指导幼儿选择适当的实验器材和方法，确保实验的可操作性和安全性。让幼儿理解控制变量的重要性，帮助幼儿确定需要控制的变量，并采取相应措施。在实验前强调安全注意事项，确保幼儿了解实验过程中的潜在危险，并知道如何避免。

（三）重视数据记录和结果分析

教师应通过多种方式引导幼儿学会准确、详细地记录实验数据，确保记录的时间和方式一致，以便于后续分析。准确记录数据后，指导幼儿对实验结果进行简单的分析和比较，帮助幼儿找出结果与猜想之间的联系和差异。

（四）尊重事实，鼓励质疑，支持合作

强调实验结果的客观性，避免主观臆断和随意修改数据。营造开放的氛围，鼓励幼儿对实验结果提出质疑和疑问，培养批判性思维。结合幼儿特点，合理分组，确保小组内成员分工明确，培养幼儿的沟通协作能力和团队精神。

（五）及时总结归纳，适当拓展延伸

引导幼儿总结实验的过程、方法和结果。帮助幼儿归纳相关的科学概念和规律。根据实验结果，引导幼儿思考其他相关问题，进行拓展性的探究。

总之，实验探究活动是幼儿学科学的一种不可缺少的科学方法，实验过程必然伴以观察、谈话等。另外，在幼儿通过实验探索和发现某种科学现象之后，教师还可以通过科技小制作等活动来巩固和运用幼儿的科学发现。例如，在探索不倒翁的秘密之后，教师就可以鼓励幼儿自己来做一个不倒翁。

📖 案例 2-2

是谁泄的密

（中班）

一、活动目标

1）喜欢参与实验探究活动。

2）通过操作体验，感知碘伏遇到维生素 C 发生的化学反应。

3）能与同伴合作一起大胆猜想、动手操作，找出含有维生素 C 的食物，并用自己喜欢的方式记录实验结果。

二、重难点分析

重点：感知碘伏遇到维生素 C 发生的化学反应。

难点：能大胆猜想、动手操作并记录实验结果。

三、活动准备

1）材料准备：《神探猫博士》课件、视频；实验记录表；碘伏、喷雾瓶、维生素 C 片、量杯等实验物品；苹果、胡萝卜、土豆、橙子、彩椒、西蓝花、馒头等食物。

2）经验准备：餐前介绍食谱。

四、活动过程

（一）导入

播放视频《神探猫博士》，激发幼儿活动兴趣。

指导语：奇妙小镇最近发生了一件事，有人偷吃了长颈鹿小姐种的苹果，还把苹果庄园弄得乱七八糟，更嚣张的是破坏者还留下了一张纸条，上面写着"小爷到此一游"。长颈鹿小姐找到了神探猫博士，只见猫博士拿着纸条左瞧瞧右看看，不急不忙地拿出了一瓶神秘药水喷了喷，说道："哦，原来是它。"

（二）展开

1. 幼儿初步了解碘伏遇到维生素 C 后发生的变化

1）教师操作（往纸条上喷碘伏溶液），幼儿观察。

指导语：孩子们，你们看到了什么？（纸条上出现了树袋鼠的爪子印）为什么喷上药水，会出现树袋鼠爪子印呢？神秘药水是什么？（幼儿互相讨论并进行猜测想象。）

2）观看视频，引导幼儿初步了解碘伏遇上维生素 C 会变透明。

教师小结：苹果含有丰富的维生素 C，树袋鼠破坏苹果时爪子上沾有苹果汁印到了纸条上。碘伏具有很强的氧化性，而维生素 C 具有还原性，两者结合可以发生还原反应，所以碘伏溶液和含有维生素 C 的苹果汁混合后会产生褪色变化，变成透明状。

3）幼儿说说自己知道的含有维生素 C 的食物。

2. 幼儿大胆猜想、动手操作

出示实验材料及记录表、组图"食物变色了"，发放实验材料，鼓励幼儿大胆猜想、动手操作并尝试记录。

1）出示记录表"食物里的维生素 C"，引导幼儿了解记录表的内容。

指导语：孩子们，你们认为在这些材料里，哪一种材料和碘伏混合，碘伏的颜色会越来越淡，最后变透明呢？你们可以把实验结果记录在这张表格上，如果碘伏的颜色变淡了，就在食物的旁边画"√"，没有就画"×"。

2）同伴合作实验，将食物分别加入碘伏溶液中，验证猜想并记录结果。

3）互相交流实验结果。

小结：通过实验，我们发现橙子、彩椒、胡萝卜、西蓝花和碘伏混合之后，都发生了褪色变化，是因为它们都含有很丰富的维生素 C；而土豆、馒头没有发生褪色变化，颜色还变成蓝紫色，这又是因为什么呢？我们下节课再来探索。

五、结束

教师对幼儿进行膳食营养教育，鼓励幼儿多吃蔬菜、水果。

指导语：大部分的水果、蔬菜含有丰富的维生素 C。维生素 C 有抗氧化的功能，我们多吃蔬果可以增强抵抗力，促进骨骼的发育，还有美容的功效哦，皮肤会越变越好。

（济南市七里山幼儿园　周慧群）

案例评析：

本次活动根据中班幼儿年龄特点，将碘伏的氧化性这一幼儿不熟悉的科学知识与幼儿日常生活常见的食物相联系，以有趣的"破案"情节为主线，将幼儿动手操作为重点，鼓励幼儿大胆猜想—动手操作—自我总结，使幼儿充分体验到科学活动的趣味性。通过实验探究，幼儿能够更深刻地掌握碘伏与维生素 C 发生的化学反应，从而培养他们的科学观察和探究能力。结尾教师设问埋下伏笔，让活动延伸、持续下去，为后续活动奠定基础，保持幼儿的兴趣，重视一日活动的整体性、教育的连贯性。

案例 2-3

公主的生日
（大班）

一、活动目标

1）体会光与影的乐趣。

2）通过光影实验，发展观察和分析能力。

3）了解影子现象的产生，探索光不动影子动的原因，以及光的远近对影子大小的影响。

二、活动准备

森林城堡图片；手影表演音乐；兔子毛绒头饰；遥控射灯；皮影幕布；皮影人物四

个（白雪公主、王子、皇后、女巫）;《兔子跳》音乐；魔法棒；舞会视频音乐；PPT 课件。

三、活动过程

（一）创设情境，激发兴趣

教师在幕后表演动物手影，并播放音乐。

教师：今天白雪公主举办生日舞会，森林里的小动物都来庆贺。我们一起看看都有谁来了。（教师播放背景音乐，表演动物手影。）

教师提问：刚才的小动物是通过什么形式表演出来的？（影子）

（二）观察分析，探索影子

1. 探索影子的产生

教师：小兔子们也来参加舞会了，请前排的 6 只小兔子去幕后用影子给观众表演。

播放《兔子跳》音乐，请前排的 6 个幼儿在幕后表演兔子，后排幼儿做观众观察。（要求：观众保持安静，不要离开自己的座位。）

（1）表演过程中教师遥控关闭射灯

教师提问观众：你们还能看到小兔子吗？（不能）

小结：原来影子的产生需要光。

（2）教师请小兔子们离开幕后

教师提问：现在有光了，有影子吗？只有光会产生影子吗？（不会）那怎么样才会有影子呢？

小结：物体挡住光产生了影子。

2. 探索影子动的原因

教师提问观众：你们刚才看到小兔们在干什么？（跑、跳）

教师提问表演者：你是怎样让影子跑跳起来的？

小结：光不动的时候，物体动，影子就会动。

3. 探索影子大小与物体距离光远近的关系

教师操作皮影人物，讲述故事："生日舞会上，白雪公主和王子正在幸福地跳舞，突然恶毒的皇后又出现了，她抓走了美丽的公主。勇敢的王子决定去解救公主，可是王子打不过皇后。怎么办呢？王子正在发愁，善良的女巫站出来告诉王子，她有两个魔法咒语：一个是"乌拉拉，近"，另外一个是"乌拉拉，远"。其中一个可以帮助王子变大，另一个可以使皇后变小。可是，女巫把两个咒语搞混淆了，不知哪个咒语可以帮助王子变大。

教师指导语：到底哪一个是变大，哪一个是变小，我们帮王子解开咒语吧！

（1）解开咒语"乌拉拉，近"

教师指导语："乌拉拉，近"就是物体距离光近。现在请前排的小朋友再来幕后，后排的小朋友站在幕前，请你们用自己的身体或者小手，观察一下物体距离光近，影子会变大还是变小。

1）教师遥控打开幕前和幕后的射灯，幼儿通过观察自己的身影或手影来解开咒语。

教师提问："乌拉拉，近"，物体离光近，影子是变大还是变小呢？（幼儿回答）

2）教师念咒语，所有幼儿用身体或者小手演示一次。

（2）解开咒语"乌拉拉，远"

流程同上。

小结："乌拉拉，近"，物体距离光近，影子会变大；"乌拉拉，远"，物体距离光远，影子会变小。

（三）拯救游戏，巩固知识

创设情境，解救公主，巩固认知。

教师指导语：小朋友们发现了影子的秘密，解开了咒语，我们一起跟随王子去解救公主吧！我们一起对着王子施魔法说"乌拉拉，近"（此处引导幼儿说出正确咒语）。哇，王子变大了。对着皇后施魔法说"乌拉拉，远"。哇，皇后变小了。王子很快就打败了皇后，救出了白雪公主，他们回到了城堡里。

（四）共舞结束，推向高潮

教师：我们一起去白雪公主的城堡参加她的生日舞会，一起跳起来吧！

（济南幼儿师范高等专科学校常春藤附属幼儿园　赵卉）

案例评析：

这是一个典型的实验探究活动，教师充分运用游戏这一有效的幼儿学习方式，以丰富而又有趣的游戏情节贯穿整个活动，让幼儿充分观察操作以及发现。幼儿科学活动游戏化以及"做中学"的理念较好地在本次活动得到体现。

活动开始，教师以有趣的情境导入，让幼儿迅速集中精力进入角色。接着通过有趣的"兔子舞"影子游戏，引导幼儿探索发现影子的秘密，让幼儿从实践中感悟出真知。第一次探索后，幼儿获得了"原来影子的产生需要光，物体挡住光产生了影子"的道理。接着又从游戏经验及认知入手，让幼儿畅所欲言，在发展语言和思维的同时，引起幼儿对影子动的原因的兴趣，引发后续探索的兴趣。教师不断引导幼儿去探索，去发现，培养幼儿自主合作探究的能力，在积极的讨论交流和细心的观察中让幼儿了解影子的奥秘，培养幼儿的创新精神和思维能力。

📖**案例2-4**

看谁跑得快

（大班）

一、活动目标

1）初步感知生活中摩擦力的存在。

2）能够自主探究滚动快慢与坡度高低、坡面光滑度的关系，并用表格记录自己的发现。

3）激发乐于发现和解决问题的兴趣，培养与同伴共同合作探究、表达交流的能力。

二、重难点分析

重点：鼓励幼儿大胆进行实验探究并做好记录。

难点：引导幼儿发现生活中与摩擦力相关的现象，通过探究和记录，分析滚动快慢与坡度、坡面光滑度的关系，提高幼儿参与探究的积极性。

三、活动准备

1）经验准备：当幼儿在户外草坪小山坡区域玩骑小车游戏时，引导他们观察并思考小车在跑道上和在草坪上滑下来的快慢。

2）物质准备：长条积木块每组各两套，同样大小的瓦楞纸或毛巾每组一个，小方块积木每组八个，同款不同色的小汽车每组两辆，大小记录表和纸笔若干。

四、活动过程

（一）回顾情境，引起兴趣

1. 回忆户外游戏场景

教师：今天我们在草坪小山坡骑小车的时候，小朋友会骑着小车从小山坡上的跑道上滑下来，有的小朋友可能没瞄准，就从小山坡上的草坪上滑下来了。老师当时提出了一个问题，现在请小朋友一起帮忙想一想。

2. 引发讨论，创设情境

提问：从草坪上和从跑道上滑下来，哪个滑得快？为什么？

总结：这种现象叫摩擦力。

教师：刚才小朋友说的都不一样，是因为摩擦力受很多方面的影响，会造成速度的不同。下面让我们用赛车比赛来试一试，看看到底谁跑得快吧。

（二）实验探究

1. 熟悉材料，自由探索

教师：今天老师为大家准备的是两套下坡赛道、两辆小汽车，请大家分组自己动手操作试一下吧。

2. 赛车游戏，探索关系

（1）相同高度下坡赛道的快慢

请各组合作搭建下坡，两辆小汽车同时从坡上出发，请幼儿回答，谁最快完成下坡。（把两组下坡赛道搭建得一样高的小组，小汽车的速度一样快。）

（2）不同高度下坡赛道的快慢

教师：请看，把两个下坡赛道搭建得不一样高的小组，两辆小汽车的速度有快有慢，请观察这些小组的演示，一起回答，是高的还是矮的下坡赛道上的小汽车跑得快。

（3）相同高度、路面光滑度不同的下坡赛道的快慢

提问：两个下坡赛道搭建得一样的小组，两辆小汽车就一定同时到达吗？

请该组小朋友在老师提供的材料里找到合适的材料，模仿一个光滑路面、一个粗糙路面（瓦楞纸或毛巾），请其他的小组观察，并请个别幼儿回答哪种路面的赛道跑得快。

教师在幼儿探究的同时出示记录表，幼儿边表达，教师边引导幼儿共同用不同的符号将实验结果记录下来。实验结束后，教师带领幼儿用三张记录表，回顾三次不同实验的条件和结果，强化对影响因素（坡度高低和光滑度）的认识。

3. 幼儿探究，记录与交流

1）请幼儿自由分组、自主尝试实验多种情况，并用记录表进行记录。

2）展示各组的记录表，鼓励幼儿互相交流自己记录的结果。

（三）活动延伸

教师：请小朋友们再想一想，如果用的是不同的小汽车，哪个会跑得更快呢？老师把材料放到益智区，请小朋友们下次再试一试，记得做好记录哦。

（济南幼儿师范高等专科学校常春藤附属幼儿园　曹景珠）

案例评析：

本次活动设计目标清晰，与大班幼儿的认知水平相契合。尽管幼儿在生活中经常接触到摩擦力，但对其原理和影响因素的理解仍相对浅显。活动以幼儿喜爱的"滑下坡"为话题，让幼儿初步感受摩擦力的存在，激发其探究兴趣。在活动过程中，先鼓励幼儿自由探索，又通过赛车游戏和开放性问题，持续引导幼儿深入观察、分析和思考，再鼓励他们继续操作和验证。及时支持幼儿记录实验结果，并促进其与同伴分享和交流，帮助幼儿不断总结经验，培养幼儿的科学素养和问题解决能力。

—— 任务实训 ——

结合以下案例，分析并提出教师的指导策略。

某幼儿园开展了一次关于颜色混合的实验探究活动，教师引导幼儿使用水彩颜料进行颜色混合实验，将两种颜色混合在一起，观察并记录混合后的颜色。多次实验后，大家得出结论，红色和蓝色混合后变成紫色，但是A幼儿却始终没有混合出紫色，着急得要掉眼泪。这时，你作为教师，会怎样指导该幼儿呢？

拓展阅读

常见学前儿童实验探究活动及家庭实验探究活动

一、了解几种常见的学前儿童实验探究活动

下面结合幼儿园科学教育一线教学活动中常见的实验探究内容，介绍一些简单的学前儿童实验探究活动。

1. 溶解实验

1）材料：糖、盐、水、透明杯子、搅拌棒。

2）步骤：

• 将糖和盐分别倒入两个透明杯子中；

• 加入等量的水，用搅拌棒搅拌至完全溶解；

• 让幼儿观察并比较糖和盐在水中的溶解情况。

3）延伸：可以尝试使用不同的溶质和溶剂，探索溶解的速度和程度。

2. 植物生长实验

1）材料：种子、花盆、土壤、水。

2）步骤：

- 给幼儿提供不同类型的种子；
- 让幼儿将种子种在花盆中，浇水并放置在阳光充足的地方；
- 观察并记录种子的生长过程，包括发芽、生长和开花。

3）延伸：可以探讨植物生长所需的条件，如阳光、水和土壤。

3. 沉浮实验

1）材料：不同材质的物体（如木块、塑料片、铁块等）、水、容器。

2）步骤：

- 将物体放入水中，观察它们的沉浮情况；
- 让幼儿尝试预测不同物体的沉浮，并验证自己的想法。

3）延伸：可以探索物体的形状、大小和重量对沉浮的影响。

4. 颜色混合实验

1）材料：透明杯子、水、色素（红色、黄色、蓝色）、搅拌棒。

2）步骤：

- 将三种颜色的色素分别滴入三个透明杯子中；
- 让幼儿用搅拌棒搅拌水和色素，观察颜色的变化；
- 让幼儿尝试将两种颜色混合，观察新的颜色的形成。

3）延伸：可以探索更多颜色的混合效果。

5. 磁铁实验

1）材料：磁铁、各种金属物品（如铁钉、钥匙、曲别针等）、非磁性物品（如木头、塑料、纸等）。

2）步骤：

- 让幼儿用磁铁去吸附各种物品，观察哪些物品能被磁铁吸住，哪些不能；
- 让幼儿尝试用磁铁隔着一段距离吸引物品，观察磁性的传递。

3）延伸：可以探讨生活中哪些地方用到了磁铁。

6. 泡泡实验

1）材料：泡泡水、各种形状的吹泡泡工具。

2）步骤：

- 让幼儿用不同形状的工具吹泡泡，观察吹出的泡泡的形状；
- 尝试在泡泡水中加入颜料，观察吹出的泡泡颜色的变化。

3）延伸：可以探讨泡泡形成的原理。

7. 沉淀实验

1）材料：透明杯子、水、沙子、泥土、明矾、搅拌棒。

2）步骤：

- 将沙子和泥土分别倒入两个透明杯子中，加入水并搅拌均匀；
- 向其中一个杯子中加入明矾，并进行搅拌；
- 让幼儿观察并比较两个杯子中物质的沉淀情况。

3）延伸：可以探讨明矾在沉淀过程中的作用。

8. 摩擦力实验

1）材料：木板、毛巾、光滑的塑料板、玩具车。

2）步骤：

- 将玩具车放在木板上，观察其滑行的距离；
- 将毛巾铺在木板上，再次放置玩具车，观察其滑行距离的变化；
- 用塑料板替换木板，重复上述步骤。

3）延伸：可以探讨不同表面材质对摩擦力的影响。

9. 水的折射实验

1）材料：透明杯子、水、手电筒。

2）步骤：

- 将水倒入透明杯子中；
- 用手电筒从杯子侧面照射水面，观察光的折射现象。

3）延伸：可以探讨光的折射原理及其在生活中的应用。

10. 声音传播实验

1）材料：两个纸杯、线、牙签。

2）步骤：

- 在两个纸杯底部各打一个小孔，将线穿过小孔并系上牙签；
- 让幼儿将纸杯放在嘴边，轻声说话，另一端的幼儿通过线和牙签感受声音的传播。

3）延伸：可以探讨声音传播的方式和介质。

11. 观察晶体生长

1）材料：饱和溶液（如饱和盐水、饱和糖水）、细线、小珠子。

2）步骤：

- 将细线系在小珠子上，然后放入饱和溶液中；
- 让幼儿观察晶体在小珠子上的生长过程。

3）延伸：可以探讨晶体生长的条件和过程。

12. 植物蒸腾作用实验

1）材料：塑料袋、植物叶子、细线或夹子。

2）步骤：

- 将塑料袋套在植物叶子上，并用细线或夹子固定；
- 等待一段时间后，观察塑料袋内部水珠的形成。

3）延伸：可以探讨植物蒸腾作用的过程和意义。

13. 水果电池实验

1）材料：铜片、锌片、导线、水果（如柠檬、橙子）、小灯泡。

2）步骤：

- 将铜片和锌片插入水果中；
- 使用导线将铜片、锌片和小灯泡连接起来；
- 观察小灯泡是否发光。

3）延伸：可以探讨水果电池的工作原理。

14. 气压实验

1）材料：注射器、橡皮塞、蜡烛。

2）步骤：

- 将蜡烛固定在桌面上；
- 用注射器抽取空气，用橡皮塞堵住注射器出口；
- 将注射器的柱塞对准蜡烛火焰，取下橡皮塞，轻推柱塞，观察蜡烛火焰的变化。

3）延伸：可以探讨气压对火焰的影响。

15. 水的表面张力实验

1）材料：硬币、水、滴管。

2）步骤：

- 用滴管吸取水滴，并慢慢将水滴在硬币表面；
- 观察水滴在硬币表面的形态。

3）延伸：可以探讨水的表面张力现象及其在生活中的应用。

神奇的彩虹雨   神奇的牙签

二、如何指导家长与孩子一起进行家庭实验探究活动

家庭实验探究活动是一种在家庭环境中进行的科学实验和探究活动。它旨在通过亲身体验和实践，培养孩子的科学思维、观察能力、解决问题的能力以及对科学的兴趣。这些活动通常涉及各种科学领域，如物理学、化学、生物学等。家长可以根据孩子的年龄、兴趣和能力，选择适合的实验项目，并与孩子一起参与实验的设计、实施和观察。

1. 家庭实验探究活动的特点

家庭实验探究活动的特点如下。

1）亲身体验：孩子通过亲自操作实验，直接观察和体验科学现象，能够更好地理解科学知识。

2）探索与发现：活动鼓励孩子主动探索和发现问题，培养他们的好奇心和求知欲。

3）动手实践：孩子在实验中动手操作，可锻炼他们的动手能力和实践能力。

4）亲子互动：家长与孩子共同参与实验，可以增强亲子关系，同时家长可以在实验过程中给予孩子指导和启发。

5）培养科学思维：通过实验设计、观察记录、分析结果等环节，培养孩子的科学思维和方法。

6）激发兴趣：有趣的实验内容和探索过程能够激发孩子对科学研究的兴趣，为其日后进一步学习科学知识打下基础。

家庭实验探究活动不仅可以增加孩子对科学的了解和认识，还可以培养他们的观察力、思考力、创造力和解决问题的能力。同时，这也是一种有趣的家庭互动方式，能够增进亲子关系，让孩子在轻松愉快的氛围中学习和成长。

2. 家庭实验探究活动的注意事项

家长与孩子一起设计和实施家庭实验探究活动时应注意以下几点。

1）从兴趣出发：从孩子的兴趣点出发，选择他们感兴趣的主题或现象来设计实验。例如，如果孩子对植物感兴趣，可以设计一个关于植物生长的实验。

2）问题引导：通过提出问题来引导实验的设计。例如，先提出问题——"为什么鸡蛋放在水里会浮起来"，然后一起探讨可能的原因和实验方法。

3）查阅资料：家长与孩子一起查阅相关的书籍，或者通过互联网或其他科普资源，了解实验的基本原理和步骤，帮助孩子学到更多的科学知识。

4）制订计划：根据所选的实验主题，制订详细的实验计划，包括所需的材料、实验步骤、观察指标和记录方法等。

5）准备材料：按照实验计划，准备所需的材料和工具。可以一起去购买或寻找一些简单的实验材料，如杯子、水、豆子等。

6）实施实验：在实验过程中，让孩子亲自动手操作，家长给予适当的指导和帮助。鼓励孩子仔细观察实验现象，并记录下来。

7）分析结果：实验结束后，一起分析实验结果。讨论为什么会出现这样的结果，是否与预期相符，有没有其他可能的解释。

8）总结经验：总结实验的成功与不足之处，思考如何改进实验或进行进一步的探究。这有助于培养孩子的反思能力。

9）安全第一：在实验过程中，始终强调安全注意事项。确保孩子了解实验的风险，并采取必要的防护措施。

10）鼓励提问：鼓励孩子在实验过程中提出问题和疑惑，共同探讨和寻找答案。

11）拓展延伸：根据实验结果，拓展相关的知识领域。例如，通过实验了解了某种物质的性质后，可以进一步学习该物质在生活中的应用。

12）分享与展示：让孩子将实验的过程和结果分享给家人或朋友，这可以增强孩子的自信心和表达能力。

13）持续参与：家庭实验探究活动可以成为一种定期的家庭活动，不断尝试新的实验，培养孩子对科学的持久兴趣。

通过与孩子一起设计和实施家庭实验探究活动，家长可以帮助孩子培养科学思维和实践能力，同时也可以增加家庭成员之间的互动，增进亲子关系。

综合实训

1. 设计一个幼儿园大班的实验探究活动方案。
2. 实验探究活动的一般设计思路是什么？
3. 利用实习时间，到幼儿园观摩一次实验探究活动，学习教师的优秀指导策略。

项目三
学前儿童科技制作活动

📖 **学习目标**

- 了解科技制作活动的内涵及意义。
- 掌握科技制作活动设计的基本方法。
- 掌握科技制作活动指导的策略。

📚 **案例引导**

班级科学区里添置了新材料——PVC管，有长的、短的，粗的、细的各种型号。孩子们喜欢和小伙伴抓住管子的两头，一头说话，另一头放在耳边，就像打电话一样。有一天茉莉说："这就是个传声筒。"什么是传声筒？围绕这个问题，大家开始了讨论……

琪琪说："管子可以传声，那我们把纸卷起来，是不是也可以传递声音呢？"说罢，她便找出一张画纸卷成管子的形状，和小雨玩起了传声游戏。"纸筒也可以传声呢！"小雨惊喜地喊道。经过一番探索，孩子们总结出了传声筒的三个要素：中间是空的，两头要有洞，洞的周围要密封。

看到孩子们对传声筒如此感兴趣，教师又在科学区投放了纸杯和各种线绳，鼓励大家亲手制作自己的传声筒。在制作之前，教师给孩子们展示了班里的电话机，向他们介绍了传声筒就像电话一样，要有话筒、听筒和电话线。在教师的引导下，孩子们开始操作起来。过了一会儿，乐乐遇到了难题："为什么我做的传声筒听不见声音呢？"原来，他连接两个纸杯的线绳是用胶粘住的。"你这样两头是没有洞的。"茉莉说道。于是，乐乐就在两个杯底分别挖了个洞。可是问题又来了，洞挖大了，线绳总是会掉出来。几个孩子凑在一起反复尝试了几回，最终找到了解决办法：①使用细的、尖锐的物品（牙签或大头针）给两个杯底戳洞；②把绳子从杯底的洞洞依次穿进去；③最后给线绳打上结，方便固定。就这样，传声筒终于做好了。

在掌握传声筒的制作方法后，大家对传声筒更感兴趣了。他们不仅会在区域活动时和好朋友玩传声游戏，还会教其他小伙伴制作传声筒。那么采用不同材质或不同长度的线去制作传声筒，这些传声筒传递的声音大小会一样吗？期待孩子们在探索中有更多新的发现。

（山东省济南市槐荫区锦绣城幼儿园　陈晨）

想一想

在这个案例中，幼儿进行科技制作的起源是什么？幼儿得到哪些方面的发展？教师扮演了什么样的角色？起到什么样的作用？科技制作活动应该如何设计和组织？指导的策略是什么？

任务一　初步认识科技制作活动

近年来，随着技术教育的发展，许多操作简易的小型科技产品呈现出普及化和大众化的趋势，幼儿接触科技产品的概率也明显上升。在幼儿园，科学教育越来越受到重视，科技制作活动的开展也越来越频繁和普遍，它贴近幼儿的日常学习生活、社会生活，既能让幼儿玩得兴趣盎然、感受到制作的快乐，也能习得一些知识，培养一些技能。作品中涉及与幼儿日常生活联系紧密的科学原理不是教会的，而是幼儿在玩中感悟到的。

科技制作活动主要通过为幼儿提供一些简单的材料和工具，让幼儿在制作的过程中进一步体验和探索一些粗浅的科学现象及原理，同时获得一些制作的技能。科技制作活动具有结构简单、材料易取、操作简易、见效快且富有趣味性等特点，在促进幼儿多元发展尤其是科学素养的形成方面独具价值，成为当前幼儿园科学课程中不可缺少的组成部分。常见的科技制作活动有制作回力车、万花筒、陀螺等，幼儿在这些操作实践中能不断锻炼小肌肉并提高想象力、探究能力和思维能力等。

一、科技制作活动的特点

（一）科学性

学前儿童科技制作活动首先必须强调科学性。每个科技活动都经过组织者精心设计，与活动相对应的科技制作品是作为直观的活动材料展示在幼儿面前的，设计和制作稍有不严密之处，都将会给幼儿留下不可弥补的遗憾。科技制作品常被作为幼儿操作或游戏的材料，幼儿在制作过程中进行探索活动，并从中得到启发，获得粗浅的科学知识。因此，强调制作过程的科学性，是科技活动的基本要求。

（二）趣味性

学前儿童科技制作活动的目标之一是培养幼儿对科技的兴趣。观察幼儿的活动时，不难发现趣味性越强的活动越容易吸引幼儿。如果在活动中配以设计新颖、有趣的教具或玩具，效果将更好。科技制作活动对于幼儿来说是探索的过程，他们在活动中尝试、发现、学习，充分享受着科学的乐趣。学前儿童时期是兴趣萌芽的最敏感时期，任何活动都必须激发兴趣，而科技活动中教玩具的使用是激发兴趣的最佳手段。因此，科技制作活动的设计与制作都应该突出趣味性。

（三）科技性

科技制作含有科学性，也具有一定的技术性。例如，测量、比较、记录等是数学知识，幼儿可以用这些科学知识解释该制作的工作原理，帮助自己更好地完成科技制作。当然，很多科技制作也能解决很多科学的问题。

（四）启蒙性

幼儿的思维以具体形象性为主，而科技制作品一般都比较形象、直观，符合幼儿的思维特点，因此深受幼儿的喜爱。科技制作品的设计与制作不应追求华丽的外表，也不必过分烦琐、复杂，而应该是设计简洁、明了，制作简便易行。总之，着眼点应放在对幼儿进行科学启蒙教育上，力求在科技制作品的制作和使用中，对幼儿有一定的启发作用，而且在活动结束时能留有未尽之意，促使幼儿去进一步思考、探索，使活动得以延伸和提高。

（五）生活性

学前儿童科技制作活动内容主要来自幼儿的生活，对于幼儿而言，科技制作活动就是对周围世界的认识和探索过程。因此，科技制作活动的材料来源、设计与制作也应源于生活、用于生活。制作中取材应力求方便，日常生活中的许多废旧物品、自然界物品等，都是科技小制作的理想材料。尽管用废旧物品制作的玩教具也许不如商店买的美观、高档，但因为取材于生活，幼儿感觉亲切、自然，更容易引起兴趣；而且还可节省资金，有利于培养幼儿勤俭节约的良好品质。

另外，值得注意的是，科技制作与科学实验虽然都属于幼儿学习科学的活动，但两者在目标、过程和结果等方面存在区别，具体如表 3-1 所示。

表 3-1　科技制作与科学实验的区别

项目	科技制作	科学实验
目标	通常旨在培养幼儿的创造力和动手能力，它鼓励幼儿通过模仿或创新来构建一些简单的机械设备或工具。例如，幼儿可能会制作一个不倒翁或者一个简易的太阳灶	更侧重于让幼儿像科学家一样思考，通过对自然界现象的观察和实验来学习基本的科学原理。例如，通过变色花朵的实验了解植物的水分吸收和运输过程
过程	科技制作的过程往往涉及材料的选择、加工和组装，重点在于实现某种功能或效果。例如，制作一个风车需要幼儿在不断尝试、组装的过程中，让风车能够成功地转起来	需要幼儿准备实验材料、遵循步骤并观察实验结果，重在探索和验证科学理论。例如，进行弹跳泡泡实验时，幼儿会观察到洗洁精和水的混合溶液表面张力的变化
结果	科技制作的成果通常是可以看到和触摸的实物，如一辆自制的小汽车或一个自制的手电筒	科学实验的结果往往是对某个科学问题的理解和认识，如通过摩擦气球了解静电力的存在

二、科技制作活动的类型

（一）模仿型科技制作活动

这类活动是指幼儿模仿成人的制作方式而进行的制作活动，比较适合年龄小或者缺乏制作经验的幼儿。幼儿的科技制作活动一般要从模仿开始，在模仿的过程中不断学习，逐步提高到能够进行自主创新。模仿型科技制作活动能够锻炼幼儿的动手操作能力，但在设计能力方面有所限制，幼儿只是在重复成人的设计。例如，在"机器人"制作活动中，教师先示范机器人的制作方法和流程，然后幼儿进行模仿制作；或者教师直接呈现一个机器人成品，幼儿先进行拆卸学习，随后进行模仿制作。可以说，模仿型科技制作活动具有程序化、规范化的特点，易于开展但容易束缚幼儿的创造力。

（二）创造型科技制作活动

这类活动是指幼儿能够独立自主地进行创新制作的活动。例如，开展陀螺制作活动，教师可以首先为幼儿呈现各种不同样式的陀螺图片，然后提供给幼儿多种制作材料，让幼儿自由选择材料、自主设计样式，最终创造出各种造型的陀螺。这类活动能够充分发挥幼儿的创造力，但对于幼儿来说挑战较大。

三、科技制作活动的价值

（一）促进幼儿的发展

1. 使幼儿获得对相关技术的直接体验

例如，让幼儿学习运用工具和材料制作简单的科技玩具，如小风车、不倒翁等，特别是尝试设计和制作一些有用的小东西，如简易的喷水壶、放置物品的小篮子等，可以让幼儿亲身感受技术设计的过程，对技术的本质获得初步的体验。

2. 加深幼儿对有关科学现象的理解

例如，幼儿通过自己制作不倒翁，在制作的过程中思考"不倒翁怎样才不会倒"的原理，比起在单纯的科学探索活动中玩不倒翁所获得的经验要丰富得多，也会大大增加幼儿的成就感。

3. 培养幼儿动手操作的技能和习惯

在科技制作的过程中，可让幼儿获得一些具体的制作和操作技巧，以训练幼儿手脑并用，使幼儿拥有一双灵巧的双手，从而进一步培养他们动手操作的技能和习惯。

4. 促进幼儿的全面发展

无论是从身体和心理，还是从智育、德育和美育等方面说来，技术制作类科学教育活动对幼儿的整体发展都具有重要的意义。

从身体角度来说，幼儿从出生之日起就具有探索外部世界的潜在能力。及早为他们提供大量的可操作物体和材料，能让幼儿在材料的选择、摆弄和小制作过程中，既锻炼身体，又促进手眼协调。

从心理角度来说，具有良好心理素质的人，既能自我了解，又善于自我调节、自我控制，这种能力最好从小培养。借助操作活动的过程和对成败的体会，恰恰能促使幼儿提高自控力和增强自信心。

从智力角度来说，当幼儿从事科技制作类劳动时，当需要不断面对不同的问题或困难时，幼儿必须投入更多的注意和思考，在手脑并用中，其思维能力得以较大发展。

从道德角度来说，科技制作类劳动中幼儿的合作操作过程和交流讨论过程，能促使幼儿逐渐懂得尊重他人的意见，更好地培养幼儿的社会规则意识和道德感。

从美育角度来说，科技产品蕴含的设计美、功能美、技艺美三大美育特征，还有制作者在劳动中体现出的技术与艺术高度统一的和谐美，都能让幼儿感受到人类生产劳动业绩和成果的美育价值。

（二）促进教师的发展

1. 促进教师专业技能的成长，提升教师的教育教学能力

通过组织科技制作活动，教师可以不断学习和掌握新的科技知识和技能，探索更有效的教学方法，促进自身的专业成长，提高教学能力和水平。

2. 更新教师教育理念，培养创新思维

有助于教师更新教育理念，更好地理解和践行学前教育的内涵和要求。同时，培养教师的创新思维和实践能力，增强解决问题的能力，鼓励教师尝试新的教学方式和手段。

3. 帮助教师开展各领域融合的课程，促进幼儿全面发展

科技制作往往涉及多个领域的学习，教师可以更好地了解幼儿的兴趣和需求，实现学科融合与拓展，丰富教学内容，促进幼儿的全面发展。

4. 帮助教师树立终身学习的理念

科技制作活动强调了终身学习的重要性，教师在这个过程中不断学习新知识、新技能，保持专业发展的活力。

📖 **案例 3-1**

降 落 伞

（中班）

自制降落伞

一、活动目标

1）培养探究降落伞特性的兴趣。
2）能用塑料袋、棉绳等材料制作简易的降落伞。
3）通过观察降落伞降落的过程，明白空气阻力会影响降落伞降落，且阻力不同，降落速度不同。

二、活动准备

1）经验准备：幼儿前期对降落伞已有一定的了解。
2）物质准备：视频《跳伞奇兵》、PPT 课件、科普视频、伞兵、伞布若干、不同规格的塑料袋、棉绳、积木块、雪花片、双面胶、剪刀。

三、活动过程

（一）视频导入，引出主题

1）教师播放视频《跳伞奇兵》，激发幼儿的兴趣。

指导语：伞兵是如何安全降落在地面上的？

2）师幼讨论，引出"降落伞"这一主题。

指导语：小朋友们想不想像伞兵一样拥有一个自己的降落伞？我们先来探索一下降落伞，再动手做一做。

（二）制作降落伞

1. 认识降落伞的用途及基本组成部分

1）播放 PPT 课件和科普小视频，了解降落伞的基本用途。

2）观看降落伞实物图，认识降落伞的基本组成部分。

2. 介绍材料，制作降落伞

1）出示材料：伞兵、伞绳、伞布。

2）讲解制作步骤：用伞绳穿过伞兵头顶的帽子；将伞绳分别固定在伞布上；从高处抛下，观察现象。

3）引导幼儿自主尝试制作降落伞，比一比谁的降落伞降落的速度最快。

3. 出示其他材料，让幼儿自主探索制作

1）出示不同规格大小的塑料袋、棉绳、积木块、雪花片、双面胶、剪刀等材料，引发幼儿思考。

指导语：想一想，如何利用以上材料制作一个降落伞？

2）鼓励幼儿讨论并积极表达自己的想法。

3）幼儿尝试动手制作，鼓励幼儿互相帮助。

小结：棉绳一头贴上双面胶，再把双面胶贴在塑料袋的四个角处，最后把四根绳子捆在雪花片或积木块上，做好后从空中抛下。

4. 游戏"跳伞奇兵"

指导语：每组小朋友在同一高度放降落伞，稳稳落地的即为获胜。

1）幼儿游戏，发现问题。

2）教师罗列幼儿发现的问题，引发幼儿思考：为什么有的降落伞瞬间落地，有的慢慢落地，有的斜着落地，塑料袋制作的伞面只在空中飘而不会落地？

小结：以上几个问题是塑料袋或棉绳使用的大小、长短不同导致的，同时"伞兵"的大小也会引起降落速度的不同。

3）幼儿讨论：降落伞下降速度还与哪些因素有关？

4）幼儿进行游戏探索，来验证自己的猜测。

小结：伞面的大小、伞绳的长短、伞兵的重量、有无风的影响、伞面是否遭到破坏等都会影响降落伞下降的速度。

（山东省济南市槐荫区锦绣城幼儿园　朱玉茹）

案例评析：

本次活动从"跳伞"这一内容展开，从而引出了主题——降落伞。活动抓住幼儿的兴趣点，在操作过程中，先是运用与降落伞极为相似的伞兵、伞面进行操作，后又用多种材料自主探索，并且在游戏过程中发现科学原理。在活动中，幼儿既锻炼了自己的精细动作，又体验到了动手动脑探究问题的乐趣。

— **任务实训** —————————————————

请列举三项适合幼儿园开展的科技制作活动。

任务二　科技制作活动的设计

幼儿园在开展科学教育时多采用探究式的教育方式，科技制作作为科学领域的一个分支，既能让幼儿在情感上体会制作的快乐，又能让幼儿在制作过程中更好地习得科学知识，培养动手操作的能力，还能激发幼儿探究科学领域的欲望。对幼儿而言，科技制作高度统一了玩和学的关系，这种学习不仅体现了幼儿是实践者的角色，还能让幼儿学习的发生看得见。

一、设计科技制作活动的原则

科技制作活动的设计要遵循的原则有科学性原则、直观性原则、渐进性原则、积极性原则、因材施教原则、应用性原则。

（一）科学性原则

科技制作活动的设计应基于科学知识和科学原理，确保设计的合理性和严谨性，选择适当的方法和技术进行制作，遵循科学研究的规范和标准。

（二）直观性原则

科技制作是塑客观事物具体形象的造型活动，幼儿对客观事物具体形象的认识是其进行科技制作活动的前提。幼儿只有获得关于客观事物全面、清晰的印象，才可能在制作活动中把它们表现出来。同时，因为幼儿思维的具体形象性及客观事物和现象原理的复杂性，教师只有运用各种直观手段，使幼儿接受直接的、动感的教育，幼儿才能更好地理解、接受教师的指导。

（三）渐进性原则

科技制作要根据科学技术本身所特有的学科特点和幼儿智能的发展水平、认识特点，由浅入深、由易到难、由简到繁地逐步安排制作的内容，有目的、有系统、循序渐进地不断增加新的内容，提出新的要求，加大制作活动的难度及其作品所包含的科技知识的深度和广度，从而使幼儿的科技制作水平逐渐由低级向高级发展。

（四）积极性原则

科技制作活动是由幼儿对科技知识的学习积极性所支配的，这种学习积极性是直接推动幼儿进行科技制作活动的内在动力，具体表现为幼儿对科技制作有主动积极的态度，有热烈浓厚的兴趣，有从事科技制作活动的愿望，能较长时间持续、认真地观察、动脑和操作。

（五）因材施教原则

同一个班级的幼儿，由于他们的遗传素质、家庭生活条件和所受教育的不同，各自的兴趣爱好、知识经验和操作能力都是不同的。因此，教师在指导幼儿进行科技制作时，在统一的活动要求下，要考虑每个幼儿的实际情况，针对每个幼儿的不同特点，因材施教，以充分发挥每个幼儿的潜力。

（六）应用性原则

在设计教学活动时，教师要基于知识应用的原则。具体而言，教师在进行活动设计时要建立知识与用途的关联，鼓励幼儿联系生活，运用知识去解决真实问题。知识运用这个过程是幼儿对知识理解的自我检查的过程，也是教师了解幼儿是否理解知识本质的过程。

二、制定科学的活动目标

幼儿科学教育的宗旨是培养幼儿的科学素养，科学素养不仅包含科学知识、方法和技能，更重要的是科学兴趣、探究欲望、创新意识。在科学制作活动的目标定位上，教师应做到以下几点：首先，应将幼儿对制作活动的兴趣及创新意识的培养放在重要位置，突出科学制作在促进幼儿科学素质培养中的实践价值；其次，要依据不同年龄班幼儿的特点和发展水平进行教育目标定位；最后，要根据具体的活动主题和要求制定具体的活动目标。一般而言，小班科技制作的总目标偏重激发幼儿的制作兴趣，培养其自主参与的意识和简单的动手操作能力；中班的科技制作目标侧重引导幼儿了解制作对象的结构组成，培养幼儿的创新意识以及对相关科学现象的探究欲望；大班科技制作目标侧重锻炼幼儿的科技制作设计能力，帮助其理解制作对象的科学常识并引发其在生活中应用的意识，进一步提高其审美能力和自信心，增强其反思和修正作品的能力。科技制作活动在目标设计上更侧重两种能力的培养：一种是操作能力，即幼儿运用工具或材料，对客观对象或者材料进行加工或制作的能力；另一种是设计能力，即幼儿根据自己的设想确定制作内容、收集材料与实际制作探究的能力。

在具体的科技制作活动中，需要从情感态度与价值观、知识与能力、过程与方法这三个维度进行目标设置。例如，大班科技制作活动"不倒翁"的目标定为：①展现不倒翁的形象设计美，具备初步的审美创造意识；②自主选择材料、设计制作个性化的"不倒翁"，简单了解"不倒翁""不倒"的原因；③能在观察成品或流程图示的基础上进行"不倒翁"的制作，能在造型和图案上进行个性化创作。

三、遴选适宜的活动内容

恰当地选择和确定科技制作的内容是幼儿顺利制作的前提。也只有明确了主题内容，教师才能有针对性地提供相应的材料，引导幼儿动手操作并掌握相应的操作方法和技巧，从而完成制作内容，达成制作目标。

（一）活动内容选择的注意事项

在确定制作内容时，教师应先做到以下两点。

1. 追随幼儿的探究兴趣

教师要善于发现幼儿感兴趣的科学内容，分析其内在的教育价值，以提炼出科技制作活动主题，更好地满足幼儿的求知欲。例如，小班幼儿对磁铁的"秘密"产生了探究兴趣，教师可以对此进行分析，设计"好玩的钓竿"制作活动，引导幼儿使用磁铁制作玩具钓钩；中班幼儿对声音的"传送"感兴趣，教师可以对此进行分析，设计"神奇的传声筒"制作活动，让幼儿使用纸杯制作传声筒，体验科技制作和结伴玩"打电话"游戏的乐趣。这样的科技制作活动都源于幼儿的兴趣点，活动内容较为形象有趣，让幼儿在做做玩玩中自然地学到相关科学知识，符合幼儿的需求，因此为幼儿所喜爱。对于幼儿的制作兴趣，教师可以通过一日生活的多个环节，如科学教学活动、科学区角活动、户外观察活动等，及时发现、捕捉、分析和引导。

2. 尊重幼儿的能力差异

科技制作活动中所要制作的成品，一般结构较为简单，多数由几个部件组成，容易组装。即便如此，教师在设计活动前仍必须基于幼儿的年龄特点进行分析，以确定不同难度的制作内容。例如，关于"伞"这个制作主题，小班的制作活动以"降落伞"为主，仅需提供塑料袋伞面、毛线、小坠物（橡皮泥）三种材料，简单且符合小班幼儿的认知特点；而在大班制作活动中，幼儿需要制作的伞也由伞面、伞柄、伞骨三个部分组成，但伞的整体结构更为复杂，材料（如吸水海绵、牙签、棉签、花布、彩纸、橡皮泥等）也更丰富且有挑战性。对于同一个班级的幼儿，教师还需要对其制作能力的差异性进行观察和了解，做到因材施教。例如，分层提供结构复杂程度不一的材料，使不同制作能力的幼儿在最近发展区内均能得到发展。

（二）活动内容选择的要点

活动内容的选择要从以下三个方面考虑。

1. 活动主题要简单，符合幼儿年龄特点

活动主题要简单、形象、直观，来源于生活，是幼儿感兴趣且符合幼儿年龄特点的。例如，"自制喷水壶""有趣的不倒翁""不漏水的纸杯"等主题都是幼儿喜欢的，也是生活中常见的，其中所隐含的制作技巧和方法较简单，材料较容易获取，也符合幼儿的

学习心理。又如，同样是制作"汽车模型"：中班的制作内容是"组装汽车"，幼儿用废旧纸盒组合、粘贴、连接出各种汽车模型；大班的制作内容是"会动的汽车"，幼儿独立、合作制作出轮子能动的汽车模型。

2. 活动内容要蕴含简单的科学原理

幼儿园课程中蕴含的有关电、光、磁、力等现象和对称、旋转、平衡、滚动等原理是幼儿感兴趣和乐于探索的。然而，这些现象和原理对于幼儿来说较为抽象、难以理解，还需要教师巧妙地将它们渗透在科学制作活动的主题中，让幼儿在做做玩玩的过程中学到相关的知识并体验科学制作活动的乐趣。例如，主题为"魔术罐"的活动，利用了幼儿平时搜集回园的饮料罐、药瓶、纸盒等各种容器，引导幼儿逐步在容器里投放黄豆、回形针等各种物体，以此感受、分辨并理解声音的不同。这一内容使幼儿在操作过程中的探索兴趣很强烈，他们在瓶瓶罐罐中自由寻找、选取自己需要的材料，并在探索的过程中不断产生新的发现。

3. 所选内容制作的技术和方法应简单实用

制作内容要便于幼儿操作实施，且制作效果明显，能帮助幼儿延续探究兴趣和增强自信心。例如，教师选择科技制作内容"有趣的热气球"，引导大班幼儿用软纸粘贴出气球，用细绳、橡皮泥连接和固定"热气球"，最后用电吹风实现"热气球"的腾空，采用了简单而直观的制作方式，展现了与热气球有关的科学现象，幼儿表现出浓厚的兴趣。

四、准备充分的活动材料

材料是科技制作活动得以有效开展的载体。只有丰富的材料才能拓宽幼儿的视野，让他们在观察、比较、选择、摆弄的过程中获得多方面的发展。一般来说，幼儿科技制作用的材料应具备以下几个特点。第一，生活性。材料应来源于日常生活，简单易取，以无毒害、无危险的自然材料或废旧材料为主，这样幼儿既熟悉，又能体会到科技制作的作用。第二，多样性。操作材料应能为幼儿提供多种选择，能满足幼儿的不同制作需要。同时，要有教师绘制的图示、剪辑的相关内容视频和一定的实物范例。第三，层次性。材料应能满足不同能力水平幼儿的制作需要，使所有幼儿都能动手制作。第四，启发性。材料的投放要符合教学目标，还要能够启发幼儿的思维和创造力。

例如，大班活动"我的小水车"，教师投放了下列材料让幼儿来操作探索：胡萝卜（块）、黄瓜（块）、白萝卜（块）、西葫芦（块）、筷子、吸管、硬纸板、已剪好的塑料片、塑料瓶、剪刀、刀片、成品水车、装有三分之二水的脸盆若干、一次性杯子或矿泉水瓶若干。这些材料都来源于生活，简单且容易获取。同时，还根据幼儿的年龄特点和发展水平提供了不同层次的材料：有的是原材料，如胡萝卜、黄瓜、白萝卜、西葫芦、塑料瓶等，需要幼儿根据水车的结构特点来选择材料并运用工具对材料进行加工；有的材料是半成品，如胡萝卜块、黄瓜块、西葫芦块、已剪好的塑料片等，幼儿可以根据水车的结构特点直接选择不同的材料进行简单拼插和加工。这样，不同能力和水平的幼儿就能在与不同层次的材料互动中获得发展。

材料收集的方法有两种：一是靠教师平时随时注意收集，二是发动幼儿和家长一起收集。常用的材料可以从以下几类着手考虑收集。

1）包装盒、硬纸板、泡沫板、瓦楞纸、挂历纸、包装纸等。

2）旧毛线、旧海绵、碎布等。

3）废旧玩具，如积木、塑料拼插粒等；坏玩具中的零件，如轮子、轴、弹簧、小发动机等。

4）小木板、小木块、小瓶子、坏乒乓球、旧牙刷柄、塑料板等。

5）羽毛、贝壳、瓜子壳、花生壳、麦秸等。

6）面、泥土、石头、沙子、橡皮泥等。

五、设计有效的活动过程

（一）科技制作活动的设计要点

科技制作活动是幼儿利用自然材料或废旧材料，综合运用多种能力，在教师的引导下，根据一些简单的科学原理，创造性地制作出生动有趣、具有游戏色彩、适合操作的玩具的过程。科技制作活动较之于一般的科学探究活动，对幼儿的要求更高，主要目的是通过幼儿的制作活动进一步发现科学现象，体验其中蕴含的原理，同时掌握制作的技巧。不仅要求幼儿能够进行相关操作，还要求幼儿能够通过自主或合作制作，进一步了解、体验科学技术的作用。

因此，教师在设计科技制作活动时要创设宽松、自由的讨论与制作氛围，在幼儿制作的整个流程中都要充分体现"设计"与"创造"要素。为此，教师在设计科技制作活动时要注意以下四点。

第一，应为幼儿提供各种各样的成品"玩具"，让幼儿在充分摆弄、玩耍的基础上，观察和探究这些"玩具"的结构特征。例如，制作"不倒翁"的活动，在制作之前，教师应先为幼儿提供各种各样的不倒翁玩具，让幼儿充分观察、尽情玩耍，这样才能对不倒翁的整体结构有一个准确的认知。

第二，应投放多样化、多层次的操作材料，启发不同发展水平的幼儿根据自身需要去自主比较、判断、选择，然后尝试制作。

第三，引导幼儿养成先设计再操作的习惯，支持幼儿的求新、质疑和各种不同的解决问题的做法，从而促进幼儿创新意识和创新能力的发展。

第四，确定教学难点及辅助教具。在预设制作活动的难点时，教师首先要对制作对象的外部特征和内部结构进行精细解析，充分了解制作对象的材料、构成、功能等，并结合幼儿的实际，确定出制作的难点。例如，设计"会转的陀螺"活动，教师先把牙签、火柴、笔芯、小木棍等当轴，把圆纸卡、塑料瓶盖等当转盘，很快能制作出各式各样的陀螺，但轴心在圆盘上的位置是陀螺会旋转的关键，因此是教学难点。此外，教师还应考虑并确定幼儿需要何种辅助教具，以更好地突破制作难点。一般来说，通过提供图片、视频、范例等方式可以起到辅助作用。例如，大班科技制作活动"旋转木马"，教师既可以播放游乐园旋转木马的视频，又可以呈现预先制作的范例或者旋转木马八音盒成品，还可以提供制作流程图，帮助幼儿全方位地了解制作对象。

（二）科技制作活动的设计模式

科技制作活动的设计通常可采用"观察—示范—制作—交流讨论—展示分享"的模式。

观察：教师提供实物、图片或视频，帮助幼儿直观地观察物体的造型、特点、功能等。只有首先获得对客观事物全面、清晰的印象，才可能在制作活动中把它们表现出来。

示范：教师讲解示范操作的步骤与过程，强调需要注意的事项，重点讲解和演示操作中的难点部分，可以根据需要采用分步骤讲解或完整示范等不同方法进行。

制作：幼儿根据自身对教师示范的理解进行实践操作，并在操作中发现问题、提出问题，同时掌握制作的技巧。教师在幼儿需要的时候给予个别指导，对于共性的问题可以再次进行集体示范讲解。

交流讨论：幼儿相互交流讨论制作的经验，并提出问题，向教师或同伴求助，寻找解决问题的方法。

展示分享：提供平台让幼儿展示自己的作品，将自己的制作成果向其他人讲解，分享幼儿成功的喜悦，进一步激发幼儿对科技制作的兴趣。

例如，大班"小车跑起来"活动过程的设计。第一个环节是幼儿自由参观汽车展示会，并交流讨论"汽车是什么样子的""汽车的轮胎有什么特点""轮胎是如何安装上去的"等问题。第二个环节是教师介绍制作材料，引导幼儿看一看、想一想："做一辆会跑的小车要用到哪些材料？怎么做？"第三个环节是幼儿自由选择制作材料，尝试制作会跑的小车。教师根据幼儿不同的发展水平，在摆放材料时体现出区别，如材料中有成品车、半成品的车轮、单一的原材料等。第四个环节是汽车作品大检查。先让幼儿检查自己制作的小车是否能跑起来，并与同伴互相欣赏、交流和讨论："你制作小车用到了哪些材料？""怎样做出一辆会跑的小车？""有的小车跑不起来是什么原因？"最后一个环节是汽车大检修。教师鼓励幼儿合作修理小车——让跑不动的小车都跑起来，然后组织幼儿进行自制汽车作品展示，结束活动。

在整个过程中，教师创设了宽松的活动环境和操作条件，提供了多样化、层次性的材料，不断引导幼儿先设计，再有目的地选择材料并进行创造性拼装与制作、展示与交流，而教师自己并没有进行示范演示和操作。活动过程富有创造性和启发性，让幼儿成功学会安装轮子会平衡滚动的小车。同时，教师还要注意活动内容的整合，在科学活动中渗透语言、艺术等领域内容，促进幼儿的多元发展。例如，在制作前可引导幼儿自由讨论并大胆交流和表达自己的观察发现和想法，制作中启发幼儿和同伴合作交流讨论制作的方法和过程，制作后提供机会让幼儿大胆展示并介绍自己的作品，引导幼儿说说在作品制作中什么样的材料用了多少，是什么形状等，以此促进幼儿的语言能力和数学能力的发展。此外，在作品制作和呈现时，还要引导幼儿注意作品的色彩、对称、装饰等，以此促进他们在艺术方面的发展。

（三）科技制作活动的教学方法

教师在组织科技制作活动时，常用的教学方法有以下几种。

1. 讲授法

教师向幼儿介绍科技制作的基本概念、材料的选择、工具的使用以及安全知识等。这种方法能为幼儿提供理论基础，帮助他们理解科技制作的意义和过程。

2. 示范法

教师通过实际操作演示科技制作的步骤，让幼儿观察并学习如何制作。例如，教师可以展示如何连接小电灯泡、电池、导线和开关来制作一个手摇小电筒。

3. 体验法

通过让幼儿亲自动手组装或制作简单的科技作品，如橡皮筋飞机等，让他们在实践中学习和体验科技制作的乐趣，这种亲身体验有助于提高幼儿的动手能力和创造力。

4. 探究法

鼓励幼儿提出问题，并通过尝试和探索来找到答案。教师可以设置问题情境，引导幼儿思考并尝试解决实际问题。

5. 游戏法

将科技制作活动融入游戏中，让幼儿在玩乐的过程中自然而然地学习科技知识和技能。

6. 合作探究法

教师可以设计一些需要团队协作才能完成的科技制作活动，通过小组合作完成科技制作项目，培养幼儿的团队合作意识和社交技能。

科技制作活动的教学方法多种多样，可以根据幼儿的年龄特点和兴趣选择合适的教学方法，以激发他们的学习兴趣和创造潜能。通过这些活动，幼儿不仅能够学习到科技知识，还能在实践中提高动手能力、观察能力和创造力，同时也有助于培养他们的团队合作意识和社交技能。

案例 3-2

传 声 筒

（大班）

一、活动目标

1）喜欢和伙伴一起玩传声筒游戏，感受合作游戏的快乐。
2）了解传声筒的基本结构，知道声音可以通过固体传播。
3）尝试制作传声筒并探寻纸杯传声筒的多种玩法。

千里传声

二、活动准备

纸杯、不同材质的绳子（麻绳、纸绳、棉线等）、牙签、剪刀、各种电话图片、音

乐《两个小娃娃打电话》、步骤图。

三、活动过程

（一）音频导入，了解电话的基本结构

1）播放音乐《两个小娃娃打电话》。

提问：歌曲中的两个小娃娃在干什么？谁能来模仿一下？

2）出示各种实物电话，进行讨论与交流。

提问：这些电话有哪些相同和不同的地方？

小结：电话的外形、大小各不相同，其中有线电话是由听筒、电话线、话筒组成的。

（二）尝试制作传声筒，探索传声筒的声音传播

1）教师介绍各种材料，激发幼儿的兴趣。

2）出示步骤图，幼儿尝试制作传声筒。

① 幼儿观察步骤图，教师讲解重点步骤：将两个纸杯底部分别用牙签扎孔，注意孔洞不要太大；自由选择不同材料的绳子当作电话线，将绳子穿过小孔；将绳子两端打结。

② 初次体验，感受传声。两人一组玩打电话游戏，感受传声筒传递声音的神奇现象。

提问：声音是怎么传播的？

小结：对着传声筒一端说话时，声音使杯底的空气产生振动，通过绳子传递到另一个纸杯，对方就可以听到声音了。

3）对比实验，探索用不同材料的绳子制作传声筒。

指导语：请大家尝试用不同材料的绳子制作传声筒，并和你的小伙伴进行通话，说一说听到的声音有什么变化。

（三）探究玩纸杯传声筒的多种方法

1）幼儿分组讨论如何改造传声筒，能让四人一起玩。

2）请各组幼儿分享自己的方法，请全班幼儿评价谁的方法最巧妙、效果最好。

四、活动延伸

教师在区域内投放更多材料，让幼儿尝试制作各种各样的传声筒。

（山东省济南市槐荫区锦绣城幼儿园　刘新宇）

案例评析：

声音的传递需要介质，大班幼儿对这种抽象的物理概念并不理解，但是通过设计制作"传声筒"的活动，幼儿能够发现"线"可以传递声音。活动依据《3—6岁儿童学习与发展指南》科学领域的核心目标，将重心放在培养幼儿的探究兴趣上，通过制作传声筒，让幼儿感知科学现象、体验科技制作的快乐。通过此次活动，幼儿既掌握了制作过程，锻炼了动手操作能力，又体验到了合作游戏的乐趣。

--- **任务实训**

设计一个适合大班年龄特点及发展水平的科技制作活动。

任务三　科技制作活动的组织与指导

有效的指导策略可以帮助幼儿更好地理解活动目标和要求，激发幼儿的探究兴趣，培养他们对科学探索的好奇心和欲望，促进合作、分享，规范良好的行为习惯。教师要根据幼儿的个体差异，选择适宜的内容、适宜的材料、适宜的方法，提供个性化的教育支持，让幼儿汲取科学教育的营养，真正享受到科技活动的快乐。

一、科技制作活动的组织

（一）教师预先制作，明晰科学原理

教师是走在活动前面的人，他们是幼儿学习背后的支持者。教师应根据幼儿所要习得的知识、发展的能力、培养的品质等各方面的需要，设计活动并提供材料。对于一个有准备的教师来说，在设计活动之前，一定要反复多次尝试制作，厘清成品的科学原理，才能设计出科学的活动，并让幼儿在尝试制作的过程中，逐渐明白相应的科学原理。例如，制作"不倒翁"的活动，它包含着力与力平衡的科学原理。首先，当不倒翁静置时，桌面对它的支持力和它所受的重力要平衡，才能保持竖直，所以制作时重物的位置和装饰的大小位置需要调整好。其次，当拨弄的时候，不倒翁侧倒。这时如果重心固定，就会产生一个合力矩，使不倒翁朝反方向转动；如果重心不固定，当不倒翁倾倒时，重心发生移动，重力和支持力又一次保持平衡，不倒翁就保持倾倒状态。所以，不倒翁的制作原理是：下重上轻，重心固定。明晰原理之后，这个活动很显然就是让幼儿尝试如何让重心固定。在设计的过程中，教师可以提供各种能够固定重心和不能固定重心的材料，让幼儿在尝试的过程中发现制作要点。

（二）鼓励幼儿摆弄玩具，了解制作目标

幼儿的科学经验是幼儿在科学探索过程中通过亲自操作，凭自己的感觉器官获得的。具体来讲，从经验来源的动机看，是在幼儿兴趣和需要的驱使下获得的。如果幼儿对某一事物或现象没有兴趣，就不会进一步感知和探究。因而，教师应提供玩具给幼儿摆弄，让幼儿在操作的过程中了解玩具的特征。幼儿的各种感官是他们认识世界的窗口，幼儿的年龄越小，感官在其经验建构中的作用就越大。科学经验还具有操作性。科学经验是与具体事物和现象联系在一起的，离开了具体的事物和现象就很难获得这些经验。科学经验的操作性体现在幼儿与具体事物和现象的互动中，通过操作获得新的经验。例如，在制作不倒翁之前，教师可以先让幼儿玩一玩不倒翁，幼儿就会发现不倒翁上轻下重，不管怎样拨弄不倒翁都能站起来。这两个特点，幼儿必须直接操作才能知道。如果只是直接展示，或者只看视频，幼儿只能看到不倒翁的外形，那在制作时，只会追求外形的相似，而忽略成品的本质特征。

（三）提供多样材料，拓展探索空间

在开展科技制作活动时，如果教师只提供单一的材料，是不利于幼儿自主探索的。

例如，制作不倒翁时，如果教师只提供一块橡皮泥，幼儿比较容易想到将橡皮泥粘在球的底部，这样也能很快完成制作。这样的材料提供，看似效率很高，但是教师通过单一材料的投放，控制科学活动的走向，让幼儿失去了很多自主探究的机会。如果教师根据不倒翁的科学原理，提供沙子、米、水、橡皮泥、超轻黏土等，那么，幼儿在制作的过程中就会发现：沙子、米、水作为重物，重心会移动，无法成功；超轻黏土太轻，无法做到上轻下重；只有橡皮泥，能固定在底部，重心不会移动，而且上轻下重。幼儿在实际制作材料的过程中，不断地试错、改进，培养了其坚持不懈、不断创新的探究精神。

（四）引导幼儿自主探究，发现更多制作方法

幼儿能否自主探究，主要在于教师是否能为幼儿提供一个操作平台。丰富而充足的材料是幼儿主动探究的载体，它可以使幼儿自由选择各种材料，不仅有利于幼儿运用原有经验，按自己的想法制作，获得有益的经验；还有助于幼儿把自己当成探究活动的小主人。在科技制作活动中，幼儿需要通过与材料进行充分互动，在操作中解读材料的用途，在多样的组合与尝试中发现材料的价值。例如，在不倒翁的制作活动中，除了橡皮泥之外，幼儿运用各种组合完成了制作：将橡皮泥和沙土或米混合，粘在球的底部；将水与米混合，粘在球的底部；将超轻黏土和米或沙土混合，粘在球的底部。这些巧妙的组合都可以完成制作。事实上，让幼儿自主探究，能真正激起幼儿内在的、前进的、探索的动力，会给他们带来更多的惊喜，从而发现更多的制作方法。

（五）加强交流与评价，完善评价标准

表达和交流能够丰富幼儿的探究发现。通过表达和交流，幼儿不仅可以向别人介绍自己的制作方法，还可以从别人那里得到启发，丰富对事物和现象的认识，建立事物之间的联系，为进一步的探究打下基础。大班的幼儿不仅能够制作成品，而且有能力对成品进行评价，并根据评价改进自己的成品。在第一次尝试制作后，教师可以给幼儿交流评价的机会，相互启发讨论成功的经验，解决遇到的难题，从而进行操作改进。第二次制作后，再对作品进行评价，如采用不同的材料和制作方法，哪一种更好。最后，再次进行改进，让幼儿在一次次的交流与评价中获得进步。同时，教师的评价对幼儿的探究也有重要意义。教师不仅要对幼儿呈现出的作品结果进行评价，还要关注到幼儿在制作过程中表现出来的其他方面的探究能力。完善的评价会促进幼儿科学探究能力的不断提升。

二、科技制作活动的指导

（一）选择适宜的内容，使科技制作饶有趣味

在内容的选择上，要注意趣味性、层次性。制作主题要能够引起幼儿探索、把玩的兴趣，而不是纯粹为了制作而制作。辛辛苦苦制作的东西，过后却扔一边，这样不能引发幼儿持续地探索和玩耍。活动开展前，要充分考虑趣味性原则。例如，在制作"盒子小琴"后，幼儿感受到了橡皮筋在拨动后能发出好听的声音，了解到声音来自空气的振动。课后幼儿仍然在科技区中继续探索尝试，发现橡皮筋装在不同大小的盒子上，发出

的声音不一样；不同规格的橡皮筋装在同一个盒子上，发出的声音也不同；同样的橡皮筋装在同一盒子上，由于松紧不一，发出的声音也不同。这样的探索是持续的，幼儿兴趣得以延续，而知识和技能也在进一步探索中得到升华。

另外，大、中、小班的幼儿因为年龄特点的不同，学习上有差异，所以内容的选择要更注意层次性。同班幼儿也存在个体差异，同样的主题，可以通过挖掘不同的深度，以适应不同年龄层次的幼儿需要。所以，制作内容的选择可以有微小差异，使每个幼儿都在原有的基础上得以进步。例如，对于"声音"的主题活动，小班幼儿可以制作"会唱歌的罐子"，在罐子中装不同的物体，如小石子、蚕豆、米粒等，感受其发出的不同声响，也可以和着音乐进行打击乐演奏；而大班幼儿可以尝试制作"音乐瓶"，在同样规格的玻璃杯中放入不同量的水，使之发出不同音高的声音，并尝试演奏。

（二）选择适宜的材料，使科技制作化繁为简

材料是科技制作的关键所在，适宜的材料能够让制作活动化繁为简，使幼儿在活动中充分动手动脑，且能体验成功的喜悦。在选择材料的时候，要充分考虑实用性、多样性和生活性原则。

1. 实用性原则

实用性原则是指活动中所选的材料是真正能为科技制作活动服务的，而不是材料越多越好。材料太多反而会让幼儿无从选择。材料要做到精而简，摒弃无关材料的负面影响，使幼儿能够专注于制作，不被一些花哨的材料所吸引，分清主次。例如，在"会唱歌的罐子"的活动中，有的教师为了使制作的成果更具观赏性，就增加了即时贴、皱纹纸等装饰性材料，让幼儿在感受声音的同时将罐子装饰得更漂亮一些。这种想法固然是好的，但活动中幼儿被花花绿绿的装饰材料吸引，更关注的是如何装饰漂亮，而将声音的探索放在了次要位置上，这就是材料提供上的一个误区。有时候，材料不是越多越好，也不是想得越完美越好，如果在活动中将探索放在第一，而活动结束后在区域中提供装饰材料，就能使幼儿分清主次，也能在课后将制作进行延续。

2. 多样性原则

多样性原则指的是同层次的材料多样，从而使科技制作也呈现多样性。例如，在制作"好玩的拨浪鼓"的活动中，一位教师提供了大大卷盒子、塑料珠子作为材料，让幼儿探索制作，制作的过程是愉快而富有趣味的，然而作品呈现时有千篇一律的感觉。在第二次活动中，教师除了原来的材料，增加了喜糖罐子、木珠等比较丰富的材料，幼儿可以按照自己的意愿选择合适的材料，只要能组装成拨浪鼓即可。最后，幼儿呈现的作品比较丰富，造型也各不相同，同时也使幼儿之间能够相互欣赏，促进幼儿之间的互动。

3. 生活性原则

科技制作的材料应来自幼儿生活，随手可见的废旧物品是最好的材料来源，变废为宝的过程让幼儿在惊讶的同时，感受到科技制作的浓厚乐趣，幼儿的环保意识也得到潜

移默化的培养。同时，教师还要善于挖掘各种自然元素的材料，如石子、树枝、木片、树叶、泥土、松果等，让幼儿在大自然中展开想象，探寻奇妙的科学世界。

（三）选择适宜的方法，使科技制作水到渠成

合适的教学方法能够使科技制作事半功倍、水到渠成。下列方法比较适用于科技制作的教学。

1. 直接示范法

有些制作步骤较困难，需要教师直接教授。教师示范有着直观、清晰的优点，幼儿能清楚地看到制作步骤，能较好地掌握制作的方法，取得良好的效果。

2. 流程图法

这种方法需要幼儿自主观察、模仿，适用于一些步骤不是非常复杂的制作活动。幼儿通过教师拍摄的实物步骤图或绘制的示意图按步骤理解并实施制作。这时的步骤图起到示范引导的作用，对于幼儿的主动学习、勤于思考的学习习惯有很好的培养作用。

3. 探索尝试法

要从根本上转变"教师在先，幼儿在后"的被动局面，将先试后导、先练后讲的教育教学思想运用于幼儿活动之中。强调幼儿是创造性学习的主体，让幼儿通过感官、体验、亲自尝试的过程去发现事物变化起因和内部联系。把教学变为一种动态的学习活动，使幼儿在学习知识的同时尝试学会学习，尝试解决未知的问题。例如，制作"有趣的回力车"，幼儿可以先尝试运用教师提供的材料拼装成一辆车的样子，这里没有教师的示范，也没有流程图的指引，只是让幼儿尝试运用已有的对汽车的一些经验进行组装。在探索尝试的过程中，幼儿会发现一系列的问题：轮子和轴之间连接不好怎么办？橡皮筋不能绕在轴上怎么解决？诸如此类的问题随着尝试接踵而来，这样讨论的环节就必不可少了。针对提出的问题，教师引导幼儿思考，群策群力，幼儿最终找到了解决的方法。当车子能够开出一段距离又顺利回来后，幼儿的兴奋之情溢于言表，充分感受到了探索制作成功的快乐。

📖 案例 3-3

小小喷水器
（大班）

自制喷水器

一、活动目标

1）通过制作喷水器，发现并感知瓶内液体气压强于外部气压时水流喷出的科学原理。
2）设计制作简易的喷水器，提高动手操作和观察分析的能力。

二、活动准备

1）经验准备：见过公园草坪、菜园等场所使用的喷水器设备。

2）材料准备：水、塑料瓶、大头钉、喷水器、防护手套、马克笔、绘画纸。

三、活动过程

（一）实物导入，引出主题

1）集体观察喷水器实况，感受有趣的喷水现象。

指导语：森林公园里的喷水器真神奇，你们见过吗？

2）分组探索喷水器构造。

指导语：喷水器由哪几部分组成呢？水是怎么喷出来的？

幼儿分组观察喷水器。

（二）制作"喷水器"

1）交流讨论探索制作喷水器的材料。

提问：在我们班级内有没有可以制作喷水器的材料？

2）幼儿自主选择材料，并进行小组分工。

指导语：请4个小朋友为一组，利用大家选出的塑料瓶和大头钉进行制作。力气大的小朋友可以用钉子钻孔，注意不要扎到手哟。

3）初次制作喷水器。

指导语：小组制作的喷水器成功喷水了吗？

教师重点引导幼儿猜想导致喷水器不能喷水的影响因素，幼儿加以调整。

（三）改良验证：哪种喷水器的喷水效果最可观

1）幼儿对影响喷水器喷水效果的猜想：喷水口太小。

2）幼儿尝试增大瓶口喷口、尝试增大瓶底喷口。

小结：瓶盖拧紧时，喷水瓶内没有空气流通，瓶内外压力平衡，水无法喷出。瓶盖拧开时，空气进入瓶内，瓶内水的压力以及空气的压力大于瓶外，水流喷水。只有喷水器内部空气流通并且喷水器内部保持一定的水源才能持续喷水。

（山东省济南市槐荫区锦绣城幼儿园　杜玉乾）

案例评析：

本次活动利用内外压力差的科学原理，使用塑料瓶制作喷水器，在气压和水压的作用下，水从喷口喷出。幼儿在教师的指导下制作出简易的喷水器，并在一次次调整和改进中，感知瓶内水压大于瓶外气压时可以喷水的原理，有利于将抽象的科学原理与日常生活联系起来，激发了幼儿的科学探究兴趣，培养了幼儿积极思考、乐于探索、善于动手的学习能力。

案例 3-4

<h1 style="text-align:center">小　水　船</h1>
（大班）

探秘水船

一、活动目标

1）知道锡箔纸能浮于水面，探究在水量一定时水船的承载力与水船体积的关系。

2）与小组成员一起合作制作水船，探索水船的承载力与体积的关系。

3）喜欢进行探究活动，体验探究与制作的乐趣。

二、活动准备

1）经验准备：生活中对水船的已有经验。

2）材料准备：A4 纸、记号笔、棉手套、雪花片、水盆、锡箔纸。

三、活动过程

（一）导入

谈话导入，引出主题。

提问：小朋友们，你们坐过船吗？在哪里坐的？船是什么样子的？

（二）认识材料，制作水船

1）教师介绍制作水船的材料，激发幼儿制作兴趣。

指导语：今天我们要用身边常见的材料来制作水船，有 A4 纸、记号笔、棉手套、雪花片、水盆、锡箔纸。想一想，哪些材料哪些更适合做水船？怎么做才能让船更好地浮于水面呢？

2）幼儿自由组队，选择合适的材料，共同设计并制作水船，教师巡回指导。

（三）实验验证

请幼儿拿着制作好的水船放到水上进行实验，看看是否能浮在水面上。

提问：在同一水面上，水船的承载力与水船的体积有什么关系吗？

教师鼓励幼儿在同等水面上，探究水船的承载力与水船体积的关系。幼儿对组内制作的不同体积的水船承载量进行测试并记录。

实验小结：在一定水面上，体积大的水船承载雪花片的数量比体积小的水船承载雪花片的数量多。

（山东省济南市槐荫区锦绣城幼儿园　孙晴）

案例评析：

纸折成的水船放到水面上不久就会被浸湿并下沉，而锡箔纸做成的水船可以较长时间地浮在水面上。在一定水面上，体积大的水船承载雪花片的数量比体积小的水船承载雪花片的数量多。本次活动准备了充足的材料，幼儿在进行探究活动时具有较好的物质保障。在活动过程中，教师尊重幼儿的主体地位，通过探究与团队合作制作出合适的水船并得出了正确的结论，幼儿的探究兴趣也因此活动而更加浓厚。

案例 3-5

排　箫

（中班）

一、活动目标

1）愿意大胆尝试，探索利用吸管发出声音的方法。

2）通过反复探索，感知吸管长度与声音的关系。

3）在教师的帮助下制作排箫，并喜欢吹奏排箫。

二、活动准备

1）经验准备：有玩吸管的经验。

2）材料准备：长短不一的吸管若干、支架、堵头、排箫演奏视频、成品排箫。

三、活动过程

（一）探索吸管，引出主题

1）自由探索，每个幼儿一根吸管，探索能让吸管发出声音的方法。

提问：如何让吸管发出声音？

小结：把吸管轻轻靠在嘴唇上，缓缓吹气就能听到声音。

2）百变乐音。

提问：每一根吸管都一样长吗？如果改变吸管的长度，声音会有变化吗？

幼儿探索通过改变吸管的长度，感受声音的变化。

（二）观看排箫演奏的视频，探索排箫声音的秘密

1）播放排箫演奏视频《绒花》，请幼儿仔细观察排箫演奏者的演奏方法。

2）幼儿借助教师的成品排箫进行模仿与演奏。

3）请幼儿相互说一说排箫是什么样子的，排箫每一根管子是怎样排列的，为什么能够吹出好听的音乐。

（三）制作排箫

教师示范讲解：取 8 根长短不一的吸管，底部用塞子堵住后，将吸管固定在支架上。

（四）自由演奏，感受自制乐器的乐趣

教师播放伴奏音乐，幼儿跟随音乐吹奏排箫。

（山东省济南市槐荫区锦绣城幼儿园　郑薇）

案例评析：

排箫是由一组管子组成的管乐器。管子一般从短到长排列，空气在不同长度的管子里振动的幅度不同而发出不同的声音，形成高低不同的乐音。本次活动重点是利用这一科学原理，引导幼儿制作简易的排箫，并在吹奏排箫的过程中，感知振动的幅度与音高的关系。幼儿在教师的帮助下，既掌握了制作方法，同时还探索了日常生活中的物理现象。

📖 **案例 3-6**

陀　螺
（中班）

制作陀螺

一、活动目标

1）对科技制作活动产生兴趣，锻炼动脑动手的能力。

2）尝试使用多种材料制作陀螺，发现并初步感知陀螺旋转的原理。

二、活动准备

多种陀螺、各种纸片（圆形、三角形、正方形）、彩笔、剪刀、带孔圆形瓶盖、短尺、小木棒、火柴棍、雪花片、纸杯等。

三、活动过程

（一）实物导入，引出主题

1）教师演示陀螺的旋转过程，引发幼儿的兴趣。

教师：小朋友们，这是什么？玩过陀螺吗？它为什么会旋转呢？

小结：在生活中有各种样式的陀螺，但是它们都有一个共同点，就是需要有一个尖且圆的点与平面接触，且有一根小木棍穿过物体的中心，通过外力使其与地面垂直，这样陀螺就可以利用旋转惯性转动起来了。

2）幼儿分组体验，感知陀螺旋转的奥秘。

教师：老师带来了很多陀螺，请小朋友们分组来试试。

（二）制作陀螺

1）教师提供材料，幼儿分组制作。

指导语：老师准备了多种材料，小朋友可以自由选择，制作一个属于自己的陀螺。

2）初步展示并反馈制作的情况。

指导语：大家都做好了吗？谁想展示一下？在制作的过程中遇到了哪些困难？没有制作好的原因是什么？

3）再次展示自制陀螺，总结经验。

指导语：现在大家都制作好了吗？谁来说一说自己的制作步骤？

小结：在制作过程中，小朋友们遇到了很多问题，但是大家都通过互相帮助和积极思考将这些困难都解决了，非常棒！对于找准物体中心点的问题，我们也学会了通过多角度对折后找交集点的方法。另外，想要陀螺旋转得久，用力不能太大，并且发力时要与地面平行。

（山东省济南市槐荫区锦绣城幼儿园 刘广荣）

案例评析：

陀螺能够旋转起来依靠的是外力的帮助和自身的外形特征，共同辅助才能够成功转动。本次活动的重点是利用这一科学原理，引导幼儿制作一个简易的陀螺，并在陀螺旋转的过程中，发现陀螺尖锐底部垂直接触地面使其旋转的现象。幼儿在教师的帮助下，既掌握了制作方法，又锻炼了手部肌肉与手眼协调的能力，同时还体验到操作成功的乐趣。对于大班幼儿来说，这个活动是有趣且有意义的。

── 任务实训

某幼儿园开展了一次"制作飞机"的活动，内容是幼儿学习组装飞机。在听完教师介绍之后，幼儿开始自己探索和组装。但教师发现有一个幼儿反复尝试几次后，仍不能使飞机成功起飞。作为教师，你应该怎样指导该幼儿？

拓展阅读

科技制作开发

一、制定科技制作流程图

科技制作流程图是一种用简单图形和符号表示制作步骤的形式，它能通过简洁、直观的方式将制作过程中所需的工具、材料、操作按顺序展示出来，是科技制作中可靠的视觉工具。首先，科技制作流程图可以帮助幼儿更清晰地了解制作流程。科技制作流程图通过分解制作过程，使每一个环节都变得清晰可见，帮助幼儿逐步理解并完成任务。其次，科技制作流程图鼓励幼儿自主学习。当幼儿面对科技制作流程图时，他们不仅是在跟随操作，也是在尝试理解、解释和创新图示。这种互动式的学习方式，有助于培养幼儿的自主性和探索精神。最后，科技制作流程图还为幼儿提供了一个可视化的学习工具。对于幼儿来说，视觉信息往往比口头传授更为直观和易于理解，科技制作流程图以其直观、简洁的特点，帮助幼儿更好地理解和掌握知识。总之，科技制作流程图在科技制作中对幼儿具有积极的引导作用。它不仅能帮助幼儿理解制作过程，还能提高他们的动手能力和问题解决能力。图 3-1 为风车制作流程图。

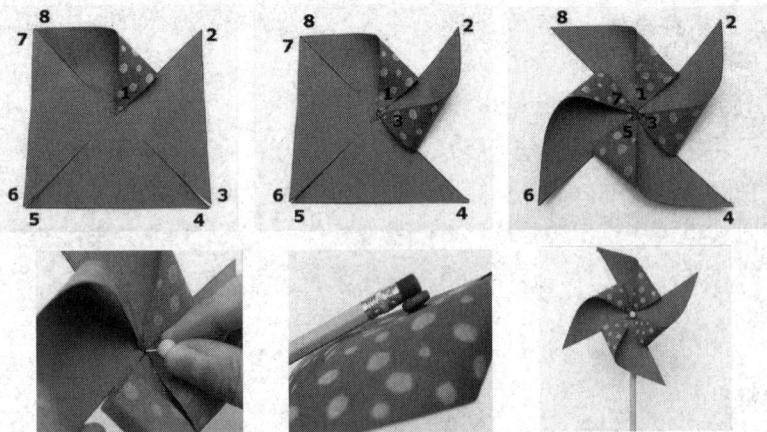

图 3-1　风车制作流程图

二、创设科技制作环境

（一）充分利用幼儿园环境，创设适宜开展小制作活动的场所

教师要充分利用窗台、阳台、走廊、墙壁、室外园地甚至楼顶平台等，为幼儿提供实实在在的科技制作活动场所。例如，在教室里设置科学角，根据需要提供相关科普图书、图片、操作材料，方便幼儿学习与制作；在阳台设置自然角，开展小型种植与饲养活动，让幼儿观察、记录动植物的生长变化过程；将制作的作品进行展示与验证，使科技真正来源于生活，运用于生活。

（二）积极开辟班级制作区域，创设适宜开展科技制作活动的区域

教师要为幼儿创设一个能动手动脑的"制作区"，并为他们提供大量的科学活动材料，方便他们操作，如平面镜、放大镜、望远镜、三棱镜以及有机玻璃等有关光的游戏材料，纸杯、棉线、喇叭、塑料管等有关声音的游戏材料等。师幼一起制作天平、不倒翁、陀螺、水果娃娃等，使幼儿们百玩不厌，兴趣盎然。这样，幼儿不仅从中获得了许多有益的科学经验，而且产生了探索科学的兴趣。

三、开发家长资源和优势

幼儿家庭里存在着丰富的科技教育资源，主要包括家长的阅历和职业背景、家庭饲养和种植的动植物、家庭科技藏书等。教师要充分利用家长资源，让家长积极参与科技制作活动，充分了解和认识科技制作活动对幼儿发展的意义。同时，教师要发挥家长职业优势，实施家长助教，共同设计组织科技教育活动，为幼儿的科技制作打下坚实的基础。幼儿园要有计划地邀请具有某种专业特长的家长直接参与教学活动，协助教师更好地完成教学任务，实现教育目标。家长不仅是幼儿园课程的重要参与者，更是课程实施的重要资源，他们可以为幼儿园开展适宜幼儿发展的课程方案献计献策，可以为幼儿园开展的各项活动提供物质和精神上的帮助。同时，家长的文化背景、兴趣爱好、个人素质等，也是幼儿园课程实施中可利用的重要资源；家长的一些先进教育理念、良好的育儿经验同样可以影响教师及其他家长。

四、幼儿园常见的科技制作活动

1）纸飞机制作与比赛：幼儿可以通过折叠纸飞机，探索不同折叠方式对飞行距离的影响。这个活动有助于培养幼儿的空间想象力和实验精神。

2）简易风筝：幼儿可以利用塑料袋、竹签、绳子等材料，尝试制作并放飞自己的风筝。这个活动不仅能够锻炼幼儿的动手能力，还能让他们了解风的力量。

3）沙漏：幼儿可以使用透明塑料瓶、沙子（或小米粒）和胶带制作简单的沙漏，观察沙子的流动速度，理解时间的概念。

4）太阳能烤箱：幼儿可以利用鞋盒、铝箔纸、黑色建筑纸、胶带和一个小玻璃窗尝试搭建一个简单的太阳能烤箱，了解太阳能的利用。

5）小电扇：幼儿可以利用电池、导线、小型直流电机和一些简单材料，尝试制作一个小型的手动电扇，了解电路的基本组成。

6）水循环模型：幼儿可以通过制作一个模拟水循环的容器，观察水从蒸发到凝结再到降雨的整个过程，理解自然界中的水循环现象。

7）彩虹泡泡：幼儿可以使用洗洁精、食用色素和吸管吹出五彩斑斓的泡泡，了解光的折射原理。

8）钓鱼竿：幼儿可以利用磁铁、筷子、棉绳等材料，自制钓鱼竿玩具，了解磁力等原理。

9）竹蜻蜓：幼儿可以使用吸管、卡纸、彩笔、剪刀等，自制竹蜻蜓，探索竹蜻蜓

飞行的奥秘，了解竹蜻蜓翅膀大小与飞行的关系。

10）回力车：幼儿可以使用雪糕棍、竹签、瓶盖、吸管、橡皮筋等材料，制作回力车，了解回力车是利用后轮与地面间的摩擦力以及后轮的旋转来储存能量，进而驱动车辆前进的原理。

综合实训

1. 收集各类适合幼儿制作的科技制作活动和内容。
2. 去幼儿园观摩并评价一项科技制作活动。
3. 设计一个符合幼儿年龄特点的科技制作活动方案。

项目四
学前儿童科学讨论活动

学习目标

- 了解学前儿童科学讨论活动的内涵与价值。
- 掌握各类型学前儿童科学讨论活动的设计方法。
- 掌握学前儿童科学讨论活动的指导要点。
- 培养社会主义核心价值观。
- 增强国家认同感和民族意识。
- 培养科学精神和态度。
- 提升规范从教的职业操守。

案例引导

  2022 年 4 月 16 日是一个令人激动的日子。一大清早，宁宁兴高采烈地跑来告诉小朋友："你们知道吗？神舟十三号载人飞船要从太空返回地球啦！"皓皓说："是之前在太空直播做实验的宇航员要回到地球吗？我之前看过他们直播的天宫课堂，他们太了不起了！"老师意识到神舟十三号载人飞船的着陆是小朋友很感兴趣的一个话题，载人飞行任务圆满成功将激发小朋友对航天和探索太空的兴趣，所以及时对他们进行科普教育很有必要。

神舟十三号载人飞船的那些事

  "航天员为什么要去太空探索呢？"老师问。

  "是为了发现适合我们居住的其他环境。"

  "可以开发更多太空资源，我爸爸告诉我太阳能电池板就可以发电，这些都是非常宝贵的资源。"小朋友们七嘴八舌地议论开来。

  "你们说得都很好，航天事业的发展为我们的生活带来了很多便利，所以我国开展载人航天活动是非常有意义的一件事情。"说到这里，老师又问，"你们知道航天员在太空里做什么吗？"

  "我知道航天员是抓着扶手移动的，他们也是正常睡觉的。"

  "航天员在飞船里进行了天空课堂的直播，我看了抛冰墩墩的实验。"

"今年春节航天员们在太空写对联，给大家拜年呢！"小朋友们议论起来。

"那神舟十三号载人飞船到底如何返回地球呢？请大家和爸爸妈妈在周末观看电视直播，一起寻找答案吧！"教师适时地提出了要求。

周末过后，老师专门组织了一个"神舟十三号载人飞船顺利出舱"的集体讨论活动。有的小朋友上网找来了载人飞船出舱的视频，有的小朋友带来了有插图的相关书籍，还有的小朋友带来了从图书馆查到的资料。小朋友们争着介绍自己的发现：神舟十三号飞行乘组的航天员分别是翟志刚、王亚平、叶光富，他们三个人在太空中工作了六个月，成功进行了空间站机械臂转位、货运飞船试验，开讲了两次"天宫课堂"，演示了有趣的太空"冰雪"实验、太空抛物实验等，为大家传播科普和空间的知识。通过观看直播，大家了解到神舟十三号载人飞船返回地球大致分为五步：分离撤离、制动离轨、惯性滑行、再入大气层、着陆。小朋友们用自己的方式进行讲解，其间，老师适时地参与讲解载人飞船升空的一些知识。

在了解到这些知识后，梵梵说："我长大以后也想当航天员！"于是老师接着问："如果你想做一名航天员，需要具备哪些本领呢？"一些小朋友也关注到这个问题，并参与讨论。小朋友们分别就具备好的身体素质、坚韧的心理素质、丰富的科学知识和团队合作精神展开讨论。在以后的几天里，小朋友们不断地探索与航天相关的知识，如航天服、太空厨房、空间站的发展、火箭结构等。老师灵机一动，请每个小朋友画一画自己的发现，贴在区角里，及时告诉别人自己的发现。于是经常看到自由活动时间小朋友们聚集在区角里相互分享这些发现和秘密。

（济南市市中区泉秀幼儿园　王甜甜）

想一想

本案例中，学前儿童是通过什么途径获得有关神舟十三号载人飞船的科学知识的？教师是如何引导学前儿童收集、分享相关资料的？你能从本案例中概括出科学讨论活动的几个关键步骤吗？接下来，我们就一起了解一下学前儿童科学讨论活动。

任务一　初步认识科学讨论活动

《幼儿园教育指导纲要（试行）》特别强调学前儿童科学活动中表达、交流的重要性，在科学领域目标3中提出："能用适当的方式表达、交流探索的过程和结果。"在学前儿童科学教育活动中，不仅要学习科学，还要发展语言。

因此，早期的科学教育应引导学前儿童注意生活中事物的细节，并养成乐于交谈、善于交流的习惯。教师应鼓励幼儿发表意见和提问，如提问为什么冬季要穿上毛衣或棉袄，为什么房前的一棵树枯萎了，为什么水壶冒气了……教师可以结合散步和采集等活动，和幼儿一起讨论所看到的自然事物。通过交流，让幼儿了解植物与花卉、灌木和树木的关系，还可以让幼儿搜集各种事物的由来，或者结合参观和旅游等活动，和幼儿一起讨论总结所见所闻。

一、了解科学讨论活动的内涵

学前儿童科学教育中的交流讨论活动是科学活动与语言等活动的有机结合。语言活动一般侧重于通过交流讨论类活动，以发展学前儿童的口语表达能力等；而科学教育中的交流讨论类活动，一般是作为各类科学活动的延伸和应用，旨在巩固认识、形成概念等。

科学讨论活动是指学前儿童在亲自探究、收集材料、整理资料的基础上，借助集体交流讨论等手段，来获取科学知识，以便获得全面发展的一种科学教育活动。虽然科学讨论活动不是一种直接的科学探究活动，但它仍是学前儿童获取科学知识的一种非常重要的手段，是学前儿童科学教育活动中较为普遍的活动类型。

二、理解科学讨论活动的价值

学前儿童科学讨论活动是在事先收集资料的基础上进行的，故而信息量大，在活动中学前儿童表达自己的探究过程和发现，助力于厘清思路、理解想法，因此，学前儿童科学讨论活动对满足学前儿童的求知欲、培养学前儿童获得间接经验的能力、发展学前儿童语言表达能力、发展学前儿童的思维能力有着重要的意义。

（一）满足学前儿童的求知欲

学前儿童科学讨论活动能充分满足学前儿童旺盛的求知欲。在活动中，每个学前儿童都介绍自己通过各种渠道获得的各种信息，故而信息量大。在活动后，每个学前儿童都有自己的感受、体验和发现。交流讨论有利于学前儿童将自己的探究过程及头脑中的信息加以条理化、系统化，使学前儿童己有的知识加深、巩固与扩展，帮助学前儿童明晰所发现的事物特征及关系。

例如，在科学讨论活动"神奇的科技产品"中，幼儿在日常生活中具有体验科技产品的经验，如使用智能学习机、使用门禁系统、使用智能音箱等，初步感知了科技产品给人们生活带来的便利，但由于人工智能技术较为抽象，因此通过去科技馆参观调查、交流讨论、探索操作等，以便幼儿能更加全面地了解先进的科技产品在生活中的实际应用，加深、巩固、扩展对科技产品的知识经验，这样有助于幼儿更加直观地感受人工智能为生活带来的便捷，继而增强对人工智能的探索兴趣，萌发对祖国科技创新的自豪感。

（二）发展学前儿童获得间接经验的能力

学前儿童科学讨论活动有利于发展学前儿童获取间接经验的能力。因为通常交流讨论类活动都是在事先收集资料的基础上进行的，学前儿童通过整理资料、厘清思路、总结反思等过程，从中获取间接经验，有利于从小激发学前儿童的信息意识和培养学前儿童收集信息的能力，提升其科学素养。

例如，在科学讨论活动"昆虫的秘密"中，教师会定期组织幼儿参观幼儿园南邻的果园，在果园中，昆虫是十分常见的，于是幼儿萌发出对昆虫的探索兴趣，在了解昆虫的已有经验基础上，围绕"昆虫的秘密"这一主题展开讨论，幼儿与家长共同寻找资料、观察昆虫、收集调查表，将资料加以整理、分析、归纳、总结。在这一系列的过程中，幼儿获得间接经验的能力，在活动过程中，幼儿提出新的问题，又尝试去解决问题，促使其更加主动地参与探索，去探寻大自然的秘密。

（三）发展学前儿童的语言表达能力

学前儿童科学讨论活动一般采用集体讨论的形式进行。在交流讨论中，学前儿童能用自己的语言有条理地解释所发生的现象，并用语言表达自己在探究过程中所感受到的、所获得的科学知识，引发对科学、社会和自然环境的关注、兴趣与热爱，由此进一步激发再次科学探索的乐趣、自豪感和成功感。学前儿童从探索过程与结果的表达和交流中，逐渐懂得了学习语言的意义及其重要性。

例如，在科学讨论活动"一起去旅行"中，教师通过"私密收集"幼儿旅游照片，特意制造惊喜，激发幼儿表达和亲人、好朋友一起旅游的快乐经历；在运用卫星地图、成立"小小旅游团"等环节，幼儿对代表城市的天气变化、自然特征、动植物、特产美食等进行讨论，并相互分享观察的结果，得出在同一时间、不同地点温度和植物有很大差异，既增长见识、开阔视野、增进情感，又发展了语言表达能力。

（四）发展学前儿童的思维

集体交流可使学前儿童零碎、模糊、易混淆的经验更加全面、细致、深入，而讨论则给学前儿童一个厘清自己的头绪与思路、理解别人的想法、促进思维发展的机会，使学前儿童学会更有逻辑、更严密地思考。

例如，"自动浇水器是怎样诞生的"是基于幼儿在生活中理解"植物枯萎"困难和对"制作自动浇水器"的兴趣而开展的一次科学讨论活动，教师及时捕捉研究点，将"玩"与"学"融为一体。幼儿在做调查、画设计图、交流讨论、实践探索、科学验证中一次次发现问题并解决问题，厘清了自动浇水装置的原理，在合作中既能表达自己的观点，也能了解他人的想法，促进了幼儿思维的发展，有助于幼儿今后更加严密、细致地思考问题。

学前儿童科学讨论活动作为一种非直接探究性学习形式，主要适用于那些不易或不能通过直接探究进行学习，但是又很必要或者学前儿童很喜欢、很感兴趣的内容。同时，作为一种集体讨论性的学习活动，学前儿童科学讨论活动要求学前儿童具备一定的思维能力和语言能力，这样的交流讨论才有意义，所以该类型活动更多地运用于幼儿园中、大班的活动中。

三、熟悉科学讨论活动的类型

按照学前儿童知识经验准备的途径不同，可以把科学讨论活动分为以下四种。

（一）实验操作-交流讨论式

实验操作-交流讨论式科学讨论活动是指在学前儿童动手操作的基础上而开展的交流讨论活动。此类活动强调科学教育和语言教育的融合，幼儿在亲自动手实验操作的过程中，用尽可能多的词语、尽可能准确的语句来表述真实的探究过程，包括描述、假说、推理、证明、总结和归纳。

例如，大班科学活动"纸的力量大"，就是从学前儿童熟悉的生活中选择"纸"作为探索活动，为学前儿童创设宽松的探索环境，活动中允许学前儿童选择自己喜欢的材料尝试操作探索。学前儿童怀着愉悦的心情，主动去寻找合作伙伴，交流操作过程，讨论自己的发现，相互分享操作结果。活动中教师又提出了富有挑战性的、难度上层层递进的问题：用两个同样高的盒子做支架，中间放一张纸，怎样让小车立起来；只用一张纸怎样把小车立起来；三人合作，想办法让一张纸拉起更多的载重物。通过交流讨论，让学前儿童进一步深入地探索纸的力量。

（二）参观调查-汇报交流式

参观调查-汇报交流式科学讨论活动是指学前儿童实地观察探究对象，或通过外出参观考察获取直接经验，再进行汇报交流，分享经验的科学讨论活动。外出参观时，学前儿童可采用绘画、拍照、摄像等形式将调查的第一手资料记录下来，在集体讨论时可利用其再现学前儿童的经验，便于学前儿童交流。

例如，"小河的水是怎么变脏的"，就是建立在参观、调查的基础上开展的科学讨论活动。学前儿童通过调查身边的水资源，学习用调查的方法了解自己居住地附近水资源的现状，萌发关心周围事物的积极态度和初步的环保意识。

（三）收集资料-共同分享式

收集资料-共同分享式科学讨论活动是指学前儿童通过收集资料的方式积累间接知识经验的科学讨论活动。学前儿童一般在活动之前围绕讨论主题收集资料，在活动中与教师共同整理资料，并在教师的指导下分析、归纳、总结。学前儿童的科学知识储备、直接与间接经验越多，交流就会越激烈，讨论也会越深入。因此，资料收集在交流讨论类活动中具有重要作用，是学前儿童交流经验、讨论归纳、建构知识的前提和基础。

资料收集主要来自两大渠道：一是学前儿童通过自己的观察、参观、制作、调查、实验和操作等活动而获得的直接认知的信息，习惯上称之为第一手资料；二是学前儿童自己或在成人的帮助下，通过查阅有关图书或是借助网络等渠道获得的信息，称之为第二手资料。在学前儿童这一年龄阶段的探究活动中，更倡导让学前儿童尽可能亲身获取第一手资料。对那些学前儿童感兴趣的，对生活、学习发展有意义的，又无法通过直接经验得出结论的问题，如为什么会有黑夜和白天、冬天小河为什么会结冰等，教师可事先提供一些图书、图片资料、音像资料、多媒体资料，或提供一些收集资料的途径和方法。建议学前儿童在家长的指导下通过网络或图书一起查阅有关资料。在收集、展示资料的基础上，教师组织学前儿童对探究的过程和结果进行集体分享，展开交流和讨论。

例如，科学活动"各种各样的汽车"，通过家园互动，学前儿童、家长共同搜集资料，学前儿童了解了关于汽车方面的知识，提高了搜集资料的能力，增强了对活动的兴趣。学前儿童通过讲述自己搜集的资料，发展了语言表达能力，获得了成就感。教师还充分利用收集的资料开展了一系列的相关科学活动，通过学前儿童制作汽车，培养学前儿童的动手能力和想象力；通过师幼共同建构汽车城，培养学前儿童的合作精神和能力；

通过激发学前儿童想出很多解决汽车拥挤的办法，并动手建构未来的汽车城，把活动推向高潮，学前儿童的兴致也空前高涨。

（四）个别探究-集中研讨式

个别探究-集中研讨式科学讨论活动是指学前儿童对感兴趣的问题先进行个别探讨，提出自己的看法及理由，然后通过集中研讨，"碰撞"不同观点的科学讨论活动。学前儿童的探究来自问题，因此确定恰当的话题是激活讨论活动的基础。话题应具有开放性，讨论或涉及的事物应是学前儿童熟悉、感兴趣、有丰富的感性经验的，是贴近学前儿童生活而且易使其产生困惑的。这些问题最好是来自学前儿童，而不是成人。例如，学前儿童会问："苹果从树上落到地面是不是还活着？""动物怎么过冬？""茶叶是树叶吗？"教师引导学前儿童自己进行探究，提出自己的想法和理由，再由此引发集体讨论，在丰富科学知识的同时，培养学前儿童的科学探索精神。

例如，东营市海河幼儿园王海霞、王友荣教师组织的以"大树妈妈生病了"为主题的中班科学讨论活动，来源于教师带幼儿在草地自由活动时，某个幼儿发现有一棵大树上有一个洞，随后教师带领幼儿一起寻找这个洞的秘密，猜猜这是谁的洞，为什么会有洞，再请幼儿去寻找其他树上还有没有洞；在此基础上，和幼儿一起观察分析不同的洞，引导幼儿发现大树生病了，并鼓励幼儿寻找还有哪些树生病了，和幼儿一起讨论为什么这些大树会生病，直至如何帮大树治病。

任务实训

观摩一个幼儿园中班的科学讨论活动，了解该年龄班科学讨论活动的基本模式和类型，分析教师是如何组织实施科学讨论活动的。

任务二　设计科学讨论活动

学前儿童科学讨论活动一般以集体的组织形式开展。一般来说，一项科学讨论活动主要包括活动名称、活动目标、活动准备和活动过程等几个重要的组成部分。下面针对科学讨论活动从选择讨论主题、制定活动目标、做好活动准备、设计活动过程等方面进行巧妙构思与设计。

一、选择讨论主题

学前儿童科学讨论活动选择的讨论主题应是幼儿感兴趣的、能接受的、与幼儿生活经验密切联系的内容。一般来说，可以从以下几个方面来选择科学讨论活动的主题。

（一）从正式出版的幼儿园科学教育活动资料中选择适宜内容

新手教师可采取此种形式，参考和借鉴正式出版的幼儿园科学领域的正式课题或教学设计，但需根据本班儿童的兴趣、已有经验和认知水平进行再设计。教师应选择适合以讨论交流的方式开展的主题，且便于教师和学前儿童收集与课题内容相关的信息和资料，以有助于学前儿童理解和接受这些信息和资料。

（二）选择学前儿童生活中熟悉的内容

学前儿童是独立的个体，会有自己的需求和兴趣点。自己感兴趣的内容，会积极主动地学习，从而内化为自身的科学知识和经验，如人物、动物、植物、天文、地理、物理现象、化学现象、日常生活用品、交通工具等方面的科学内容，都是与学前儿童的实际生活紧密联系在一起，较为常见的内容。学前儿童在这些方面已具备了一定的科学经验，因此，根据其兴趣点展开的相应的科学讨论活动，有利于激发其主动讨论的欲望，促进其活跃思维、积极探索，进而拓宽视野。

（三）从媒体传播中寻找主题

当今社会已步入快速发展的信息时代。在信息社会，广播、电视、直播、音像制品等传播媒体是学前儿童知识信息来源之一。面向学前儿童的专题节目生动有趣，有利于他们积极、主动地获取科学知识；面向成人的科普栏目、直播，也会潜移默化地影响学前儿童，引发其讨论交流。伴随着科技的高速发展，越来越多的科技产品涌入人们的生活，也逐渐被学前儿童所熟知、应用。因此，可选择适合学前儿童感兴趣、熟悉、易接受的主题，帮助学前儿童了解科学技术的历史和现状，使其较早感受现代科技的发展，对高新技术成果产生浓厚的兴趣，并积极探索科学技术发展的未来。例如，小班科学讨论活动主题可选择昆虫的触角、土里为什么会冒出小芽、为什么蚂蚁要搬家等，中班科学讨论活动主题可选择如何避免蚊虫叮咬、动物怎样过冬、影子的秘密等，大班科学讨论活动主题可选择种子的旅行、保护社区环境、和机器人交朋友、杭州亚运会的人工智能、变异的海洋生物等。

二、制定活动目标

学前儿童的教育是有目的、有计划、有组织的活动。活动目标指明了教育要达到的目的，它是开展教育活动的依据。活动目标不仅对教育内容、教育方法、教育手段和活动形式产生影响，也直接影响着教育的结果。

学前儿童科学教育的目标是教师开展科学教育活动的指导思想，也是教师制订科学活动计划的依据。学前儿童科学教育目标是根据学前教育的总目标、参照学前儿童各年龄阶段的特点，结合活动的具体内容而制定的，是学前教育总目标在科学教育领域的具体体现。学前儿童科学讨论活动目标的设计，应当遵循学前儿童身心发展规律，同时也要符合学前儿童科学教育总目标及年龄阶段目标的要求。

学前儿童科学讨论活动作为学前儿童科学教育活动的一类，其教学目标的制定影响着学前儿童科学讨论活动设计的水平，也影响着学前儿童科学教育活动实施的效果，进而会影响学前儿童的学习与发展。因此，教学目标的撰写有利于提升教师科学讨论活动设计的能力和水平，对教师专业化发展起到重要的帮助，有利于促进科学讨论活动的有效开展，以便促进学前儿童全面发展。

在进行具体活动目标的设计时，要注重活动目标表达的适切性，制定活动目标应遵循以下原则。

（一）一般应包含三个目标

幼儿的思维特点以具体形象为主，应培养幼儿积极的探索兴趣，发展幼儿的动手探究能力。幼儿科学教育活动的重点并非积累知识、掌握技能，而是要帮助幼儿不断积累经验，并运用于新的学习活动，形成受益终身的学习态度和能力。《3—6 岁儿童学习与发展指南》对幼儿的科学核心经验展开了深度分析，该指南更注重以激发和培养幼儿在科学探究中的兴趣作为首位目标，以发展科学方法和能力作为关键目标，以积累科学知识和经验作为产出性目标。

科学情感和态度、科学方法和能力、科学知识和经验，这三个目标是进行高质量的科学活动的理论基础和重要的依据，教师要全面理解科学活动中的这三个目标，要重视"科学情感和态度"目标的主导作用，同时也要认识到"科学方法和能力"与"科学知识和经验"的重要性，三者之间是不可分离、相辅相成的，不可让幼儿分别学习或单独训练。

1. 科学情感和态度

《幼儿园教育指导纲要（试行）》和《3—6 岁儿童学习与发展指南》中将情感和态度目标放在活动目标的首位，可以看出情感态度目标对于幼儿的发展是至关重要的。所以激发幼儿的好奇心和探究欲望，是学前儿童科学教育最重要的目标，学前儿童科学讨论活动就要在学前儿童身上培养这种精神。

2. 科学方法和能力

科学方法和能力的掌握比单纯掌握知识更重要。科学方法是指收集客观信息、整理加工信息和表达信息、交流信息的方法。科学方法的实质在于探究问题。科学探究是一个完整的过程，具体方法和过程包括观察现象、动手动脑、表达交流、得出结论等。探究能力是学前儿童探究和解决问题的过程中所表现出的一种综合能力，如提出问题的能力、做出假设的能力、制订和实施计划的能力、得出结论的能力、表达和交流的能力、反思和评价的能力等。

交流讨论是科学活动中必不可少的信息交流手段。学前儿童可以通过交流讨论来对科学过程进行思考，强化自己的科学发现，增强自信心。学前儿童表达交流的方式包括语言和非语言两种形式。语言的方式包含语言、文字，非语言的方式包括图像记录、手势、动作、表情等。

3. 科学知识和经验

科学知识和经验是构成科学素养的重要因素，有助于学前儿童形成科学的世界观。学前儿童掌握必要的知识和技能可以为今后的学习和发展奠定一定的基础。在科学讨论活动中，学前儿童通过亲身参与、交流讨论、实际操作，自己选择材料，自己试验得出结论，这样才会记忆深刻，才能真正掌握知识和技能。

学前儿童在科学讨论活动中，主要是在资料收集的基础上通过围绕某一主题的表达交流，实现分享知识经验的目的。一般科学讨论活动涉及的主要教学目标有乐于表达的情感（情感和态度）、表达交流技能和资料收集与整理技能（方法和能力）、科学知识和经验（认知）。

在进行活动设计时，可将目标更加具体化，如表4-1所示。

表4-1　科学讨论活动目标的设计

活动目标		适用班龄	举例
表达的情感	对周围的事物、现象感兴趣，有好奇心和求知欲	中班、大班	大班：种子的旅行 萌发探索植物种子奥秘的兴趣
	爱护动植物，关心周围环境，亲近大自然，珍惜自然资源，有初步的环保意识		大班：地球妈妈 萌发热爱地球妈妈的情感
表达交流技能	尝试用语言表达自己的想法和发现	小班	小班：好玩的磁铁 喜欢玩磁铁，尝试表达磁铁能吸铁的特性；认识磁铁，尝试向同伴介绍磁铁在生活中的应用
	能用语言大胆、完整、有效地交流自己的做法、想法和发现	中班、大班	大班：保护社区环境 大胆表达自己对被污染的社区环境的感受，大胆讲述自己所知道的社区污染现象
	主动认真地倾听、理解、分享和评价他人的观点	中班、大班	中班：昆虫的触角 养成良好的倾听习惯，学会在他人的讲述中获取有关昆虫的触角的科学知识
	在科学讨论活动中，可以借助各种手段（如绘画、图表、手势、动作、表情）进行表达	中班、大班	大班：神奇的科技产品 学习用观察、记录等方法了解生活中常见的科技产品的应用情况，分小组合作将调查结果用图和表格的形式表现出来
资料收集与整理技能	了解资料收集与整理的途径和方法	中班、大班	大班：绿色食品 自主借助书籍、平板电脑、图片等方式对比绿色食品与非绿色食品的区别；通过思考、分析、交流总结，懂得环境与绿色食品的关系
科学知识和经验	丰富与讨论课题相关的科学经验	中班、大班	大班：变异的海洋生物 通过收集资料和讨论了解海洋生物变异的原因及危害，知道保护海洋环境的方法措施
	学习在选择和总结信息的基础上建构自己的科学知识	中班、大班	中班：会变化的影子 知道影子的变化与光和物体的位置有关，在探索实验中获得对影子变化的经验

（二）目标明确具体，具备可操作性

教育活动的目标应该是具体的、有针对性的。笼统而空泛的活动目标缺乏可操作性，与具体的活动无法有效匹配，而细小微观的活动目标可以呈现出幼儿可感知的或者可突出的行为，让人一目了然，使人清晰地了解到学前儿童基于活动获得什么样的经验、掌握什么样的方法、锻炼何种能力、激发何种情感等。所以，在制定教学活动目标之前，教师要深入地分析教材、了解学情，这样才能设计出更具有操作性的活动目标。

📖 案例 4-1

生活中的卡

（大班）

活动目标

1）认识就诊卡、银行卡、交通卡、会员卡等几种生活中常见的卡，初步了解卡的用途。

2）观察、区别卡的异同点，提高比较判断的能力。

案例评析：

科学讨论活动"生活中的卡"，活动目标将生活中常见的卡聚焦到就诊卡、银行卡、交通卡、会员卡等，从目标中可以推断出活动的大体内容和活动重点，体现目标设计的可操作性。

（三）符合学前儿童的年龄特点，要有层次性

由于年龄差异，学前儿童在科学活动中的表现也不同。因此，在制定具体的活动目标时应充分了解教学对象的实际发展水平和特点，以制定出满足不同年龄阶段学前儿童发展需要的活动目标。《3—6 岁儿童学习与发展指南》根据不同年龄阶段幼儿的典型特征，确定不同年龄层次应具备的学习行为与发展水平。例如，"认识常见的动植物，能注意并发现周围的动植物是多种多样的"，"能感知和发现动植物的生长变化及其基本条件"，"能察觉到动植物的外形特征、习性与生存环境的适应关系"，这三种表述分别针对的是 3～4 岁幼儿、4～5 岁幼儿、5～6 岁幼儿，随着学前儿童年龄的增长，活动目标的难易程度也呈现一定的递进性。

（四）关注个体差异和过程变化，体现灵活性

因教学活动目标的设计是提前预设的，所以只有完成教育活动后，才能确定是否可以达成活动目标。又因为每个学前儿童具有个体差异性，其认知发展水平、理解能力不同，吸收新知识和新经验的速度也不同，因此活动过程又是千变万化的。为此，预设的教学活动目标应具有一定的灵活性，才能适应每个学前儿童的个体差异和活动过程中有可能出现的变化，可根据教学活动中的具体实施情况和学前儿童的表现，适当调整教学活动的难易程度，从而促进每个学前儿童在教育活动中的发展。

（五）目标表述的角度一致，突出规范性

活动目标呈现在教学活动方案的起始处，规范的活动目标对教学方案有着画龙点睛的作用。在表述语言方面，应注重语言的简短、概括、明确，说明活动要达到的要求。在表述方式方面，学前儿童科学教育目标的表达方式通常为"行为目标"，即可具体的操作的教育活动目标。"行为目标"指向活动后学前儿童所产生的行为变化，常以"了解""理解""知道""发展""体验"等方式表述。在表述角度上，更趋向于学前儿童的角度，体现以学前儿童发展为中心的活动设计意图，同时便于确定发展任务的具体化，

拟定的每条目标应指向学前儿童。例如，"了解幼儿园附近小河污染的状况，寻找河水污染的原因"，"学习用绘画方式记录小河污染的情况"等，避免活动目标中的每个条目一会儿从学前儿童角度表述，一会儿从教师角度表述。

三、做好活动准备

在学前儿童科学讨论活动中，活动的准备主要体现在三个方面：知识经验准备、活动环境准备、活动材料准备。

（一）知识经验准备

科学讨论活动中的知识经验准备是活动前学前儿童围绕主题收集到的各种信息。在收集信息的过程中，学前儿童明确了资料收集的渠道、资料收集的方式，在科学讨论活动开始前已积累了足够的经验。

例如，在"会变化的影子"活动中，在新的活动开始前，幼儿已具备关于影子的部分生活经验，如日常生活中在树荫下乘凉，玩过踩影子的游戏，戴太阳帽，看过皮影戏，等等，为新阶段的学习提供了知识和经验支持。

（二）活动环境准备

在科学讨论活动中，环境可以分为心理环境和物理环境。教师应为学前儿童营造一个民主平等、宽松自由的交流氛围，带动学前儿童想说、敢说、喜欢说、有机会说，此类属于心理环境。另外，在学前儿童科学讨论活动中有一类活动类型为"参观调查-汇报交流式"活动，此类活动通常是教师组织带领学前儿童外出参观调查，需要获得第一手资料。因此，教师应该提前了解参观场地的空间布局、路线安排、安全性等事宜，确保学前儿童在参观中的安全、有序、高效，此类为物理环境。一个良好的环境准备可以为学前儿童营造良好的心理氛围、探究空间，有利于学前儿童与教师产生积极的互动，能够有效地提高学习效果，更好地达成教学目标。

例如，在"参观科技馆"活动中，科技馆具备交流互动、体验的环境，可以增强学前儿童对科学技术的学习兴趣，感知科学技术带给生活的便利，这就是该活动的环境准备。

（三）活动材料准备

在科学讨论活动中，为了便于学前儿童讨论交流，教师可以将收集到的信息转化为生动、直观的图片或视频，也可以将调查的结果转换为表格等。

在科学讨论活动中如何准备活动材料呢？以下方法供参考。

1. 图片准备

由于学前儿童科学讨论活动一般难以在活动中出现实物，收集的信息又比较抽象，因此，教师必须在活动之前将抽象的信息制作成图片。教师可以采用简单绘制、用相机拍摄成照片、网络下载与课题相关的图片等进行展示。

例如，"种子的旅行"活动，教师可将几种有代表性的种子画下来，也可以下载网络中种子图片，在活动中直接运用图片或照片供幼儿讨论学习。

2. 视频准备

利用现代教育技术手段为学前儿童科学讨论活动做准备，也是幼儿园经常运用的方法。有些活动内容需要实际场景的呈现，仅用图片或照片已不能满足幼儿的需要。

例如，"认识航空母舰"活动，教师为幼儿提供中国航母宣传片《十年有我》《深蓝！深蓝!》等，帮助幼儿了解航母的作用及航母编队，萌发探索研究航母的兴趣和作为中国人的自豪感。又如，在开展讨论交流型活动"昆虫的秘密"时，在开展活动前教师准备了昆虫生活习性和分类的纪录片，让幼儿边观看边讨论。

3. 操作材料

在学前儿童科学讨论活动中有一类属于实验操作-交流讨论式活动。为了保证讨论活动的顺利开展，需要提前准备所需的实验材料，在准备实验材料中需注意以下几点：实验操作材料种类丰富、数量充足，摆放位置适合学前儿童操作，操作材料安全卫生、无安全隐患。

例如，在科学讨论活动"纸的力量大"中，幼儿自主选择自己喜欢的厚薄、质地不同的纸，表达自己在操作中的发现，从而了解不同纸改变形状后力量不同，激发探索的兴趣。

四、设计活动过程

活动过程是整个科学讨论活动的核心环节，它的科学性、合理性直接关系到教育目标是否得以较好的贯彻和实现。教师在设计科学讨论活动过程中，需注意从活动目标出发，结合不同类型的科学讨论活动，从开始部分、基本部分、结束部分展开活动过程的设计。在开始部分，教师可以通过指令导入、材料导入、经验导入、演示导入、出谜语、环境导入等形式激发幼儿的兴趣，吸引幼儿的注意力，引出讨论的主题；在基本部分，教师可通过多种形式组织活动，引导幼儿主动探索，拓展经验；在结束部分，教师应善于帮助幼儿归纳知识、进行小结、明确概念，形成整体认识。

（一）实验操作-交流讨论式科学讨论活动设计过程

实验操作-交流讨论式科学讨论活动应该是一个开放的、动态的过程。教师在设计中应尽可能周密地预设设计。在设计活动过程时，应关注以下内容。

1. 开始部分的设计

在实验操作-交流讨论式科学讨论活动中，可以创设游戏情景的形式导入问题，通过幼儿生活中的某一常见的科学现象或问题导入活动。此环节应简洁明了，注意控制时间。

例如，在"会变化的影子"活动中，教师以玩找影子的游戏导入活动，通过提出问题"为什么没有影子"，产生悬念，引起幼儿的探究兴趣和学习欲望。

2. 基本部分的设计

活动的基本部分是活动过程的主要部分，也是最重要的部分，整个活动大部分内容集中在这一环节。这一部分的设计可以从以下几个方面考虑。

（1）条理清楚、层次分明

讨论、交流是实验操作类科学教育活动的重要组成部分。教师应引导幼儿按照活动的结构层次进行梳理，对实验操作过程中的现象进行分析、比较、归纳、综合，最后得出结果，并与预先的猜测进行比较，深化原有的经验和认识或调整原来的认识，建立新的经验。

（2）组织形式、活动方法

实验操作类活动多采取小组活动的组织形式，有时也用集体、小组和个人相结合的方式进行。在实验操作活动中，有时需要两个或几个幼儿同时动手操作配合完成，教师要积极倡导和鼓励合作探索，培养幼儿的合作精神。在活动方法的设计上，要让每个幼儿都能最大限度地积极参与其中。

（3）问题的设计

教师通过启发性、诱导性、开放性等多种问题来引导幼儿进行探究活动。问题要具有针对性；提出的问题应充分考虑幼儿的心理特征、智力水平和现有经验，难易适中；问题要有导向性，对幼儿起到引导、帮助、主动探索的作用，以便引起幼儿浓厚的探索兴趣，产生探索欲望；同时关注问题设计的启蒙性和科学性。

3. 结束部分的设计

结束部分应紧扣教学内容，是整个活动的有机组成部分，它对整个教学目标的落实有着重要的作用。结束部分没有固定的格式和规定，应根据教学内容与过程的具体情况来进行设计。

在活动结束时，可通过幼儿的讨论交流，对活动进行自我小结和评价，并着重对过程、方法和现象观察进行小结评价；可提出要求，让幼儿将本次活动中获得的经验应用于生活，或提出生活中某种关联的现象，让幼儿继续探索，使活动得到延伸。

（二）参观调查-汇报交流式科学讨论活动设计过程

1. 开始部分的设计

在参观调查-汇报交流式科学讨论活动中，可采用经验导入的方式。有的活动内容是和幼儿的日常生活密切联系的，且幼儿积累了某些方面的经验知识，教师可以从幼儿的生活经验出发，通过提出问题导入活动，引发兴趣，激发幼儿的好奇心，产生对新事物参观调查和探究的欲望。

2. 基本部分的设计

基本部分是整个活动过程的核心环节，教师要围绕目标如何达成、重点难点如何突破进行构思，具体参考如下。

1）整个参观调查活动过程大体分为几个环节？

2）围绕目标，每个环节必须完成哪些任务？可简单列出纲目性任务内容。

3）哪个参观环节是活动重点？在时间上如何分配？可对重点参观的环节在时间分配上有所侧重。

4）关注每个环节的问题导向，预设开放性、启发性问题。

5）依据每个环节需完成的任务设计若干步骤。

6）对每个步骤的表述都必须具体、详细、可操作。

例如，在"参观科技馆"这一活动中，根据幼儿的年龄特点和接受水平，教师提前设置路线，设置参观的展厅数量，明确每个参观环节的具体任务，同时对可体验探索、幼儿感兴趣的展厅参观的时间安排得长一些，对科普性强的展厅参观的时间安排得相对短一些，对参观中有可能出现的问题提前预设，并关注幼儿的问题，适时引导、总结。

3. 结束部分的设计

指导幼儿通过语言、绘画、数字、图表、符号等记录对事物和现象的观察结果。这既可以使幼儿反省、评价自己获得的信息，同时也是教师对幼儿参观调查水平、参观结果的重要评价资料。在活动结束后可根据参观中发现的问题，再次生成新的讨论话题，从而展开新的讨论活动。

（三）收集资料–共同分享式科学讨论活动设计过程

对于某些幼儿感兴趣的，对生活、学习发展有意义的，但无法通过直接经验来获取结论的问题，如"太阳为什么是红色的""秋天树叶为什么会变成不同的颜色"等，教师可以让幼儿通过图片、图书、网络等方式来获得资料。在此过程中，家长应给予幼儿收集资料、主动学习的机会，避免包办代替。

1. 开始部分的设计

在此类活动中，可通过简短的指令导入活动。例如，在"种子的旅行"活动中，教师直接告诉幼儿利用图书、视频、图片等形式去探索种子传播的不同方式。

2. 基本部分的设计

1）教师可以先让幼儿自由探索收集的资料，发现所收集资料的特征，再进一步引导幼儿深入地探索。

2）幼儿园可以创设阅读区，为幼儿准备丰富的适合阅读和理解的绘本，根据活动需求，自主选择、自由阅读和查阅。

3）除了图书、图片等静态的材料外，还可以根据幼儿的年龄特点和能力喜好，提供多元化的资料，如动画、网络、音像、视频等，进一步丰富幼儿的知识经验，扩大幼儿的视野。

4）对收集的资料，幼儿可以用绘画、泥塑、折纸、照片、录音、录像等方式表达，也可以适当运用一些简单的表格表达。大班幼儿根据能力水平的不同，可出现少量简单的文字，并与图片、表格相互呼应，引发对文字的兴趣和意义。

5）多种教学方法协调配合，激发幼儿参与探索的积极性。可将观察认识、科学讨论、科学游戏、教师讲解等多种方式加以融合，让幼儿在看一看、说一说、玩一玩的过程中获取经验。

3. 结束部分的设计

教师应善于帮助幼儿提升经验，活动虽然结束了，但是幼儿的探究并没有结束。教师可以与幼儿通过谈话总结本次活动，也可围绕本次活动提出建议，让幼儿在活动后继续探究，以便活动继续延伸。

（四）个别探究-集中研讨式科学讨论活动设计过程

在科学讨论活动中，个别探究-集中研讨式科学讨论活动在活动形式上更加灵活，能够更好地满足幼儿学习需求和发展。在此类活动中，幼儿对感兴趣的问题先提出自己的看法和理由，增强了自身的语言表达能力和逻辑思维能力，在此基础上再进行深入的集体研讨，使幼儿将不同的观点进行"碰撞"。此类活动能够锻炼幼儿倾听他人的意见、从不同的角度去看待问题的能力。

1. 开始部分的设计

导入环节为了引起幼儿的好奇心，激发幼儿参与探究的兴趣和积极性，可采用指定导入、经验导入等形式。

例如，在"一起去旅行"这一讨论活动中，幼儿在已有经验基础上，与同伴分享自己的旅游经历，再借助卫星地图、自制"旅游宝典"等方式与同伴合作，感受探索的乐趣。

2. 基本部分的设计

1）教师应为每个幼儿提供表达的机会，倾听、鼓励并重复幼儿的关键陈述，在表达交流的过程中敏锐地捕捉幼儿有可能存在的争议进行再讨论交流，促进幼儿经验的重组或改造，建构新的经验。

2）在幼儿进行个别探究时，鼓励幼儿独立操作和探索，培养其自主学习的能力。教师应有针对性地满足幼儿发展的需求，提供个性化的学习支持和指导。

3）在集体研讨中，幼儿倾听别人的不同想法，尝试从不同的角度看待问题，从而获得新的认识。

3. 结束部分的设计

可以在轻松愉快的环境中，以游戏的方式结束活动。也可以艺术的方式（如绘画、表演等形式）结束，帮助幼儿充分、自由地表现自己在活动中的发现或感受。

自主选择适宜的幼儿园科学讨论活动，尝试设计一份收集资料-共同分享式科学讨论活动方案。

任务三　指导科学讨论活动

"指导"在《现代汉语词典》（第七版）中的解释为"指示教导；指点引导"。在教育学中，"策略"一词与"方法""步骤"同义，是为达到某种教学目的使用的手段或方法。学前教育中的教师指导包括教师指导的语言、动作、态度、方式等，是教师针对个别幼儿或小组出现的具体问题进行的具体的直接指导。可见，教师的指导策略往往是教师针对教学活动中的问题，采取的较为系统的方法或步骤。

教师较强的组织指导能力往往对活动的成功起到关键作用，可以使学前儿童科学讨论活动组织更有效，实现通过语言达到讨论交流的目的。在科学讨论活动实施的过程中，学前儿童是活动的主体，教师应成为其学习活动的支持者、合作者、引导者，教师在指导科学讨论活动时可采取以下策略。

一、提出恰当问题，引导学前儿童思考

学前儿童学习科学，不应是被动地接受和理解知识，而应是通过自身的主动探索和发现来获取知识经验。在科学讨论活动中，学前儿童是主动的学习者，教师作为积极的支持者、合作者和引导者，选用恰当的、多样化的教育手段，对学前儿童进行引导，对讨论话题进行补充或创设适当的问题情境，把充足的时间留给学前儿童。科学讨论活动绝不能变成教师的"一言堂"，应避免将交流讨论活动变成灌输科学知识的课堂。

例如，在"种子的旅行"科学讨论活动中，在幼儿知识经验中，对种子的传播只是感性的、模糊的记忆，幼儿事先在成人的帮助下借助绘本、图片、平板电脑等多种方式搜集一些有关种子如何传播的资料，初步了解种子有不同的传播方式，教师采用互动交流讨论、课件展示、游戏模仿等方法引导幼儿发现并梳理种子借助风力、借助水力、借助人和动物、依靠自身力量四种传播方式。在这个过程中，幼儿积极主动地思考，勇于表达自己的想法，参与积极性比较高，有助于幼儿拓展经验、巩固认知。

二、鼓励学前儿童采用多种方法、形式交流讨论

学前儿童表达和交流信息有语言和非语言（包括手势、动作、表情等）两种方式。教师应激发学前儿童运用多种方式尽情地表达。例如，可利用艺术手段表达学前儿童的科学认识，使交流的形式丰富多彩，如艺术表演、作品或图画展览等。另外，讨论的形式应多样化，如集体讨论、分组讨论、借助图片（网络、音像）讨论、创设场景讨论、自选主持人讨论、不同观点辩论等，以进一步丰富学前儿童的知识经验，开阔其眼界。

例如，以游戏的方式展开讨论。在活动中，计算机屏幕上显示一组有趣的画面，有小猫细细品尝萝卜、公鸡煞费力气地生蛋、小猴长着蓬松的尾巴、轮船飞翔在蔚蓝的天空中……伴随着美妙的音乐，学前儿童积极思考，分组讨论，迅速判断对错并改正。

在交流讨论过程中，教师既要面向全体，让每个学前儿童都有参与交流讨论的机会，又要兼顾个别学前儿童的需要，让每个学前儿童在原有的基础上都能得到最大限度的发展；既要引导学前儿童围绕主题讨论，又要注意及时拓展主题。

三、营造良好的交流氛围

教师应艺术性地营造一个民主平等、宽松自由的交流氛围，带动学前儿童想说、敢说、喜欢说、有机会说。教师不要预设结论，要限制自己说话，把充足的时间留给学前儿童，认真、耐心地倾听学前儿童的观点。教师针对学前儿童的讨论，应及时反应并给予鼓励与支持。对学前儿童的错误回答不急于否定，不急于纠正，不急于下结论，应巧妙地启发学前儿童运用已有的经验再思考。教师在与学前儿童交流时不应用教育的口吻，而要用闲谈的语气。对于学前儿童来说，既要鼓励他们大胆表述自己的经验，注意语言的完整准确性，又要启发、帮助他们学会尊重他人，养成善于倾听他人发言的习惯，使交流讨论成为真正地促进其全面发展的活动形式。

例如，在"各种各样的汽车"这一科学讨论活动中，幼儿对车有着浓厚的兴趣，开展有关汽车的活动是有积极的教育价值的。在活动中，教师充分尊重幼儿的想法，为他们提供自由的时间、广阔的空间和充足材料，间接地帮助他们进一步探索有兴趣的问题，使他们在不断发现问题、解决问题的过程中得到成长。

四、鼓励学前儿童表达并保存讨论结果

在科学讨论活动中，教师应鼓励学前儿童使用语言有条理地表达自己的探究过程、解释发现的现象，表达自己对科学、自然、环境的关注兴趣和热爱。

学前儿童资料的保存有不同的方式，可展示在墙面上，可保存在学前儿童个人或小组的记录本中，但切忌追求数量和形式。展示在墙面上的常常是一种集体智慧的结晶，这些信息往往是在学前儿童个人记录基础上抽取出的具有普遍意义的关键性信息资料，常常是学前儿童在某一阶段的探究活动结束后，在广泛分享、交流和达成初步共识后的阶段性小结。

例如，在"保护社区环境"科学讨论活动中，在争做环保小卫士的讨论中，幼儿得出不乱扔垃圾、少开车、多走路、爱护动物、爱护花草等保护环境的方法，借助表征的形式，同伴交流、分享，最后在墙面上展示，保存讨论结果。

五、及时总结，提炼讨论结果

集体交流讨论的最后，教师要及时归纳，进行小结，帮助学前儿童明确概念，形成整体认识。小结时应使用简单且易于学前儿童理解的词句。同时，小结应具有延伸性，不一定非要得出结论，有时候没有结论比有结论更有意义。教师不要满足于学前儿童能

尽快获得答案而急于小结，学前儿童通过不断的探索交流获得丰富的经验才是最重要的。小结某些知识时，不要说得过死，要留有空间，以激发学前儿童进一步探索的兴趣和欲望。

例如，在"会跳舞的水娃娃"科学讨论活动中，幼儿在猜想、实验探究中，发现油和泡腾片遇水反应的不同现象，直观地梳理总结实验答案，理解了科学道理，体验实验成功的快乐。在延伸环节，教师提出尝试使用盐、醋等其他不同的物质开展遇水反应小实验，进而激发幼儿进一步探索的兴趣。

案例 4-2
会变化的影子——实验操作-交流讨论式科学讨论活动
（中班）

一、设计意图

中班幼儿的思维处于具体形象思维到抽象思维发展的阶段，他们通过直观形象的活动来认知事物。该年龄段的幼儿观察目的性也较为明显，能关注周围环境的变化，把握观察对象明显的特征，也具备了观察"影子"的能力，对科学方面的探索欲望逐渐增强。同时，该年龄段的幼儿也有乐于表达自己的愿望，他们想迫不及待地表达自己的发现。因此，本活动旨在创设一定的学习氛围，提供探索材料，让幼儿在玩一玩、看一看、试一试、说一说的情况下，操作与探索，尝试与发现，交流与讨论，大胆表达自己的想法。

会变化的影子

二、活动目标

1）知道影子的变化与光和物体的位置有关，在探索实验中获得对影子变化的经验。
2）能够用自己的方式记录探索过程，并乐于把自己的发现告诉大家。

三、活动准备

PPT 课件、手电筒（人手一个）、彩笔、小皮影人、投影、幕布、记录表。

四、活动过程

（一）影子游戏，激发兴趣
指导语：今天我们一起来玩找影子的游戏吧。看，影子去哪儿了？
提问 1：为什么没有影子了？
小结：没有光就没有影子。
通过谈话激发幼儿的生活经验。
提问 2：你在哪里见过影子？见过什么样的影子？
鼓励幼儿大胆交流，表达自己的想法。
小结：原来有光就有影子。

（二）实际操作，直观感受

1. 对比观察，大胆猜测

教师：你们发现了这么多影子，我要考考你们了。请这两个小朋友来我的身边，他们谁高谁矮？

观察两个幼儿的影子。

教师：请他们去幕布后面试一试，他们的影子有什么变化？（两个幼儿的影子大小与实际身高正好相反）

2. 实况录像，寻找发现

教师：现在我们一起来看看幕布后的小秘密吧！这次你们能猜一猜为什么男孩矮、女孩高呢？谁离光比较近？谁离光比较远？现在请小男孩往光的位置走两步。你们发现了什么？（男孩的影子变大了）

幼儿展开讨论，猜测验证想法。

小结：离光越近影子越大，离光越远影子越小。

（三）分组体验，再次探索

1. 第一组幼儿体验变化，交流讨论发现（图 4-1）

图 4-1　幕布下变化的影子图

指导语：你们想不想也能变大变小呀？请问你是怎么让影子变小的？

幼儿交流讨论，探讨结果。

小结：离幕布近、离光远，影子就小。

2. 第二组幼儿自主探索

指导语：谁还想来试一试？

请幼儿自主探索变大或变小，同伴之间相互交流。

小结：原来离光越近影子越大，离光越远影子越小。

3. 第三组幼儿自主探索

探索如何让自己的影子变大或变小。

（四）观看视频，自由探索

1. 播放视频，初步感知

指导语：光移动时，影子会发生什么变化？我们一起来看看吧。

提问：你发现了什么？

小结：光在移动，影子也跟着移动。

2. 实际操作，记录分享

每个幼儿借助手电筒和彩笔，观察影子的变化，并将观察结果记录在表格中（图4-2）。

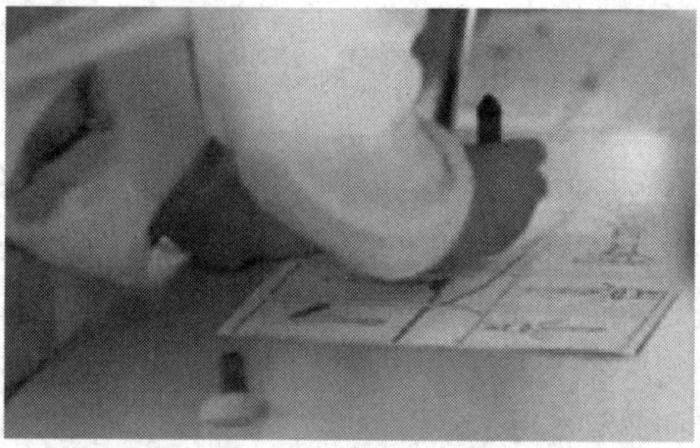

图4-2　借助手电筒观察影子的变化

指导语：现在有几支彩笔找不到自己的影子了，你们能帮帮它们吗？请小朋友在下面的黑框里找到它们的影子。

提问：谁想来给我们分享一下自己的记录结果？

小结：光从左边照，影子在右边；光从右边照，影子在左边。光照的方向与影子正好相反。

（五）影子造型，自由拼摆

1. 欣赏影子造型

指导语：小朋友们，我这里还有好多的影子造型呢，一起看一看，有什么新发现？

小结：原来我们的姿势不同，影子也会不同。

2. 影子造型秀

请幼儿分组进行影子造型的展示。

（六）总结延伸，主题升华

幼儿自由拼摆大小及造型不同的影子。

指导语：影子还有许多秘密呢。我们一起去阳光下踩影子，继续探索发现吧！

（济南市历下区锦屏幼儿园　张曾）

案例评析：

"会变化的影子"属于实验操作-交流讨论式科学讨论活动。与人们形影相随的影子是日常生活中常见的科学现象，幼儿对此已有了一定的感性经验，但是影子是怎么来的？为什么自己的影子有时长，有时短？幼儿对影子特征的了解是零散的。为此，教师精心设计了本次活动。整节活动一线贯穿，环节清晰，层层递进。通过影子游戏激发幼儿参与活动的兴趣，在愉快和谐的氛围中唤起幼儿的生活经验；幼儿以自身为实验对象，在实际操作、分组体验中，认真观察思考，感知影子与光线和物体的关系，在集体讨论、小组讨论等多种讨论形式中，调动起愿意跟大家分享自己的发现的意愿，幼儿大胆表述；教师为幼儿提供操作材料和记录的表格，使其有序、有效地进行探究。幼儿在玩一玩、看一看、试一试的过程中，提升经验、表达发现，真正实现了科学探究、解决问题、大胆表达等多方面能力的培养。

📖 **案例 4-3**

参观科技馆——参观调查-汇报交流式科学讨论活动
（大班）

一、设计意图

随着时代的进步，我们的身边及生活中出现了很多人工智能的科技产品，幼儿在日常生活中也有体验科技产品的经验，如使用智能学习机、门禁系统、智能音箱等。科技产品给我们的生活带来了许多的便利，但因人工智能技术较为抽象，因此本活动主要采用参观调查、探索操作、交流讨论等方式，使幼儿感受常见的科技产品的功能及其在生活中的应用，从而感受人工智能为生活带来的便捷和舒适，增强对人工智能等科技产品的探索兴趣，对祖国发明的科技产品产生自豪感。

神奇的科技产品-
导入环节

神奇的科技产品-
参观环节

二、活动目标

1）在交流互动、感受体验的学习过程中，增强对科学技术的学习兴趣。

2）了解科技产品在生活中的应用，感受科学技术给生活带来的便利。

3）在观察、实践、交流中，提高观察能力、团队合作能力、语言表达能力。

三、活动准备

1）提前预约好科技馆的参观时间、幼儿名单。

2）PPT 课件（对比图片、科技馆的图片、科技馆内部情况和重要展品的视频）。

3）记录纸、笔、手机或电话手表。

四、活动过程

（一）图片对比，引发讨论

教师出示古代没有科技产品（牛车、马车）和现代有科技产品的同类图片（高铁、飞机），引出主题。

幼儿仔细观察两幅图片的区别：不同时代的交通工具有什么不同？

教师请找到不同之处的幼儿表达自己的看法。

小结：不同的时代人们会借助不同的工具，当今社会科技产品的给人们的生活带来了很多改变，如交通更快速。

（二）提出调查内容，讨论调查方法

1. 确定调查内容

教师：除了交通上的变化，我们一起走进科技馆，看看科技馆里有哪些厉害的科技

产品。它们会做什么呢？

提问：请小朋友想一想，调查什么内容呢？（进入的哪个展馆，有哪些科技产品，它们的功能是什么，带给人们什么样的帮助，有什么缺点。）

2. 讨论调查记录方法

教师：这些调查内容通过什么方法记录呢？

引导幼儿可借助电话手表或手机进行拍照、录像，也可通过图画、符号的形式进行记录。

（三）实地参观科技馆（图4-3和图4-4）

1）提醒学前儿童注意安全。

2）调查并记录。

请小朋友想一想：你看到了什么？它们有什么本领？看到这些先进的科学技术，有什么感受？

图4-3　看到机器人

图4-4　会弹古筝的机器人

（四）分享与交流

1）小组交流讨论：你发现的智能机器人有什么样的本领？

可以画图、播放照片、分析视频等形式请幼儿代表交流分享讨论结果。

幼儿1：有一些智能机器人可以代替工人工作，它们生产的东西不容易出错，而且生产得很快。

幼儿2：有的智能机器人可以协助医生动手术，这些机器人做手术的时间短，而且成功率高。

幼儿3：在建筑工地，一些机器人可以搬运很重的东西，这样工人叔叔就不会那么辛苦了。

幼儿4：智能机器人还可以分析交通路况信息，为司机提供最适合的路线，避免拥堵和浪费时间。

幼儿5：有的机器人可以点餐，像服务员一样给人送餐。

小结：有一些机器人拥有灵活的手脚，可以帮助人们动手术、搬运物品；有一些机器人拥有能说会道的嘴巴，可以和人交流，提出好的建议。它们拥有人或者自然界某些生物的特征和功能，可以感受到周围世界的需求并且提供帮助，这就是人工智能。

2）幼儿讨论交流此次参观科技馆的感受。

幼儿1：这些人工智能机器人可以帮助人们做很多事情。

幼儿2：很发达，很神奇，很好玩。

幼儿3：我以后还想再来这里。

小结：通过参观科技馆，小朋友们肯定感受到了科技为我们生活带来的帮助，让我们今后一起发现科学、探索科学。

（济南市历下区锦屏幼儿园　梁娜娜）

案例评析：

该活动属于参观调查-汇报交流式科学讨论活动。幼儿去科技馆参观，了解人工智能的发展状况及应用，并通过表征的形式记录自己的发现；回到幼儿园后，在自己调查记录的基础上进行讨论，总结人工智能在各个领域中的应用，萌发对科技创新的兴趣和对国家科技发展的自豪感。在这个过程中，幼儿的观察、记录、表征起到了重要的作用，它既是一种调查记录，也是幼儿认识和情感抒发的表达方式。人工智能已经一步步走进我们的生活，更是点燃了幼儿深度思考的激情，一个拥有无限可能的科技梦想正在幼儿的心中生根萌芽。

在人工智能时代，教师将借助人工智能对教育活动实现改革与创新，让幼儿在操作和体验中感受人工智能给生活和学习带来的变化和影响。人工智能技术的有效运用有助于帮助幼儿掌握人工智能启蒙知识，发展幼儿的信息素养和科学探究精神。同时，教师更应该以幼儿的发展为前提，以幼儿的需求为根本，以幼儿的体验为基础，将人工智能运用到幼儿园的一日活动之中。

案例 4-4

种子的旅行——收集资料-共同分享式科学讨论活动
（大班）

一、活动目标

1）探索学习不同的种子有不同的传播方式，萌发探索植物种子奥秘的兴趣。

2）初步了解种子的几种传播方式并进行简单分类。

3）初步感知生命教育，激发关注成长、提高责任的意识。

二、活动准备

1）《种子的旅行》课件。

2）种子的旅行记录表及种子图片各三套。

3）绘本、平板电脑。

4）提前丰富种子旅行的相关经验。

三、活动过程

（一）出示图片，引入主题

观看图片，提出问题："这是什么？""你们知道种子的旅行方式吗？"

幼儿交流讨论，鼓励幼儿大胆猜测、表达。

（二）自主学习收集的素材，理解不同的传播方式

1. 问题引导，自主学习

幼儿借助绘本、平板电脑、图片，自主探索种子不同的传播方式。

2. 借助课件，理解不同的传播方式

"你们发现了哪些旅行方式呀？"师幼共同交流。

1）借助风力旅行。

幼儿观看蒲公英旅行的视频，模仿蒲公英飞行的动作；分享发现。

2）依靠自身力量旅行。

幼儿观看豌豆旅行的视频，模仿豌豆旅行；分享豌豆种子的旅行方式。

3）借助人和动物旅行的种子：苍耳。

4）借助水力旅行的种子：莲子。

师幼共同发现了借助风力、依靠自身力量、借助人和动物、借助水力四种旅行方式。

（三）寻找伙伴，深化理解

1. 分组操作，寻找种子的旅行伙伴（图4-5）

幼儿尝试分类操作，将准备好的种子图片分类粘贴在记录表上，帮助这四种种子找到相同旅行方式的小伙伴。

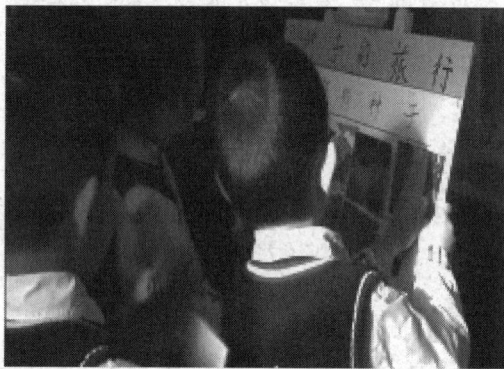

图4-5　粘贴种子的旅行方式

2. 交流分享，理解种子的旅行方式

师幼在说说、玩玩、找找中理解：借助风力旅行的有蒲公英、柳树和芦苇的种子；依靠自身力量旅行的有豌豆、黄豆、喷瓜和凤仙花的种子；借助人和动物旅行的有苍耳、樱桃、鬼针草的种子；借助水力旅行的有荷花、椰子和水葫芦的种子。

3. 小组纠错，巩固运用

幼儿根据对以上种子的了解调整记录表上的图片，纠正分类结果。

（四）竞答游戏，巩固认识

转盘抢答游戏（图4-6）：转动转盘，随机停下，指针指到哪种旅行方式，幼儿快速说出相应旅行方式的种子名称，并用动作表现。

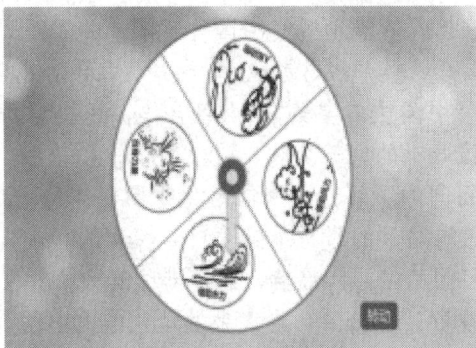

图4-6 转盘抢答游戏

种子的旅行-转盘
游戏

（五）观看视频，渗透生命教育

1）幼儿观看种子生根发芽的视频，自然渗透生命教育。

2）活动延伸：和爸爸妈妈上网查找资料，到区域里阅读更多图书，到大自然去发现、探索更多种子的秘密。

（山东省第二实验幼儿园 展召迪）

案例评析：

"种子的旅行"属于收集资料-共同分享式科学讨论活动。幼儿对种子的传播只是感性的、模糊的记忆，幼儿事先在成人的帮助下借助绘本、图片、平板电脑等多种方式搜集一些有关种子如何传播的资料，初步了解种子有不同的传播方式，教师采用互动交流讨论、课件展示、游戏模仿等方法引导幼儿发现并梳理种子借助风力、借助水力、借助人和动物、依靠自身力量四种旅行方式。在这个过程中，幼儿积极主动地思考、勇于表达自己的想法，参与积极性比较高；在已有经验的基础上，大胆推断、猜想其他种子的传播方式，并积极尝试分类。师幼在说说、看看、玩玩、找找中理解，自然拓展经验，并积极调整、纠正自己的分类结果，巩固运用习得经验，同时借助信息技术手段玩转盘游戏，以多种方式巩固认知。最后利用视频，让幼儿了解种子生根发芽的过程，自然渗透生命教育，使其关注成长，激发其保护植物的自我责任感。

案例 4-5

一起去旅游——个别探究-集中研讨式科学讨论活动

（大班）

一、设计意图

俗话说："读万卷书，行万里路。"在幼儿的成长过程中，旅游能为幼儿营造轻松愉悦的氛围，获得直接体验，还可以增长见识、探索尝试、开阔视野、增进情感，对幼儿的成长和发展具有积极的影响。假期中，很多幼儿有了外出旅游的经验，假期过后回到幼儿园，幼儿之间的交流也会围绕假期旅游这一话题进行。基于幼儿的已有经验和兴趣，教师组织开展本次讨论活动。首先，通过"私密进行"收集幼儿旅游照片的方式，特意制造惊喜，以此激发幼儿回忆和亲人、好朋友一起旅游的快乐经历，并乐于分享给同伴。

其次，通过卫星地图，让幼儿直观地感受祖国的辽阔，并了解同一时间、不同地点的温度有很大差异，培养幼儿的观察力和思考能力。再次，引导幼儿自主成立"小小旅游团"，通过自制的、能互动的"中国旅游宝典"，小组合作，用投票、举手等方式共同商定，选取感兴趣的城市，对该城市的天气变化、自然特征、动植物、特产美食等进行讨论，相互分享经验，增进对祖国的了解；利用信息化手段，体验一场"说走就走的旅行"，在自己查阅资料、设计旅游路线的过程中感受科学探索的兴趣，对科技的高速发展产生自豪感，同时升华热爱祖国的情感。最后，通过港珠澳大桥和文昌航天发射场两个新时代亮点，点燃幼儿"科技游"的热情，再次激发幼儿作为中国人的自豪感。

二、活动目标

1）体验旅游中发现、探索的快乐，萌发热爱祖国的情感。

2）能与同伴分享自己的探索发现，合作确定旅游路线。

3）了解同一时间、不同地点的温度有很大差异，感受祖国的辽阔。

三、活动准备

1）具备旅游的经验，了解中国的省份及部分省会城市。

2）PPT课件、视频、图片、幼儿旅游的照片。

四、活动过程

（一）照片分享，激趣引题

1）谈话导入，激发兴趣。

提问：孩子们，你们喜欢旅游吗？旅游时的心情怎么样？

2）出示幼儿旅游照片，回忆旅游经历。

教师：接下来，有一个小小的惊喜要送给你们。3——2——1，睁开眼睛，快看看自己在哪儿？

幼儿与同伴交流讨论，分享自己的旅行经历和发现，教师鼓励幼儿大胆表达自己的想法。

小结：和家人、朋友一起旅游真开心。逛景点，欣赏美景，吃美食，发现很多之前不知道的事情，真是一场愉快的旅行。

3）出示中国地图并逐渐放大地图，初步感受祖国之大。

指导语：接下来我们一起周游中国吧！

（二）拓展认知，感受辽阔

1）课件互动，探索了解祖国旅游特色地、天气变化、自然特征、植被特点、特产美食等。

第一站哈尔滨—第二站海南—第三站内蒙古—第四站新疆。

2）播放视频，了解祖国的地大物博。

哈尔滨：冬天寒冷且漫长，经常下雪，由于气温长时间在0℃以下，所以河流和湖泊会结上厚厚的冰。冰雕师们雕刻了很多有趣的造型，于是就产生了独特的自然现象——冰雕，有的冰雕还可以打滑梯呢。当气温降到-20℃左右，有时候还会有更神奇的雾凇现象，非常壮观、漂亮，这是因为水汽在树枝上凝结成了雪花。

海南：一年四季温度差别不大，一般在25℃，比较温暖。海南岛上有神奇的原始森林，有黑冠长臂猿、海南坡鹿等珍稀动物。小朋友们可以在宽阔的沙滩上做游戏，还可以看一看海底世界美丽的珊瑚。

内蒙古：拥有广阔的草原，春天可以骑马，夏天可以欣赏碧绿的草原，秋天可以采摘丰收了的红红的苹果、黄澄澄的鸭梨、橘红色的柿子，冬天可以欣赏洁白的雪花。在内蒙古，人们可以住在蒙古包，喝香甜的奶茶，吃手扒肉，听马头琴演奏的音乐。

新疆：新疆的自然景观很迷人，有赛里木湖、天山天池、那拉提草原等。美食很丰富，有葡萄、哈密瓜、库尔勒香梨、羊肉串等。新疆棉花质量非常好，其产量占全国棉花产量的绝大部分。

提问：最让你心动的是什么？（景色、景观、特产……）

小结：我们的祖国地大物博，同一个时间里有的地方已经是冬天了，但是有的地方还过着夏天呢。

3）出示中国地图，再次感受祖国的辽阔。

指导语：刚刚咱们又去了很多地方，数都数不过来了。祖国真是太大了，那么咱们继续出发吧。

衔接语：接下来咱们就成立一个小小旅行团，一起为假期设计一条旅行路线吧！

规则：6个小朋友为一组，大家共同商定3个小组都认为很好而且值得去旅游的地方，最后推选一人来做大家的小导游，讲解你们的旅游路线。

（三）小组合作，确定路线

1）成立小小旅游团，小组合作共同确定旅游路线（图4-7）。

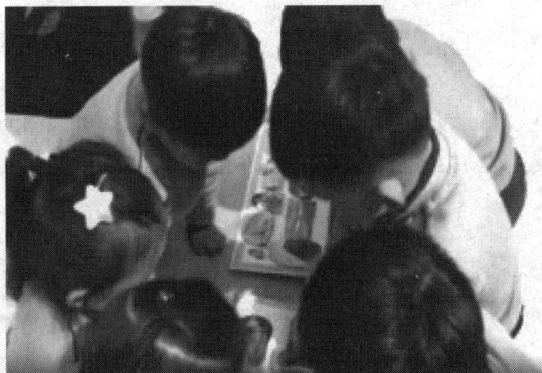

图4-7 小组合作确定旅游路线

2）分享路线特色，丰富经验。

提问：你们选择了哪里？用什么办法确定的路线？

幼儿热烈讨论，教师鼓励大家积极发表自己的想法。

小结：你们都是爱观察、爱探索、爱生活、爱祖国的孩子。心动不如行动，让我们来一场说走就走的旅行吧，享受旅游带来的快乐和放松。

（四）体验游戏，梳理提升

游戏规则：听到城市的名字，快速说出著名的景点、自然特征或者特产美食。

（五）视野拓展，升华情感

1）出示港珠澳大桥图片。

提问：看了这个桥你觉得怎么样？

小结：港珠澳大桥是一座连着香港、珠海和澳门的桥梁，非常壮观。它是一个施工难度非常大的跨海桥梁项目，是全世界最长的跨海大桥，中国又多了一个世界之最。

2）播放火箭发射的视频。

小结：这就是咱们中国的文昌航天发射场。告诉你们一个好消息，像这样的航天发射场咱们也可以去旅游参观啦！

教师：旅游不只是可以发现和探索自己不知道的事情，我们可以让它变得更有意义，我们回到班里设计以科技为主题的旅游路线，一起再去开启一场科技探索之旅吧！

（济南市历下区第三实验幼儿园　徐苏）

案例评析：

本活动属于个别探究-集中研讨式科学讨论活动。班级中多数幼儿具有旅游的经验，他们在与家人一起旅游的过程中，对当地生态环境、风土人情、特产特色有了一定理解，开学后又进行集体研讨，大家不同的观点得到相互"碰撞"。本活动贴近幼儿生活，活动内容和环节的设计深受幼儿的喜爱。本活动注重信息技术和传统实物教具的有机结合，通过地图带领小朋友走进不同城市，借助视频的形式，激发幼儿的参与积极性，再次激起幼儿对天气变化、自然环境、特产资源等方面的回顾。在操作自制教具"中国旅游"宝典过程中，幼儿与同伴讨论交流，互相分享，观察力和思考能力也得到了提升。这种将科学教育与旅游结合的教学方法能给幼儿带来更丰富的学习体验，促进他们的全面发展。

任务实训

到幼儿园观摩一个科学讨论活动或者观看一个幼儿园科学讨论活动视频，并对教师指导策略的适宜性进行分析。

拓展阅读

"探究-研讨"教学法及其对学前儿童科学教育的启示

"探究-研讨"教学法是美国哈佛大学的布伦达·兰斯当（Brenda Lansdown）教授经过多年理论与实践研究之后提出的小学科学教育的方法体系。

一、"探究-研讨"教学法的基本观点

"探究-研讨"教学法强调具有终身价值的科学教育目标。为实现这样的目标，教师的角色与作用、教与学的方式都应促进幼儿亲身经历探究与发展的过程。

（一）科学教育的最终目标

科学教育的最终目标要使幼儿获得终身受用的方式、方法。

学校应该使幼儿的学习欲望、创造欲望、发现欲望、把对世界的片段认识逐步形成新的总体认识的愿望、得到支持的愿望，都得到促进、强化和发展。

（二）教师、教与学教师

教学可以看成是提供特定情境来培育幼儿的一种措施。学习是在学习者自身内部发生的过程，学习者卷入越深，就越有动力，也越能积极地和这一过程合作。

因此，教师就成了这样的设计师，他们把学校变成提供这种经历的活动中心，变成内容丰富的环境。在这里，未来的公民和未来的科学家们可以发现客观事物间的各种关系和联系；在思想上建立起解释这些关系和联系的模型，发现对各种现象的理解。教师扮演助产士的角色，为幼儿的"学习科学"进行接生。

（三）经历与发现意义

1）经历是发现意义的中心环节。

2）材料引起经历。

3）幼儿的发现。

布伦达等所主张的发现就是"解决问题"，使幼儿处于有结构的材料之中，接着在讨论会上讨论这种发现，创造一种新的学习环境，非常像传递一种新信息的新手段。

（四）交流与研讨的作用

集体研讨，对于每个用自己的话表达了自己想法的幼儿都产生意义；通过提供对几个人的具体化的思想有用的词语和说法鼓励意义的发展；并且给予新的机会，帮助幼儿听到自己的话，让那些意识到自己所说的话没有传达出自己的意思的幼儿改变或澄清自己的说法。由于幼儿在研讨中常常表达出内在的相似之处，同伴之间可以相互修正、补充或强化，从而丰富幼儿发现的意义。

在讨论中那些很少发言或根本没有发言的幼儿有作用吗？布伦达给我们的回答是肯定的。他们虽然没有说话，但他们在听的时候肯定也在思考，并且在思考同伴的谈论。幼儿在讨论会上听别人讲话时所进行的思维，类似于成人默默地思考某个问题的思维。

集体研讨的作用可以归纳为以下几个方面。

1）使感觉更敏锐。

2）从幼儿的集体观察和用自己的语言表达交流观察到的情况之中引出矛盾事件。

3）使内在的相似之处得以被发现和陈述出来。

4）建立起解释模型。

5）提出新的问题从而激发进一步的探索研究。

6）使潜在的学习成为现实，使前语言和前意识的经历经过有意识的探究而成为意识。

7）使学习能动地由具体向抽象运动。

8）使思维和语言互相结合而丰富了思想。

集体研讨的作用在于语言和思维的相互作用。它使幼儿从学习的"此岸"（用材料进行作业之后）达到能用自己的语言有条理地解释现象的"彼岸"。

（五）评价

进行评价所需要的资料可以归纳为以下三个主要方面。

1）探求概念的能力（即向较高概念水平发展的能力）。

2）已达到的概念水平。

3）学习态度和方法的等级。

二、"探究-研讨"教学法对学前儿童科学教育的启示

我们从布伦达"探究-研讨"教学法中获得了许多有益的启示，其中，最主要的是以下三个方面。

（一）科学教育要使幼儿终身受益

通过科学教育，首先要培养幼儿对自然科学的兴趣，对探索周围世界的兴趣，进而培养幼儿对学习的兴趣和热爱。还要培养幼儿利用已有的知识解决面临的新矛盾、新问题的能力。

（二）教师的作用在于支持和促进幼儿的学习

教师的作用不再是浇灌，而是支持和促进幼儿的学习，通过提供结构化的材料，引导幼儿在短时间内发现科学家已知的东西。

1）为幼儿提供结构化的材料。

2）鼓励幼儿经历探究发现过程。

3）注重交流对经验概括的作用。

（三）评价注重幼儿探究过程中的言行

布伦达告诉我们，了解和评价幼儿的最好方式是看和听。我们要仔细看和认真听幼儿在探究和研讨过程中做了什么，说了什么。最好是原原本本、逐字逐句地记录下来，并由此分析判断幼儿探究概念的能力、已达到的水平、学习态度和方法等方面的水平。

综合实训

1. 科学讨论活动对幼儿学习科学有何帮助？

2. 如何设计学前儿童科学讨论活动？

3. 学前儿童科学讨论活动有哪些组织策略？

4. 学前儿童科学讨论活动有哪些指导策略？

项目五
学前儿童科学游戏活动

学习目标

- 了解儿童科学游戏的概念和价值。
- 了解儿童科学游戏的主要分类。
- 掌握儿童科学游戏活动的设计及组织。

案例引导

今天是托班幼儿第一次玩风车，从幼儿的表情中就可以看到他们的喜悦之情。吃过点心，萌萌率先跑过去拿起一个风车，对着风车使劲吹气（因为年龄小，她不会集中力量朝一个方向吹，只会用牙齿咬住下嘴唇呼气，发出"噗噗"的声音），风车纹丝不动。看来萌萌有让风车转动的经验，但是还没有掌握吹气的方法。子妍也赶了过来，用手拨动着风车说："这样就动了。"于是他们便不停地拨弄风车，而且越拨越快。萌萌高兴地原地转圈，这是她最喜欢的庆祝动作。当她拿着风车转圈时，惊讶地发现："裙子转了，风车也转了！"子妍看了后，也学着萌萌的样子玩起来。子妍不会像萌萌那样转圈，只能张开手臂，小碎步地转动身体。由于子妍转圈的速度慢，风车也转得慢，萌萌见后一边拍手一边说："我的好！我的好！我的会呼呼呼地转起来！"这时，萌萌看见另一个幼儿也来了，她就跑过去迎接，一边跑一边欣喜地叫了起来："快看呀！又转了！又转了！"幼儿纷纷模仿着边跑边转动风车，跑了一次又一次，沉浸在风车转动的快乐之中……

想一想

在这个案例中，幼儿通过什么途径获得了风车转动的科学知识？你能从案例中概括出幼儿科学游戏的特点吗？

从案例引导中不难看出这场关于风车转转转的科学游戏是幼儿自发进行的探究活动，幼儿在反复的尝试中逐渐掌握了用嘴吹气使风车转动的方法，探索不同的方法让风车转动，如借助拨动、身体的旋转、奔跑等让风车转起来，幼儿在这一过程中是愉悦的、积极的。

任务一　初步认识学前儿童科学游戏

一、了解科学游戏的内涵

（一）游戏的特点

游戏作为幼儿期自发出现的行为模式，主要是为了满足幼儿个体的生理和心理需要。

游戏具有四个特点：内部动机、自我控制、心理愉悦、简单重复。

1）内部动机：完全是幼儿自主选择发起并参与的活动，是出于"好玩"引发的内在动机。

2）自我控制：在游戏过程中，幼儿可以根据自己的兴趣和需求选择游戏的内容、方式、材料、工具和时间，以及游戏的伙伴和空间等。

3）心理愉悦：幼儿在没有特定目标的游戏中，不断获得积极的情绪体验和成就感。

4）简单重复：幼儿在游戏中的操作往往不是尝试性的、探索性的，而是重复性的，并能在简单的重复中不断寻找乐趣。

游戏中有动作、有情节、有玩具和游戏材料，符合幼儿认知的特点，能唤起幼儿的兴趣和注意力，激发幼儿积极的感知、观察、注意、记忆、思维、想象等，在轻松愉快的氛围中促进幼儿的发展。由此可见，游戏作为一种教育内容和方式，带有一定的计划性和目的性，通过不同的游戏形式和规则，激发幼儿的兴趣，帮助幼儿在与周围事物的互动中掌握新的知识和技能，获得身心的愉悦感和满足感，对幼儿的可持续发展具有十分重要的作用。

（二）科学游戏的概念

科学游戏是科学教育的途径之一，是以科学知识为载体，以游戏为基本形式，通过解决问题，让幼儿在与周围事物的互动中，观察科学现象、理解科学知识，从而培养幼儿的科学兴趣、高阶思维和创造能力。

科学游戏是指运用自然界的物质材料，包括水、石、沙、土、竹、木、树叶、贝壳等，以及有关的科技产品、玩具、图片等物品，把科学的现象和知识寓教于游戏之中，幼儿通过带有游戏性质的科学操作活动，获得有关自然物质材料和科技产品的特性和功能的具体经验，进行科学启蒙教育的一种方法。简言之，科学游戏就是能够让幼儿获得科学关键经验的游戏活动。

例如，"猜猜它是谁？"这个游戏，游戏玩法是让一名幼儿抽取一张动物的图片，不告诉其他幼儿是什么小动物，让其他幼儿向该幼儿提出各种各样的问题来验证自己的猜想，如"它是生活在水里吗""有几只脚""它的耳朵是大大的吗"，根据线索，最终猜出这个动物的名称。在这个游戏中，隐含了关于动物的许多知识，让幼儿在一种轻松、愉快、充满挑战的游戏规则中学习动物的相关知识。

（三）科学探索与科学游戏

1. 科学探索与科学游戏的区别

幼儿在科学游戏中的操作往往不是尝试性的、探索性的，而是重复性的动作，常常满足于简单的重复。幼儿在教学活动中的学习（即科学探索）和游戏活动（这里仅指科学游戏）都是幼儿学习科学的活动，但两者之间是有区别的，如表 5-1 所示。

表 5-1　科学探索与科学游戏的区别

学习方式	科学探索	科学游戏
学习动机	聚焦问题，有明确的任务或目的，围绕问题进行探索活动	没有明确的要完成的科学探究任务，因为有趣的科学想象而形成的一种游戏形式
学习方式	主客体的相互作用以"顺应"占主导，即幼儿努力改变自身已有的认知结构（或行为模式）以适应外部环境。幼儿带着问题和目标进行可操作性的科学实验、科学探究活动，旨在发现和理解现象之间的关系或解决问题	主客体的相互作用以"同化"占主导，即幼儿将外部环境的信息简单地同化到自身已有的或正在形成的认知结构（或行为模式）中。在重复的游戏体验中，逐渐发现问题、了解科学现象，尝试解决问题，获得科学游戏后的愉悦感和获得感
学习结果	通常是获得新发现，掌握新知识	通常是巩固已有科学现象的认识，但也可能从中激发、生成新的问题

2. 科学探索与科学游戏之间的联系

科学探索和科学游戏也有共同之处。二者都是幼儿和周围事物直接相互作用的过程，是以幼儿为主体的活动。无论是科学游戏还是科学探索活动，都会蕴含幼儿感兴趣的科学现象，蕴含一定的科学知识。

科学探索和科学游戏在幼儿的实际活动过程中常常是相互转化的。有时幼儿的科学游戏活动会引发有目的的科学探索活动。当幼儿不能将外部信息同化于自身已有的认知结构时，必定要在一定程度上改变自己的认知结构，如幼儿在玩水时，把不同的东西放入水中，起初可能是纯粹的游戏，觉得有的东西沉下去，有的东西浮起来很好玩，可是幼儿在不断尝试的过程中就会产生疑惑："什么东西放在水中会沉下去？什么东西会浮起来？"这时幼儿就从游戏性的活动自然地转向探索性活动了。

反之，科学探索活动也会转化成游戏活动。当幼儿以问题为导向进行预测，通过动手操作、积极探索得出解决问题的办法或结论时；当问题难以解决以致幼儿难以为继时，幼儿往往就会沉浸在游戏的活动之中。例如，在秋天，大自然中的树叶都发生了不同的变化，中班幼儿在探究过程中，通过对落叶的形状、大小、颜色等进行比较，了解了树叶在季节中的变化，感受生命的周而复始。在科学探究过程中，幼儿自发地将不同的树叶拿到表演区用来装扮背景或变成角色的道具，拿到美工区用画笔描绘不同树叶的轮廓，在植物角制作树叶标本，甚至到户外玩树叶飘飘的游戏。此时，关于树叶的科学探究活动就演变成了树叶游戏活动。

因此，科学探索和科学游戏只是理论上的分类，在科学教育实践的多领域融合中，教师往往不会刻意将两种不同的学习方式割裂开来，也就没有纯粹的科学探索或科学游戏活动存在。幼儿的科学学习存在于游戏和探索之间，我们无法绝对区分这两种活动，因为幼儿总是不断地游离于"同化"和"顺应"两极之间。纯粹的"同化"是没有意义的，而纯粹的"顺应"也是无法实现的，它们之间必须保持必要的张力。游戏的价值正在于，它能够使幼儿在一种轻松、没有压力的状态下学习科学，幼儿丝毫不会感觉到学习的任务和负担，几乎是在完全放松的心态中接触科学的事物，这种学习状态完全不同于有明确问题指向的科学探索活动，但却是科学探索活动的前提保证和必要补充。游戏状态类似于科学探索中的"瞎忙"状态，尽管是一种无目的的状态，却往往是科学问题的孕育者，它使幼儿在一种轻松的状态中走向科学探索之路。

二、认识科学游戏的价值

《幼儿园教育指导纲要（试行）》指出，幼儿园教育应尊重幼儿的人格和权利，尊重幼儿身心发展的规律和学习特点，以游戏为基本活动，保教并重，关注个别差异，促进每个幼儿富有个性的发展。这充分肯定了游戏的教育价值，并确定了游戏是幼儿园基本活动的地位，对幼儿园科学教育的开展也具有重要意义。

幼儿园科学游戏的教育意义重大，不仅有助于提升幼儿的科学探究能力、表征能力、社会交往能力，还能够锻炼幼儿的团队协作能力、想象力和创造力。

（一）提升幼儿科学探究的能力

科学游戏能够通过游戏的趣味性吸引幼儿的注意力，激发他们对科学的兴趣。相比于传统的教学方式，科学游戏更易于引发幼儿的参与性和主动性，提高学习内生动力。科学游戏注重幼儿的动手能力和探究能力，通过在实践环节中让幼儿动手操作、亲身体验科学原理和现象，培养幼儿的观察、比较、分析等科学探究能力。

例如，通过科学游戏"有趣的平衡鸟"，幼儿能够从游戏中不断重复、调整方法，找到小鸟嘴尖稳定在木棍上的方法，从而理解"平衡"这一核心概念；通过体验多种和平衡有关的游戏，如走独木桥、好玩的跷跷板等，体会平衡带来的乐趣。

（二）增强幼儿想象力和创造力

有趣的科学游戏为幼儿营造了一个轻松、自由的探索空间，通过游戏，引导幼儿在过程中正确理解科学知识，并利用科学现象创生更加有趣和丰富的游戏玩法，给幼儿不断带来新的游戏体验。

例如，绘本故事《变色龙卡罗》讲述了卡罗通过自己的小实验帮助森林里其他动物改变身体颜色的故事，引发了幼儿对颜色的兴趣。教师抓住这一教育契机，生成了科学游戏"颜色变变变"，让幼儿在认识红、黄、蓝三原色的基础上，通过观察两种不同的颜色混合后会变出新颜色的现象，大胆猜想不同颜色混合在一起会发生什么样的变化。在这一游戏过程中，幼儿不仅加深了对颜色的认识，而且激发了对周围有颜色事物的好奇心和求知欲，感受到了颜色的神奇之处。

（三）丰富幼儿表征能力和社会交往能力

在科学游戏中，幼儿会在科学游戏的现象、规则、问题、方法等方面产生自己的想法，并希望能够通过表情、动作、语言、绘画等方式与同伴进行分享并获得回应。因此，教师在游戏过程中不仅要为幼儿提供互动交往、交流分享的机会，也要注意观察和记录幼儿的行为，根据幼儿的需求和遇到的困难及时给予必要的支持和引导，帮助幼儿的科学游戏向原有经验的更高水平发展，使游戏由平行向多人合作发展。

例如，冬天来了，在"最美的冰花"游戏活动中，幼儿把自己喜欢的多种材料放在水中，感知水从液体在低温下变成固体的有趣现象。在冰花的户外展示过程中，幼儿之间相互交流自己的制作方法，分时段进行观察并记录在一天不同温度下，冰花发生了怎样的变化。在教师与幼儿、幼儿与幼儿交流中，幼儿习得了融化、温度、固态等科学专业的语言，结合真实的现象，了解了专业语言的意义。

（四）锻炼幼儿团队协作能力

有效的科学游戏能够提升幼儿的社会交往能力，教师应引导幼儿参加集体或者小组合作的游戏活动。在游戏中，幼儿之间需要互相沟通、分工合作共同找到解决问题的办法。在这一过程中，幼儿的团队意识以及合作精神得到了提升。例如，利用"小动物躲猫猫"的科学游戏，教师创设森林的游戏环境，将动物图片放在营造的环境中，让幼儿分小组，在音乐律动结束后快速找到小动物，并将它们放进自己的小木桶中，哪一组找的最多哪一组获得胜利。幼儿在游戏中，不仅了解了动物适应环境保护自己的方法，感受了大自然的神奇，还通过小组游戏体验了合作完成任务的乐趣，提升了幼儿的协作能力。

案例 5-1

玩 转 泡 泡
（小班）

又是崭新的一天，小一班的小朋友迎着温暖的太阳陆续走进活动室，他们有的在图书区看书，有的在观察班级中的绿植和小鱼，还有的在帮助老师进行餐前准备……源源也想帮忙，于是跑到盥洗室认真地使用七步洗手法洗手，嘴里还不自觉地念着："两个好朋友，手碰手。你背背我，我背背你。来了一只小螃蟹，小螃蟹。举起两只大钳子，大钳子。我跟螃蟹点点头，点点头。螃蟹跟我握握手，握握手。"一旁刷牙的乐乐听了也想加入他的儿歌中，没重复几句，乐乐就从镜子中发现自己的嘴巴里竟然吹出了泡泡。源源可高兴坏了，用小手戳破了泡泡。乐乐就接着念儿歌，又吹出了泡泡，一个接一个……思思站在一旁自信地说："看我的！我不用嘴巴也能吹出泡泡！"思思在源源旁边，往手上挤了洗手液，两只小手不停地在一起揉搓，一会儿，小拳头微微一分开，一个透明的东西出现了。他把手抬起来，用嘴一吹，源源叫道："泡泡！泡泡！"这吸引了更多的小朋友，大家都加入了刷牙、洗手的活动中。

看到不少小朋友对泡泡感兴趣，老师也抓住了这一学习契机，第二天就在区域中准备了玩泡泡的材料，有常见的泡泡液，还有吹泡泡的工具，就连做饭的漏勺、吸管等也都成了尝试吹泡泡的工具。小朋友们不断地尝试使用工具吹泡泡。

乐乐："我吹的泡泡最大！"

西西："我的怎么吹不出泡泡？"

源源："我一下子能吹出许多的泡泡！"

为了让孩子们能在更广阔的空间中和泡泡一起做游戏，老师把泡泡游戏场搬到了户外，让小朋友们在户外自由地玩耍。

菲菲："咦？我还没有吹，就有泡泡出来了。"

思思："是因为有风的原因。"

雅雅："我转一圈就会有泡泡。"

…………

泡泡一会儿飞高，一会儿飞低，小朋友们转着、跳着，和泡泡在一起做游戏，直到老师拿出了电动泡泡机，无数的泡泡瞬间涌了出来。小朋友们高兴坏了，一场泡泡盛会开始了！

这次活动也给小朋友们留下了美好的回忆。

（济南市槐荫区第二实验幼儿园天琅园　赵冉）

案例评析：

从案例中可以看到，老师为幼儿创设了宽松的生活和学习环境。幼儿根据自己的实际需求有序地进行活动，幼儿的行为是被允许和被看见的，教师尊重幼儿的兴趣，并结合幼儿的年龄特点准备了丰富的玩具材料，引导幼儿在游戏中主动探究，丰富了幼儿的经验，做到了寓教于乐。

当幼儿了解了制作泡泡的材料和工具，能用多种感官或动作去探索物体，关注动作所产生的结果，基本熟练掌握了制造泡泡的技巧后，老师带领幼儿去户外，感受除了用嘴巴吹出泡泡，还可以通过什么方式去制造泡泡。幼儿在亲身体验和游戏中，发现了制造泡泡的方法和有趣的现象，从而对泡泡产生了较为持久的兴趣。

幼儿科学学习的核心是激发科学探究兴趣，亲身体验科学探究过程，发展初步的探究能力。因此，教师要善于发现和保护幼儿的好奇心，充分利用自然和实际生活机会，以游戏为基本活动，帮助幼儿不断积累经验。这个儿童科学游戏的案例让幼儿通过多种感官观察和感知泡泡，在小班幼儿心中种下了乐操作、乐探究的种子，有助于形成受益终身的学习态度和能力。

任务实训

案例 5-1 记录了教师与幼儿在一起玩泡泡的过程。请结合案例进行分析，幼儿通过什么途径体验泡泡给自己带来的乐趣，老师是怎样让幼儿对泡泡的探索在游戏中持续进行的。

任务二　熟悉科学游戏的类型

在幼儿科学教育实践中，科学游戏的内容是丰富的，形式是灵活多样的，教师既可以面向全体幼儿组织集体的科学游戏活动、小组活动，也可以将科学游戏材料或玩具放在区域中，让幼儿自主选择。根据科学游戏所利用的材料不同或游戏的作用不同，也可以划分出多种类型的游戏。

一、根据游戏发起者分类

（一）幼儿自发的科学游戏

幼儿自发的科学游戏是建立在自由自主的基础之上，利用周围的人、事、物进行的主动探究。关于主动学习，皮亚杰提到："关于学习能否加速儿童认知发展的问题，其关键在于学习活动是在成人教导下儿童被动地学习知识，还是儿童在其生活情景中自行探索，主动学到知识。"因此，科学教育的真正目的不是让幼儿学习丰富的科学知识，而是通过有趣的现象，刺激幼儿对科学的兴趣和探究的欲望。教师要为幼儿提供足够的科学游戏时间和环境，让幼儿的科学游戏自然而然地发生。

游戏通常是和有趣、有益、有挑战性的玩具联系在一起的。玩具作为幼儿游戏的物质基础和物质中心，是幼儿的亲密伙伴，它能丰富幼儿的生活，给幼儿带来无限快乐。玩具有着无穷的魅力和吸引力，能唤起幼儿的好奇心，启发他们去探索，进而发现玩具中所蕴含的科学奥秘，寓科学知识于玩具中，使幼儿在操作玩具、观察玩具和在游戏的过程中获取科学信息，懂得一些科学道理，并培养学科学、爱科学的积极态度。因此，玩具是向幼儿进行科学启蒙教育的重要工具之一。教师应借助科技玩具，有意识地向幼儿进行生活与科学技术的融合教育，以开阔幼儿的视野、启迪其智慧、激发其科学兴趣，进而获得生动、具体的科学知识经验。

（二）教师主导的科学游戏

这里提出的教师主导的科学游戏活动，并不是传统意义上教师为了让幼儿掌握某种科学知识和技能，利用游戏的方式进行强化的活动，而是包括两个方面：首先，教师要成为一个引导者、组织者、合作者和鼓励者；其次，教师要设计一个高质量的科学游戏活动，包含游戏主题、游戏目标、游戏准备、游戏玩法等。通过一个个科学小游戏，激发幼儿科学探究的主动性，让幼儿在观察、提问、预测、探索、交流分享的游戏活动中，体验科学探究的乐趣，初步获得科学探究的能力。这就要求教师要不断提高自身科学素质，灵活地扮演好游戏活动中的多种角色，引导幼儿走进科学的殿堂。

二、根据游戏材料分类

（一）利用实物的游戏

实物游戏是一种利用自然物等材料进行的游戏，是让幼儿在自由的操作过程中（有时也要借助一定的操作规则）获得有关科学经验的游戏。利用实物的游戏一般是幼儿的个别游戏，在游戏内容和游戏材料的提供上和区域活动类似，但教师干预指导较少。

例如，在益智区，为幼儿学习分类，教师提供给幼儿生活中常见的各种水果和蔬菜，结合水果、蔬菜分类游戏，让幼儿通过视觉或通过触觉来辨别、分类。

（二）利用科学玩具进行的游戏

利用科学玩具进行的游戏是指幼儿利用电控、声控、磁控或利用惯性等类的玩具进行游戏，将玩与探索结合起来，以获取科学经验，培养能力与兴趣。

以光学游戏为例，万花筒、三棱镜、放大镜、望远镜、潜望镜等都是好玩的光玩具，幼儿需要通过操作感受光的变化。教师只需把这些材料放在区域里，幼儿就可以按照自己的兴趣来选择玩具，教师不必提出什么问题和任务，只需让幼儿自由地去摆弄，教师做好观察和记录，为幼儿后续的探索提供必要的支持，就可能会演变成一个科学探索活动。

（三）口头游戏

口头游戏是在幼儿具有感性经验的基础上，脱离事物和图片，仅仅运用口头语言进行的游戏，一般在幼儿园中、大班进行。例如，用开火车的方式每人说一句"谁在水中游""谁在天上飞"等。也可以和幼儿一起讨论开一家超市需要准备什么，让幼儿口头分享自己的经验。这种游戏不需要大量辅助性的材料，简单易行，只要组织得当，幼儿照样兴趣盎然。

（四）利用图片的游戏

利用图片的游戏是一种利用反映科学内容的小图片进行的游戏。通常是在幼儿直接经验的基础上，利用图片帮助幼儿复习巩固科学知识，也可用于帮助幼儿了解事物的主要特征。

1. 配对游戏

把有相关科学内容的各种小图片分发给两个幼儿，双方持图片开始游戏：一人先出示一张图片，另一人出示与此内容相关的图片。例如，在"给小动物找尾巴"活动中，一人先拿出一张小动物的图片，另一人要找出相应的"尾巴"配上。配对的范围包括事物的名称、特征、功用、习性等。

2. 接龙游戏

把一张狭长的卡片对折分成相等的两部分，在两部分上各绘制两种物体的一半，物体的另一半绘制在上一张或下一张卡片上。每个幼儿拿着若干此类的卡片，相互寻找物体的另一半接上，这样依次接下去，可形成一条"长龙"。

另外，还可以按动植物生长发育的过程接成长龙。例如，在卡片上分别绘上卵、蝌蚪、长后腿、长前腿、尾巴退化、青蛙，让幼儿按顺序接上。也可以按动物的食物习性配对接龙，如熊猫吃竹、猫吃鱼、小鸡吃米等。或按归类接龙。还可以从许多物体中分成文具类、餐具类、玩具类等，并把同一类物体按大小排列成行。

3. 拼图游戏

把绘有科学内容的整幅图片分成若干部分，在游戏中请幼儿团结协作，将部分图片拼成整体。随着幼儿知识经验的丰富及心理发展水平的提高，拼法及画面可越来越复杂。幼儿园小班幼儿可将一幅图片分割成两部分，拼上即可；中班幼儿可将一幅图片分割成6～12块，画面也可复杂一些；大班幼儿可将两幅以上的图片按同样的规则分割成更多块，然后混在一起拼起来。例如，将春、夏两幅景色图片分开，混在一起，让大班幼儿分别拼好。

4. 看图识物游戏

这种游戏只要有图画即可，玩法简单方便，形式也可多样。例如，"找相同"游戏，是在一幅画着许多相似物体的画面上，让幼儿找出两个或几个完全相同的物体。幼儿大都喜欢玩计算机上的连连看游戏，往往玩起来就超过 20 分钟，这样，游戏的作用与长时间玩计算机而损害到孩子的健康相比，得不偿失。看图找相同游戏则可以取其利、避其害。还可以变化玩法，在重叠的画面上找出所有的动植物、生活用品等。另外，还可以只画出物体的局部，让幼儿通过局部来判断整体。

5. 看图辨物游戏

看图辨物游戏是有意在一幅画面上出现若干违反科学的错误，让幼儿通过观察、辨认，找出错误所在并用语言加以纠正。例如，出示一只画了四条腿的螃蟹；在冬季的画面上，池塘里游着小蝌蚪；电视机里有画面，却未插上电源插头等。这类游戏可根据幼儿的年龄，设置难易程度。对于年龄较小的幼儿，画面简单且错误明显；对于年龄较大的幼儿，不仅画面复杂，还可以加以时间上的限制。

6. 按图找物游戏

按图找物游戏是根据要求把相关的图片放在一起。例如，在"看谁找得快"游戏中，教师为幼儿准备四张分别表示春、夏、秋、冬四季的情景大图片，并分别放在活动室四角，幼儿每人拿若干张小图片（有西瓜、草莓、苹果、冬枣、电风扇、暖风机、四季不同的花卉、蔬菜、棉衣、手套、冰激凌、不同的树叶等），将手中的小图片分别粘贴在相应季节的大图片上。这类游戏要求幼儿运用已有的知识和经验，根据教师创设的情景，发现事物之间的关系和联系，做出决定，对幼儿巩固知识和发展智力有相当大的作用。

三、根据游戏价值分类

（一）感官性游戏

幼儿认识世界主要是依赖于感官系统对周围世界进行观察和探索，这是认识世界、探索世界的重要手段。感官性游戏正是让幼儿通过刺激味觉、触觉、嗅觉、视觉和听觉这五感以及运动、平衡和空间意识的活动，鼓励幼儿在游戏的过程中辨别不同事物的外观、结构、属性和功能，如挤压、咀嚼、奔跑、投掷、旋转等，让幼儿在轻松、愉悦的环境中学习，而每一次与外界事物的接触，都会在幼儿大脑中建立新的脑神经突起，促进大脑发育，不断重构与周围世界的联系。

例如，"百宝箱"（或"摸箱"）游戏是一种发展触摸觉的游戏，在纸箱上面开一个洞，里面放有不同材料的物品（积木、乒乓球、真丝面料、小毛巾、海绵、丝瓜瓤等），让幼儿通过手的触摸，结合自己的生活经验，判断触摸的物品是什么，在游戏中有效地将前期经验经过大脑分析进行判断，在答案揭晓时已有经验得到实际验证和巩固，也习得了其他的新经验。

又如，"找不同"游戏，主要发展幼儿的视觉，两张小狗（或其他同类物体）的图片分别在眼睛、鼻子、耳朵、爪子、尾巴部位有五处不同，请幼儿找出来，看似简单的游戏，对培养幼儿的专注力、观察比较能力等都有很大帮助。

感官性游戏可以分为味觉游戏、触觉游戏、嗅觉游戏、视觉游戏、听觉游戏、身体感知游戏和平衡游戏，如表 5-2 所示。

表 5-2　感官游戏的分类

类型	特点
味觉游戏	通过外界物质与口腔中的化学物接触后，产生刺激并做出反应
触摸游戏	借助外界物品对皮肤产生的挤压、冷热、光滑、粗糙、震动等刺激做出的反应，认识不同的事物
嗅觉游戏	通过鼻子感受不同的气味，在游戏中了解不同事物的气味特性
视觉游戏	运用眼睛发现事物、观察事物的特点，通过多种游戏形式将视觉图像传给大脑进行分析判断，并作出反应
听觉游戏	通过听觉辨别不同事物所发出的声音或改变事物的原有声音
身体感知游戏	通过游戏中感受身体肌肉的拉伸和关节的压力，感受自己的身体处在哪里，以及四肢和身体的关联
平衡游戏	通过游戏刺激内耳的前庭系统感受身体位置与重力的关系

例如，"伪装小路"是一个运用视觉的游戏。游戏时，教师选择一条十余米的小径，在沿途离小径一米左右的范围摆放或悬挂一些人造物品，看幼儿能找出多少（找到后和大家分享，自己一共发现了几件物品）。所藏物品在十个左右，选一部分比较好找的和不易被发现的物品，对没有找出来的可让幼儿再找一遍。

又如，"辨声音"是聆听大自然声响的听觉游戏。在树林里或草地上，让幼儿安静下来，闭上眼睛，双手握拳举向空中，只要听到一种鸟叫（也可选择自然界的其他任何声音——风声、落叶声、水流声等）就伸出一根手指，看谁的反应最快。无论是了解自然的声音还是感受自然的宁静，这都是一个好办法。

再如，"我的树"是调动触觉和嗅觉的游戏，至少要两个幼儿一起玩。游戏开始，一个幼儿戴上眼罩，另一个幼儿带他走过一段曲折的路，来到一棵为他选择的树前，让他感受这棵树的与众不同之处，让他抱拢树干感知树的粗细，帮他把手放到有疤痕或有苔藓的地方等去感知光滑与粗糙，把树叶或花果放到他的鼻子前让他感知气味等。当他完成了探索，就把他迁回带到出发地并帮他摘掉眼罩，让他睁开眼去找刚刚摸过的那棵树。他一定会发现，每一棵树都有其独特之处。

（二）情景性游戏

情景性游戏是教师根据一定的意图，以图画、玩具等替代物及音乐等各种手段设计出特定的场景，让幼儿设想身临其境进行游戏。例如，"风和树叶"就是一个更多的带有表演性或表现性的游戏。一个幼儿扮演"风"，其他幼儿扮演"树叶"。"树叶"分散地蹲在场地上，风说："起风了！"树叶慢慢飘起来。"风"发出"呼——"的声音说："风大了！""树叶"围着"风"创造性地表现，如快速地跑、转等。一会儿"风小了"，"树叶"围着"风"慢慢地走、跑、转等，直到"风停了"，"树叶"蹲在地上又回到了大地妈妈的怀抱里。在这个游戏中，幼儿不仅可以了解有关风和树叶的科学知识，而且可以获得无穷的乐趣。

为此，教师要尤为重视幼儿园班级环境、公共环境以及社会环境对幼儿科学教育的影响，要为幼儿提供科学游戏的环境和材料。让幼儿在观察、思考中发现事物之间的具体联系，让幼儿运用已有的知识经验反映、再现或表现他们对事物的认识，或运用已有的知识经验处理特定情景下遇到的问题。当然，有的情景性游戏本身就带有角色扮演或解决问题的性质。例如，在"山顶救火"游戏中，教师布置了一个小山情景，山顶熊熊燃烧的火焰是用一簇簇的红布做成，以"山顶着火了怎么办"为需要解决的问题，让幼儿扮演小小消防员，利用水源、管道、支架、小铲子、沙漏等材料和工具，引导幼儿多人合作完成把水从山下输送到山顶灭火的任务。

（三）操作性游戏

操作性科学游戏是通过给幼儿提供实际可操作的玩具或材料，让幼儿在自由的操作过程中（有时也要借助一定的操作规则）获得有关科学经验的游戏。

操作性游戏一般是幼儿的个别化游戏，教师在活动室的科学区根据科学内容投放丰富的材料，让幼儿自主操作。还有一种操作游戏着眼于给幼儿提供逻辑经验，包括分类游戏、配对游戏和排列游戏。

1. 分类游戏

分类游戏是幼儿根据自然物的相似点和不同点进行区别分类的游戏。这类游戏可以是从许多自然物中挑出一种相同的东西，如从多只猴子、一只老虎、一头狮子等动物中把猴子挑选出来；或从许多物体中挑出有同一属性的物体，如从许多树叶中把红色的树叶都挑出来；也可以将自然物或人造物根据某一属性进行分类，如把坚硬的石子、积木等物品和软的海绵、毛巾等物品分成两类；还可以将物体按同类性质进行分类，如把水果和蔬菜、飞禽和走兽、水生动物和陆地动物、能在水中漂浮的和会下沉的、能被磁铁吸引的和不能被吸引的进行分类。

2. 配对游戏

配对游戏是根据物体与物体之间的相同关系、相关关系、从属关系进行匹配的游戏。如实物与图片配对，幼儿手中拿着一个玉米，教师要求其在几个果实图片中找出玉米图片与手中的玉米配对。

3. 排列游戏

排列游戏是按照各种自然材料（如树叶、石子、贝壳、坚果等）的外形、大小、颜色、长短、轻重等有顺序地进行排列。例如，在光学游戏"小动物变多了"中，幼儿把两块大小相同的长方形镜子的镜面相对，并整齐地叠在一起，用胶布把两块镜子的一边粘在一起，做成可开可合状。然后，把镜子直立于桌子上，将两块镜子打开，将小物体正对着镜面摆放，镜中就有多个成像，随着两块镜子夹角的缩小，镜面中出现的像会增多。

在上述科学游戏中，幼儿都需要通过实际操作的方式来进行，没有特定的学习目标和任务。如果幼儿对某个现象发出了自己的疑问，并引发了其他幼儿的兴趣，教师就可以抓住这样一个教育契机，演变成一种科学探索的学习。

（四）运动性游戏

运动性游戏是寓科学教育于体育活动的游戏。这类游戏适宜在户外开展，运动量较大，如捉影子、吹泡泡、玩水、玩沙、堆雪人、玩跷跷板、放风筝、玩风车等，通过这类游戏，幼儿在亲身感受中，加深了对事物及科学现象所产生的因果关系的理解。运动性游戏能够充分满足幼儿活泼、好动的特点，激发幼儿科学学习的热情，发展幼儿活泼开朗的个性。

例如，在"玩风车"的游戏中，幼儿可以在无拘无束的奔跑中感受空气的流动，发现拿着风车快跑、拿着风车慢跑、拿着风车走等方式与风车转动速度的关系。又如，在"吹泡泡"游戏中，幼儿用铅丝做成的三角形、圆形、方形、椭圆形的泡泡器吹泡泡，在玩的过程中发现虽然泡泡器形状不同，但吹出来的泡泡都是圆的。

运动游戏能够充分满足幼儿好动的特点，激发幼儿的学习热情，促进幼儿活泼开朗的个性品质的形成。

（五）实验性游戏

这类游戏与科学实验直接相联系，在科学实验的前提下伴随着游戏，即以游戏方式进行实验，使幼儿既能达到实验的目标，又能在轻松的游戏中巩固所获得的知识和经验，还能增加实验的趣味性。例如，"拼五角星"游戏，主要目标就是通过实验培养幼儿对科学游戏的兴趣。活动前为各组幼儿准备好木质棉签棒五根、亚克力透明板一块、滴管一个。具体的玩法是：将五根棉签棒分别对折，排放在亚克力透明板上。把滴管装满水，在棉签棒的中心处滴几滴水，被折的棉签棒受湿后就慢慢张开，拼成了一个五角星。

（六）竞赛性游戏

竞赛性游戏以提升幼儿思维敏捷性和灵活性为特点，旨在激发幼儿对科学的兴趣和探究能力。为了增加游戏的趣味性和吸引力，通常会设定一定的游戏规则，幼儿在遵守规则的基础上完成竞赛。竞赛游戏适合在中、大班开展，满足中、大班幼儿日益增长的求知欲和好胜的心理。竞赛性游戏的内容也比较丰富。例如，棋类游戏就是一种幼儿喜欢的竞赛性游戏。幼儿的棋类竞赛，一般借助跳棋、转盘棋的基本走棋规则，融入科学方面的有关知识概念设计而成。棋类竞赛有利于培养幼儿的分析、判断能力，在竞争比输赢的气氛中，幼儿的思维会更加积极活跃。

例如，中班的"动物棋"游戏，可以帮助幼儿了解动物的名称和食性，适合 2～4个幼儿一起玩。游戏规则为从起点开始掷骰子，骰子显示几，就走几步，走到小动物喜欢的食物格子后，根据提示再前进几格，遇见自己不喜欢的食物或者动物陷阱就要原地等待或者后退，最先到达终点者为胜。

又如，运用图片进行接龙游戏，即在图片的两端各画一种图形，要求幼儿将相关内容的图片接在一起。也可根据季节变化与相应生长的植物、花卉相连接，还可根据动物食性与相应动、植物连接，或根据图案的线索相连接。拼图游戏也是幼儿喜欢的竞赛性游戏，教师可以自制游戏道具。例如，将 3～4 份某种实物的图片粘在底板上，按 9 份、12 份、16 份、24 份剪开并塑封。每一份放入一个小筐中，筐边按份数的多少，分别标上一颗星至四颗星。幼儿玩时先完成星数少、难度小的拼图，再挑战难度高的拼图，完成四颗星拼图的幼儿可得到小贴画一枚。拼图游戏要求幼儿把部分拼成整体，再把整体拆成部分，培养幼儿的综合能力。

任务实训

请选择几种科学游戏进行体验，感受科学游戏带来的快乐。

任务三 科学游戏活动的设计

在幼儿科学区中的科学游戏活动和集体教学中的科学学习活动有时是难以区分的。一般来说，前者侧重于游戏，教师在提供材料的同时会向幼儿交代游戏规则，但不会提出一个明确的问题让幼儿去解决；后者则侧重于探索，教师往往会给幼儿一个明确的问题或目标来指导其对材料的操作。在实践中，通常不会去严格地区分区域活动是游戏活动还是学习活动，教师在设计区域活动时，可针对不同材料和内容以及教育的意图来对活动进行定位。幼儿在活动中，也常常会游离于游戏或探索活动之间，用一种游戏的心态对待科学探索活动，又或在游戏中出现探索性的行为。

一、遵循基本的设计原则

教师主导的幼儿科学游戏是支持和引导幼儿对周围物质世界进行主动探究，围绕科学素养帮助幼儿形成良好的科学观念、科学思维、探究实践以及态度责任，并获得科学经验的活动。教师在选择或设计幼儿科学游戏时，要符合安全性、科学性、趣味性、开放性和活动性的原则。

（一）安全性

在科学游戏中，教师创设丰富的游戏环境和科学材料，不仅要对环境和材料的安全性进行检查，还要在游戏设计中预判每一个环节中应该让幼儿习得的安全教育。例如，在使用螺丝刀、锤子、钉子等工具操作时，在游戏前要穿操作服、佩戴护眼罩、手套等，让幼儿了解活动中的相关安全知识，并且尽量为每个幼儿提供自己的操作台，操作台之间保持一定的安全距离。

（二）科学性

教师在选择和编制游戏时，首先要考虑游戏的科学性，即保证游戏中蕴含的科学经验与概念内容准确、难度适中，符合科学教育目的的要求和幼儿学习的可能性。不能为游戏而游戏，否则就失去了科学游戏的意义。同时，科学游戏活动目标的实现，要隐含在活动内容的选择、活动材料的投放、活动过程的指导与评价之中，而不能变成生硬的说教。例如，"打捞沉船"游戏，要求幼儿不能用手拿，不能把磁铁放入水中，探索如何把"沉船"打捞上来，让幼儿自己去玩、去操作、去发现，直到成功。这个游戏就隐含了关于磁铁的知识，但又不是通过直接的说教告诉幼儿，而是让幼儿在轻松、愉快、充满挑战的情景中学习和运用所学的科学知识。

（三）趣味性

趣味性是游戏的生命。游戏的趣味性是指游戏的内容要有趣，开展的过程要有变化，能激发幼儿的好奇心，关注幼儿的兴趣特点。幼儿的兴趣体现在哪里呢？主要体现在四类游戏中：一是带有神秘色彩的游戏（如摸一摸、猜一猜之类的游戏），此类游戏能很快地将好奇的幼儿引入到游戏中来；二是可以自己动手操作的游戏（如操作类游戏），此类游戏能满足幼儿探索的需要；三是可用自己喜欢表现的方式来反映对事物认识的游戏（如运动性游戏、情景游戏），此类游戏是最能让幼儿获得成就感的游戏；四是带有竞赛和富有挑战性问题的游戏（如竞赛游戏和智力游戏），此类游戏对中、大班幼儿来说，具有不可阻挡的诱惑。因此，在设计游戏时，应尽可能多地融进幼儿感兴趣的成分，让幼儿在游戏中体会到学习的快乐。

（四）开放性

科学游戏一般没有要解决的问题或要完成的任务，幼儿因"好玩"而游戏，在游戏的过程中要打破以问题为起点、以结论为终点的封闭式过程。游戏的进程和结果常常不是事先预设的，而是开放的、多变的。同时，教师要为幼儿创设一个开放的心理氛围，允许幼儿出错，也允许幼儿有自己的个体体验和理解，让幼儿通过不断的尝试去形成自己的看法。把幼儿置身于一种动态、开放、主动、多元的游戏环境中，只有用这种开放的态度和价值追求才能使幼儿在游戏中成为游戏的主人。

例如，在"小灯泡亮了"游戏中，幼儿需要用电线将电池正极与灯泡相连，有的幼儿把灯泡连在负极上也能让小灯泡亮起来，此时教师没有必要去纠错，应允许幼儿用自己的方法解决问题，或者让幼儿在自然结果的反馈中不断调整材料，丰富自己的经验。

（五）活动性

游戏的过程应是幼儿的活动探索过程。幼儿在游戏中，既有外部的操作感知和身体运动满足幼儿爱活动的需要，又有内部的智力活动，要求幼儿努力思考。游戏的过程是外部活动和内部活动的有机融合，既符合幼儿的年龄特点，又能达到科学游戏的目的。例如，"玩风车"游戏深受幼儿的欢迎，在游戏中，幼儿积极开动脑筋、创造多种方法使风车转起来，从中亲身体验了"风和风车转动"的关系，幼儿玩得愉快，既满足了身体运动的需要，又获得了科学经验，发展了智力，培养了对科学的兴趣。

二、确定适宜的活动目标

科学游戏活动目标的制定要根据幼儿的年龄特点和学习方式，通过探究内容让幼儿在直接感知、亲身体验、实际操作中增加对科学知识的理解，培养探究能力和科学态度。

表 5-3 明晰了从科学教育和幼儿发展的不同角度提出的要求，在幼儿科学教育中将科学游戏的目标设置为三个基本目标维度，包括情感与态度、知识与经验、过程与方法。

表 5-3　《幼儿园教育指导纲要（试行）》和《3—6 岁儿童学习与发展指南》相应的目标维度对照表

目标维度	《幼儿园教育指导纲要（试行）》	《3—6 岁儿童学习与发展指南》
情感与态度	1）对周围的事物、现象感兴趣，有好奇心和求知欲。 2）爱护动植物，关心周围环境，亲近大自然，珍惜自然资源，有初步的环保意识	1）亲近自然，喜欢探究。 2）喜欢提问，喜欢动手动脑，体会发现的快乐
知识与经验	1）能运用各种感官，动手动脑，探究问题。 2）能用适当的方式表达、交流探索的过程和结果	具有初步的探究能力（观察、分类、比较、分析、猜想、调查、验证、计划与执行、记录、合作、交流等）
过程与方法	1）对身边常见事物和现象的特点、变化规律感兴趣。 2）从生活或媒体中熟悉的科技成果入手，感受科学技术对生活的影响，增加对科学的兴趣和对科学家的崇敬。 3）在已有生活经验的基础上，了解自然、环境与人类生活的关系（蕴含价值观目标）	1）在探究中认识周围事物和现象（感知和发现、体验、体会、了解）。 2）能觉察到动植物的多样性、生长变化与条件、外形特征、习性与生存环境的关系。 3）能发现物体和材料的特征、性质、用途，结构与功能的关系，简单的物理现象。 4）能感知天气、季节特点与周期性变化，体验季节对人和动植物的影响，初步了解动植物与人的关系、科技与人们生活的关系、人与环境的关系

（一）情感与态度

情感与态度目标是指在幼儿科学游戏中，幼儿应该形成的科学态度和价值观念。具体来说，可以从以下几个方面进行设计。

好奇心和探究欲：喜欢科学游戏，并对周围事物和自然现象产生兴趣和探究欲。

表达力和合作力：乐于分享和表达自己的想法和发现，能与同伴合作完成科学游戏中的任务。

环境和生态意识：如爱护动物、保护植物、珍惜资源等。

（二）知识与经验

知识与经验目标是指在幼儿科学游戏中，幼儿应该掌握的基本科学知识和技能，主要包括以下四个方面。

物质科学：通过游戏掌握声、光、磁、力、电、水、空气、物体的运动等知识和经验。

生命科学：通过与动植物的接触，了解其基本特征、基本需求、动植物的多样性以及与人类生存及环境的作用。

地球与空间：感知天气、四季的变化，学习数与量的关系、空间与时间的关系等。

技术工程与社会：生活中科技产品的使用、简单的科技原理等。

（三）过程与方法

过程与方法目标是指在幼儿科学教育中，幼儿应该掌握的基本科学探究方法和技能，具体包括以下几个方面。

发现问题的能力：在科学游戏中，能通过教师设计的一些问题提升发现问题、提出问题的能力。

观察记录的能力：能认真观察游戏中与物质互动的现象，以及探索中有趣的自然现象，并能通过自己喜欢的方式表征记录下来。

询证推理的能力：根据自己的预测有计划地进行探索，在游戏的过程发现事物的特点、探究事物的规律等。

解决问题的能力：利用自己掌握的知识和技能解决在科学游戏中遇到的实际问题。

表达交流的能力：愿意倾听，并能在小组游戏和讨论中积极发表自己的想法、参与讨论等。

三、准备充分的游戏材料

（一）理解材料在游戏过程中的重要性

在科学游戏活动前，向幼儿用简单明了的语言介绍游戏过程中所使用的材料是非常重要的。教师的介绍能让幼儿更好地理解游戏的目的和玩法，帮助幼儿掌握使用材料的方法和注意事项，激发幼儿的兴趣和参与积极性。

（二）科学游戏材料的方法和要点

引发兴趣：教师通过材料展示，如不同的小鱼、不同的种植工具、可爱的玩具等，吸引幼儿的注意力，激发幼儿的探究欲，让他们对游戏活动产生兴趣。

介绍用途：先向幼儿介绍材料的组成和数量，让幼儿对完整的材料有一个初步的认识，再介绍每种材料的用途和使用方法。

强调安全性：游戏的顺利开展离不开安全保障，在介绍材料的过程中，要向幼儿说明每一种材料本身以及在使用过程中应注意的安全事项。

互动交流：鼓励幼儿提出问题，共同讨论游戏材料的可能性和用途，让他们更加深入地理解游戏材料的重要性。

激发想象力：对于科学游戏材料的使用，除了按照教师设计的规则和玩法外，幼儿还可以根据自己的想象力，创造出多种游戏玩法，继续探索。

例如，为了开展"我是小小建筑师——我心中的幼儿园"活动，教师提供了平坦的户外地胶游戏场、各种碳化积木、小汽车、小动物、植物、玩具推车、参考图片、幼儿画板、记录表征的画纸、画笔等材料支持幼儿有效参与游戏活动。户外地胶游戏场考虑到了游戏的安全性和适宜性，为幼儿提供了更大的空间，能够满足多人合作创造出各种建筑结构的需要；在积木的选择中也使用了不同形状、数量丰富的户外碳化积木，满足幼儿游戏活动中的需求；小汽车、小动物、绿植等可以增加场景的趣味性；幼儿画板和参考图片可以激发幼儿的灵感，在搭建前进行设计，做到有计划地搭建；记录表征的画纸则可以让幼儿记录自己的创作过程和成果，增强他们的自信心和表达能力。

四、掌握科学游戏的规则和玩法

（一）科学游戏规则

科学游戏规则是指在游戏时，为了保障游戏的顺利开展，需要幼儿遵守的约定和要求，如安全提醒、比赛、合作、按时间等。例如，"纸花开放"的科学游戏，游戏规则是幼儿要把四朵不同的纸花同时放入水中，在不加人为干扰因素的情况下，如不能用手搅动水或用嘴吹纸花等，让幼儿直观感受不同材质的纸花吸水后开放的速度不同。若不能遵守游戏规则，就达不到游戏的效果。

（二）科学游戏玩法

科学游戏玩法是指在科学游戏中，根据幼儿年龄特点和兴趣需要设计的具体玩法和步骤，让幼儿在游戏中获得有趣和有益的科学知识和技能，掌握科学探究的方法。包括：游戏前，幼儿和教师要做哪些准备；游戏中，教师如何引导幼儿根据要求完成游戏内容；游戏结束后，如何组织幼儿相互交流讨论等。

例如，在玩"捉迷藏"的游戏中，游戏规则是：不能离开游戏划定的范围，不能摘下眼罩或者偷看等。游戏玩法是：通过剪刀石头布游戏，选出一名幼儿，用眼罩蒙上眼睛数到 10，其他幼儿躲藏，数数完毕后开始寻找。两者的不同在于：游戏规则是为了保证游戏的公平性、安全性和秩序性，它侧重于规范和引导幼儿的游戏行为；游戏玩法是为了让幼儿有更好的体验感和成就感，侧重于介绍游戏的具体操作和步骤。游戏规则和游戏玩法都是科学游戏的重要组成部分，需要教师在游戏过程中进行有效组织和引导，确保幼儿能够在安全、轻松、愉快的环境中自由地探索。

空气炮"足球场"

任务实训

请观察并记录一段科学游戏，从设计原则、活动目标、材料准备、规则和玩法等方面进行分析。

任务四　科学游戏活动的组织与指导

科学游戏活动应当坚持以幼儿为中心，充分体现幼儿活动的自主性。但相对于其他类型的游戏活动而言，科学游戏活动更加复杂，离不开教师的指导。教师在指导幼儿开展科学游戏活动的过程中，应当始终坚持以幼儿为中心的理念，以问题为引导，鼓励幼儿通过大胆猜想、游戏探秘、分享交流等多种方式获取新经验、得到新发展。

一、熟悉科学游戏的组织流程

（一）激趣设疑——创设环境，问题引导

首先，根据游戏的需要创设一个有趣、有挑战的环境，激发幼儿积极参与、主动探究的愿望。例如，在大班科学游戏"好玩的皮影戏"活动中，创设"三打白骨精"的游戏情境，让幼儿在故事情节的发展和需要中，层层递进地探究人物图片和各关节能自由转动的皮影道具，感受人体各个关节的作用，以及如何使用小木棒让人物动起来。此外，还探究了光与影的奇妙之处。

在游戏过程中，教师可以引导幼儿观察，并提出适宜的科学问题，这是科学游戏得以继续的基础。问题的提出要具有目标性、开放性、启发性。

目标性：根据游戏的内容设计问题，问题要聚焦游戏内容所指向的科学关键经验。例如，在"生活中你都在哪里见过磁铁，它们都有什么用处？"活动中，通过回忆前期已有的生活经验，引出教师提供的生活中的常见物品及问题："小朋友猜一猜这些物品中，哪些藏着磁铁宝宝？"教师的问题环环相扣，引导幼儿明确要在游戏中探究的问题。

开放性：问题的开放性有利于激发幼儿对问题的积极思考，开放性问题答案的不确定性也让更多的幼儿愿意参与到活动中，而不会在心理上有压力。例如，在"种子的秘密"游戏中，教师提出开放性问题："这些种子有什么不同？""你喜欢哪个种子，它会长成什么样子？"在这样的问题中，幼儿有观察，有思考，有想象，有表达，促进了幼儿对生命科学的理解。

启发性：启发性问题有助于幼儿发现周围事物之间的关系。例如，在游戏活动"灯泡亮了"中，当有的幼儿因安装的电池不对，导致小灯泡不能亮起来时，幼儿就会向老师求助："我安装好了它为什么不亮？"这时教师的启发式问题"请仔细观察，电池的两端有什么不同"可以让幼儿在观察比较、反思辨别中，解决电池安装正负极问题，在探索后最终让小灯泡亮起来。

（二）猜想假设——启发引导，鼓励表达

猜想和假设是在问题的基础上进行的。幼儿基于问题在思考中通过大脑调动已有经验，进行信息分类、辨析并预测事物或现象的原因。例如，户外沙水区中的科学游戏"泉城护城河"，幼儿在游戏中按照设计图挖掘了水渠，但在输水的过程中，水停留了一会就不见了。这时教师会引导幼儿大胆猜想："猜一猜，这些水都去哪里了？"引导幼儿在观察的基础上，结合自己的已有经验积极思考，并用绘画表征或语言表达的形式，记

录、表达自己的猜想，也为探究实验做好了充分的准备。

（三）游戏探秘——材料介绍，玩法介绍

这一环节是游戏活动的关键环节，教师为幼儿提供丰富的游戏材料，先要介绍材料和游戏的规则、玩法，再让幼儿在教师设计的游戏环节中带着问题和思考进行游戏，并与材料互动反思验证自己猜想，从而得出新经验。游戏的探究方式避免了传统科学教育中的说教和知识灌输。例如，在中班游戏"森林音乐会"中，教师让幼儿选用生活中不同的物品制作乐器，去森林参加舞会，幼儿在挑选和制作的过程中不仅感受了不同事物发出的不同声音，还增强了将废旧物品再利用的环保意识。

（四）分享交流——游戏回顾，经验提升

游戏结束后，引导幼儿交流自己的游戏过程及结果。在这一过程中，幼儿分享不同的解决问题的方法，学习他人的方法，丰富了经验。教师帮助幼儿概括和总结，将零散的认识提升为新的有益经验，并运用其解决生活中的问题。实践证明，在幼儿科学游戏活动中，游戏前、游戏中、游戏后的设计要具有可操作性、有效性和游戏价值，游戏中充分体现以幼儿为中心，让幼儿真正成为学习的主人。

二、掌握科学游戏的指导要点

（一）调动幼儿参与游戏的热情

教师可用充满激情的语调告诉幼儿，如"下面即将玩一个十分有趣的游戏，谁能听见我宣布的游戏名称，谁就可以参加这个游戏"，这样，幼儿会立刻安静下来，以期盼的心理来接受游戏。在正式组织游戏活动时，教师既要关注游戏的进展，同时还要关注幼儿在游戏中的反应，必要时可对个别幼儿提供一些帮助，如提示下一步可进行的操作或介入游戏以推动游戏的发展。

（二）明确科学游戏活动的规则

科学游戏的规则应服从于科学教育的要求和游戏的展开，应有利于幼儿的操作和智力活动，而不能限制幼儿的活动。游戏规则的设定要简单易行，游戏过程中要重点指导、督促幼儿遵守规则。

例如，游戏"奇妙的箱子"重点是发展幼儿的触觉和了解物体的属性，因此要求幼儿在触摸物体时，必须闭上眼睛，直到辨别出物体的属性，讲出名称后才能睁开眼睛。闭上眼睛，就是要求幼儿必须执行的规则。

（三）给予幼儿充分的活动机会

教师在编制和带领幼儿开展游戏前，要为幼儿提供一定的空间和物质材料，保证游戏的正常开展。在进行游戏的过程中，要根据幼儿游戏的情况，适当提高游戏的要求，更要注意让幼儿有操作和活动的充分机会，不能急于求成，而应让幼儿有充分的时间进行思考并完成游戏。

（四）教师适时介入游戏活动

在游戏中，教师不仅是一个组织者，还应是一个参与者。教师参与游戏，能够提高幼儿学科学的兴趣，对幼儿的活动也是一种积极的肯定。年龄越小的幼儿，越需要教师的参与性指导，因为教师的参与能够使幼儿获得亲切感，形成共同学习的气氛，并能够更为及时地对幼儿提供必要的帮助。幼儿在科学活动过程中需要情感的支持，但又容易受到成人情感的影响和感染，因而需要特别强调的是，教师的参与绝对不是指引幼儿游戏的方向，而是考虑幼儿的知识经验与心理发展水平所限，采用隐性的指导方式来提高幼儿的游戏水平。教师通过直接参与可以平等地、带有示范性地与幼儿共同解决问题，了解幼儿探索的情况，分享幼儿成功的快乐，找出幼儿游戏难以开展的原因，并通过指导、暗示等方式提示幼儿，以保证游戏顺利开展下去。

（五）做好游戏的分享评价

教师应注意在适当的时机结束游戏，以免幼儿产生厌倦情绪。在游戏结束时，可组织幼儿交流游戏中自己的所见所想以及自己的发现和内心的感受等。教师要为每一个幼儿在游戏中的出色表现喝彩，如果是团队集体游戏，还应感谢大家为成功地开展游戏所付出的努力。当然，除了集体组织的游戏活动，科学游戏也可在平时分散成小组或让幼儿个体独自进行，这类游戏的指导则更多是个别性的，可参照区域活动的指导方法。

📖 案例 5-2

有 趣 的 风

（大班）

一、游戏目标

1）对风这一自然现象产生好奇，喜欢和风做游戏。
2）感知风的形成、特点和作用。
3）在游戏中提升动手操作和观察的能力。

二、游戏材料

硬纸板、纸杯、彩色纸片或丝带、阻力伞、塑料瓶（去掉底部）、沙子或小石子、户外适合探索风的开阔场地。

三、游戏玩法

1. 风的制造
在活动室内，教师出示硬纸板，讲解游戏玩法。幼儿扇动硬纸板"制造"风。
2. 风的吹动
带领幼儿到户外开阔场地，通过扇动硬纸板使空气流动加快，观察周围的小草、花朵等如何随风摆动。

3. 风的方向

使用纸杯和彩色纸片或丝带制作简易风向标。将纸片或丝带固定在纸杯的顶部，让幼儿在户外将风向标举起，观察纸片或丝带飘动的方向。

4. 风的力量

幼儿穿上阻力伞，通过顺风跑和逆风跑感受风的阻力，通过快慢感受风的力量。

5. 风的声音

将塑料瓶（去掉底部）装满沙子或小石子，摇晃瓶子，让幼儿听沙子或小石子在瓶子内发出的声音。

带领幼儿到户外，尝试用风吹动塑料瓶，听沙子或小石子在瓶子内发出的声音变化。

（济南市槐荫区第二实验幼儿园天琅园　付书文）

案例评析：

这个游戏通过一系列趣味探索活动帮助幼儿感知风的形成、特点和作用。

1）在"风的制造"环节中，幼儿在户外开阔场地自由探索，用硬纸板等材料制造风。同时，在制造风的过程中，幼儿尝试用不同材料制造风，观察风对周围物体的影响。

2）在"风的吹动"环节中，教师鼓励幼儿用语言表达对风的理解和感受。

3）在"风的方向"环节中，教师引导幼儿根据纸片或丝带的飘动方向判断风的方向，并让他们记录在不同时间的风向变化。

4）在"风的力量"环节中，教师引导幼儿讨论风的力量，让幼儿思考风可以吹动哪些物体，以及风的力量如何影响这些物体。

5）通过制作简易风向标和"音乐"瓶子，让幼儿尝试不同的吹风方式和角度，探索如何产生不同的声音效果，培养他们的观察力和科学探究能力。

"有趣的风"科学游戏旨在激发幼儿对自然现象的好奇心和探索欲望，让他们在游戏中体验科学的乐趣。

案例 5-3

藏在气球里的魔幻空气

（小班）

一、游戏目标

1）对科学现象感兴趣，增强观察力和动手能力。

2）通过游戏感知空气的特性。

3）感知空气的存在，知道空气无色、无味，但可以被我们感知。

藏在气球里的
魔幻空气

二、游戏准备

透明塑料袋、气球、吸管、透明玻璃杯、纸片或羽毛、泡泡液、泡泡棒、密封容器（如塑料瓶）、扇子、吹风机。

三、游戏玩法

1. 气球吹起来

准备一些气球，让幼儿吹气球，感受空气的存在，并且通过吹气球的动作，让他们理解空气是可以被压缩的。

2. 捉空气

分组进行，每组提供透明塑料袋，让幼儿尝试用塑料袋捕捉空气，并观察空气在塑料袋中的形态。幼儿会发现，即使他们看不到也摸不着空气，但是可以用塑料袋装满空气，这可以让幼儿对空气的存在有更深刻的认识。

3. 空气泡泡

使用泡泡液和泡泡棒，让幼儿吹出各种形状的泡泡。这可以让幼儿感受空气的力量，并且通过观察泡泡的变化，了解空气的形状和特性。

4. 会动的空气

在透明玻璃杯中放入纸片或羽毛，让幼儿用吸管吹气，观察纸片或羽毛飘动的现象，了解空气具有流动性和方向性。用扇子或吹风机吹动纸片或羽毛，让幼儿观察纸片或羽毛的飘动轨迹，进一步了解空气的流动特性。

5. 空气大爆发

准备一个密封容器，如塑料瓶，让幼儿尝试用吸管将瓶内的空气吸出，观察瓶子变形的现象，了解空气对物体形状的影响。

（济南市槐荫区第二实验幼儿园天琅园　霍璐）

案例评析：

1）在"气球吹起来"环节中，教师要选择适合幼儿年龄和体能的气球，教给幼儿正确的呼吸方式，用腹部力量将气吹入气球中，游戏过程中注意安全。

2）在"捉空气"环节中，教师要确保游戏场地宽敞、安全，教师演示如何正确使用透明塑料袋或气球来捉空气，强调要将袋口或气球口打开，然后迅速封闭，捉住"空气"这个看不见、摸不着的东西。

3）在"空气泡泡"环节中，教师要提醒幼儿避免泡泡水溅入眼睛或口鼻中，使空气穿过吹泡泡工具，进入泡泡水中。可以引导幼儿观察泡泡的形成和变化，帮助他们理解空气和表面张力的作用。

4）在"会动的空气"环节中，教师演示运用吸管吹动羽毛的方式，让幼儿更加直观地感受到空气的存在和流动特点，从而增加对自然现象的理解，提高探索兴趣。

5）在"空气大爆发"环节中，教师要提供适合幼儿体能的塑料瓶，通过吸空气观察瓶子的变化，感受空气的特性。

案例 5-4

神奇的静电魔法
(中班)

一、游戏目标

1）喜欢静电小游戏，对静电产生的现象兴趣浓厚。

2）了解静电产生的原理。

3）能独立完成科学游戏，并大胆表达自己的发现。

二、游戏准备

气球、梳子、小纸片或贴纸、塑料袋、头发、毛衣、绒线。

三、游戏玩法

教师：为什么当我们从塑料滑梯滑下来的时候都是充满电的新造型——爆炸头，一碰还会发出"啪啪"的响声呢？今天我们就来探索一下静电的奥秘吧！

1. 气球贴墙

向幼儿展示气球，用气球来玩一个神奇的游戏，让气球"贴"在墙上。将吹好的气球在头发或毛衣上摩擦数次，然后靠近墙面，气球就"贴"在墙面上。

2. 塑料梳子贴纸

教师示范用梳子梳理干燥的头发或羊毛制品（毛衣、绒线等），感受梳子与头发的摩擦。分发小纸片或贴纸，让幼儿将其放在桌面上，先用梳子梳理头发或羊毛制品几次，然后将梳子靠近小纸片或贴纸，观察梳子如何吸引小纸片或贴纸，鼓励幼儿尝试用梳子探索其他物品，观察哪些物品能够被梳子吸引。

3. 静电接力

将幼儿进行分组，分别提供相同数量的气球和小纸片，每组幼儿通过摩擦使气球带电，然后利用静电吸附小纸片，看看哪组能够在最短时间内完成。

4. 会飞的蜘蛛

将塑料袋裁剪成长条并将其一头进行捆绑变成塑料小蜘蛛，同时准备好气球，分别将塑料小蜘蛛和气球在头发或衣服上摩擦，让它们都带有电。请一名幼儿辅助分别摩擦塑料小蜘蛛和气球，然后将蜘蛛放在带电的气球上方，这样一只小蜘蛛就飞起来了。

（济南市槐荫区第二实验幼儿园天琅园　李肖肖）

案例评析：

1）让幼儿观察气球如何"贴"在墙上，感受这一现象，并讨论为什么气球会"贴"在墙上。

2）进行活动时，进行安全提醒，避免梳子碰到眼睛或其他敏感部位，鼓励幼儿积极参与探索，可以根据幼儿的年龄和兴趣适当调整活动内容和难度。

3）提醒幼儿不要将气球靠近眼睛或其他敏感部位，避免气球爆炸误伤。

4）教师指导裁剪过程中的安全操作并进行示范，两名幼儿做好分工合作，体验静电的力量。

案例 5-5

神奇的不倒翁
（中班）

一、游戏目标

1）在游戏中收获快乐，对科学活动产生兴趣。
2）了解不倒翁重心越低越稳定。
3）在实验操作中，提高发现问题和解决问题的能力。

二、游戏材料

1）形状类似的真假不倒翁（2 个真不倒翁、1 个圆底假不倒翁、1 个方底假不倒翁）。
2）空心蛋壳若干。
3）实验操作相关材料：橡皮泥、沙子、碎纸片、棉花。
4）装饰材料：彩笔、卡纸、剪刀、双面胶。

三、游戏玩法

1. 真假不倒翁
桌子上有不同的玩具，让幼儿摆弄、玩耍，观察哪些玩具推不倒。
2. 探索不倒翁的秘密
教师拿出提前准备好的材料并介绍给幼儿，请幼儿分组尝试操作。
操作发现，装有橡皮泥和沙子的蛋壳会变成不倒翁，装有碎纸片和棉花的蛋壳不会变成不倒翁。原来，在蛋壳里装进重的东西，这样上轻下重，就可以让蛋壳站起来。
3. 制作漂亮的不倒翁
用彩笔和卡纸等材料装饰蛋壳，鼓励幼儿大胆创作，制作属于自己的漂亮的不倒翁。
4. 生活中的不倒翁
教师：用我们的眼睛找一找，生活中有哪些地方用到了不倒翁的原理呢？

（济南市槐荫区第二实验幼儿园天琅园　慕泓婕）

案例评析：

1）在"真假不倒翁"环节中，引导幼儿自己发现，同时要给幼儿充足的时间观察、大胆表达想法的机会。

2）在"探索不倒翁的秘密"环节中，应提供充足且丰富的材料，让幼儿充分感知和实践，并引导幼儿正确使用材料，避免蛋壳破碎划伤手指。在实验过后应鼓励他们积极提问和分享自己的发现。

3）在"制作漂亮的不倒翁"环节中，教师应提供足够丰富的材料，供幼儿大胆创作，支持幼儿分享自己的作品及感受。

4）可以将"生活中的不倒翁"环节作为游戏延伸，变成亲子活动，增添亲子间的互动。

案例 5-6

多 变 的 光
（中班）

一、游戏目标

1）对新鲜事物感到好奇，能主动参与实践操作活动，获得有关光的感性经验。

2）感受光的基本属性和特点，提高探究、合作能力。

3）在游戏中学会观察、比较事物与光的关系，能大胆猜想并表达自己的想法。

二、游戏材料

手电筒（确保光线柔和，不刺眼）、各种透明和半透明的物品（玻璃杯、塑料瓶、彩色纸片或滤光片等）、镜子、放大镜、黑色纸张或幕布。

三、游戏玩法

1. 会飞的光

在室内设置一个暗调的环境，使用黑色纸张或幕布作为背景；打开手电筒，观察光线是如何传播的，并引导幼儿描述光的路径。

2. 花样光斑

手持透明物品（如玻璃杯、塑料瓶）观察手电筒的光线穿过它们时的变化；用半透明物品（如彩色纸片）进行游戏，观察光线穿过这些物品时的变化；讨论透明物品和半透明物品对光线传播的影响。

3. 魔镜变变变

使用镜子，了解光的反射现象。观察当手电筒的光线照射到镜子上时，光线是如何被反射的。

还可以引入放大镜，观察光线经过放大镜后的聚焦效果。

4. 寻找彩虹

使用彩色纸片或滤光片，观察不同颜色对光线的影响。猜测并描述当光线穿过不同颜色纸片时，为什么会出现不同的颜色。

5. 创意光影绘画

提供黑色纸张和手电筒，尝试在黑色纸张上投射出各种形状的光影图案。鼓励幼儿发挥创意，用光影创造自己的作品。

（济南市槐荫区第二实验幼儿园天琅园　张瑜）

案例评析：

1）在"会飞的光"环节中，特别强调要有一个光线较暗的环境，确保有成人陪同，并留意幼儿的安全。要给幼儿充足的时间观察、大胆表达想法的机会。

2）在"花样光斑"环节中，应引导幼儿正确使用材料，并鼓励他们积极提问和分享自己的发现。

3）在"魔镜变变变"环节中，一定注意安全教育。镜子易碎并且边缘不平，避免幼儿被划伤。

4）在"寻找彩虹"环节中，重在引导幼儿借助各种材料用不同形式进行探究。教师既可以引导其大胆猜想颜色的变化，又可以放手让其探索更多颜色组合的方式。

5）在"创意光影绘画"环节中，教师应提供足够丰富的材料，供幼儿大胆创作，支持幼儿分享自己的作品及感受。

案例 5-7

吹 泡 泡
（小班）

一、游戏目标

感知不同形状的吹泡泡器吹出来的泡泡都是圆的。

二、游戏准备

树叶泡泡

1）物质准备：用铅丝自制圆形、三角形、正方形、长方形等形状的吹泡泡器，泡泡液。

2）经验准备：幼儿选择一个吹泡泡器，放入盛有泡泡液的器皿内，取出吹泡泡器，放在嘴前轻轻吹，就会出现泡泡。

三、游戏玩法

1）教师吹泡泡，引发幼儿兴趣：我们一起来玩吹泡泡好吗？

2）介绍工具，提出游戏要求。

教师出示不同形状的吹泡泡器和泡泡液，提出要求：每次只能拿一个吹泡泡器玩，几次之后可以换一个不同形状的吹泡泡器玩，小心嘴巴不要碰到吹泡泡器上的泡泡液。

3）幼儿游戏。可以变换吹泡泡的形式。例如，由教师吹泡泡，幼儿玩追泡泡、躲泡泡、刺破泡泡的游戏。也可由幼儿自由吹泡泡，玩的过程中看看泡泡是什么形状的。

4）在游戏结束时，提出问题，请幼儿说说自己的发现和感受，如：你用了哪种形状的吹泡泡器？吹出来的泡泡是什么形状的？换一种形状的吹泡泡器，吹出来的泡泡是什么形状的？

（济南市市中区乐山幼儿园　杨娜）

案例评析：

该活动属于运动性的科学游戏。与集体教学活动"吹泡泡"不同，感受吹泡泡的乐趣是本次游戏的主要价值和追求。游戏时教师与幼儿一起吹泡泡，幼儿游戏的过程是纯粹的吹泡泡与玩泡泡的过程，教师支持幼儿追逐吹出来的泡泡、刺破泡泡、躲避泡泡等行为，让幼儿沉浸在游戏的快乐中。在游戏结束时教师才提出问题："你用了哪种形状的吹泡泡器？""吹出来的泡泡是什么形状的？""换一种形状的吹泡泡器，吹出来的泡泡是什么形状的？"让幼儿观察吹泡泡器和泡泡形状的关系，积累一定的科学经验。

案例 5-8

小 鱼 游 游
（中班）

一、游戏目标

感知磁铁的磁力具有穿透性的特点。

二、游戏准备

1）卡纸上画好小鱼，沿轮廓剪下，在小鱼头部别上回形针。
2）玻璃板、不同大小形状的磁铁、水彩笔。

三、游戏玩法

先在长 20 厘米、宽 10 厘米的玻璃板上画上水纹和小草，然后把小鱼放在玻璃板上，一手拿玻璃板，一手拿磁铁在玻璃板下慢慢移动，小鱼便会跟着游起来。

四、游戏过程

1. 幼儿创作活动背景

提问："小鱼喜欢在哪里玩呀？请你为它画一个漂亮的池塘好吗？"幼儿自由在玻璃板上创作，画出水纹和小草等背景。

2. 幼儿游戏

把小鱼放在玻璃板上，幼儿尝试让小鱼在池塘里游动。（探究材料与小鱼游动之间的关系，即如何利用材料让小鱼游动。）

一条小鱼游动后，可让幼儿再试试有没有办法让两条或多条小鱼一起游动。（通过材料的变换，即如何利用不同大小的磁铁，让两条或多条小鱼游动。）

3. 交流分享

教师：你让几条小鱼游动了？小鱼为什么会游动？小鱼是怎么游的？

（济南市槐荫区第二实验幼儿园天琅园　杨露莎）

案例评析：

该活动属于操作性的科学游戏。"小鱼游游"借助磁铁中磁的穿透性，能透过玻璃板吸住铁制品，从而带动小鱼游起来的原理，让幼儿在操作过程中体验小鱼游动的惊喜。幼儿通过自由摆弄并观察小鱼游动的现象，发现磁铁和小鱼之间的关系。游戏结束后，教师根据幼儿在游戏中引发的"小鱼为什么会游动""小鱼是怎么游的"等问题进行分享和讨论，帮助幼儿积累相关的科学经验。

📖 案例 5-9

会飞的"水母"
（中班）

一、游戏目标

1）体验物理性科学游戏的乐趣，在探究中初步感知静电原理。
2）体验用摩擦的方法使两个不同的物体带电。

会飞的"水母"

二、游戏准备

1）将塑料袋剪成细条状（将少量塑料袋细条用打结的方式系在一起，制成"小水母"）。
2）各种能够摩擦起电的物品，如细PVC管、塑料尺子、纸巾、毛衣、丝绸等。
3）游戏记录纸。

三、游戏过程

1. 飞吧，"小水母"

幼儿自主选择一个气球和"小水母"，并在衣物或头发上进行充分摩擦，当气球靠近"小水母"，因电荷排斥"小水母"就悬浮起来了。

2. 乖乖，"小水母"

幼儿自由游戏或合作游戏。例如，两名幼儿在"水母"悬浮时交换"水母"；几名幼儿合作进行"水母"悬浮移动比赛；也可以由教师或幼儿发出悬浮指令（如向上、向下、转圈等），幼儿按指令操控悬浮的"水母"。

3. 加油，"小水母"

尝试用不同的物体进行摩擦后操控"小水母"，比一比谁的"小水母"悬浮时间更长，观察用不同摩擦物摩擦后"水母"悬浮时间的不同。

（济南市槐荫区第二实验幼儿园翡翠华庭园 于洋）

案例评析：

1）在"飞吧，'小水母'"环节中，提醒幼儿需将气球和"水母"充分摩擦，鼓励幼儿积极分享游戏成功经验及游戏感受。

2）在"乖乖，'小水母'"环节中，在拖动"小水母"悬浮移动时，注意与其他幼儿保持距离，避免碰撞受伤。

3）在"加油，'小水母'"环节中，要给予幼儿充分的时间进行操作体验。游戏后引导幼儿讨论：在游戏中你都用了哪些物体进行了摩擦？"水母"都飞起来了吗？用哪些物体摩擦后"水母"飞起来的时间更长？并鼓励幼儿运用绘画、语言等方式表征并分享游戏发现。

📖 **案例 5-10**

滚动的秘密
（中班）

一、游戏目标

1）体现滚动游戏的乐趣，产生对科学探索的兴趣。

2）了解滚动的原理和特性，提高观察和动手能力。

3）发现不同形状的物体滚动路线不同。

二、游戏材料

1）能滚动的材料若干，如纸杯、饮料瓶、八宝粥碗、篮球、足球、乒乓球等。

2）一些平面和斜面材料（如木板、滑梯、斜坡）、S弯等。

三、游戏玩法

1. 足球小将

幼儿两人一组合作，一人分开两腿站立当作"球门"，一人后退几步将不同的物体滚向"球门"，观察物体滚动路线有什么不同。两人交换后再次游戏。注意提醒幼儿观察物体滚动路线。

2. 快乐运球

在户外设置运送起点和终点，设置平面、斜坡、S弯等障碍。将幼儿分为三组，每组幼儿选择两种可滚动的材料，运送时间最短的获胜。游戏结束后分享自己的发现，引导幼儿了解物体滚动的速度和倾斜角度有关系。

3. 穿越火线

幼儿自由分组，利用材料搭建运送粮食的路线进行游戏。注意观察幼儿的新发现和幼儿安全。

（济南市槐荫区第二实验幼儿园翡翠华庭园　石志贤）

案例评析：

1）在"足球小将"环节中，要选择空旷无障碍的户外环境，并特别要提醒幼儿注意安全，踢"球"时应注意脚上的力量。要给幼儿足够的时间去观察，鼓励幼儿大胆表达。

2）在"快乐运球"环节中，幼儿进行多次尝试，直观地感受同一种球体在不同倾斜角度平面滚动的快慢，体验同一倾斜角度下不同物体滚动速度的不同。

3）在"穿越火线"环节中，幼儿通过自己设计游戏路线，使能够滚动的物体以最快的速度到达终点。一方面可以让幼儿大胆地设计游戏路线，另一方面可以放手让幼儿体验滚动的乐趣，让幼儿在轻松愉快的氛围中了解滚动的原理和特性。

任务实训

请根据你对科学游戏活动的理解，结合《3—6岁儿童学习与发展指南》中科学领域的目标要求，为中班幼儿设计一个操作性科学游戏活动，包括游戏名称、游戏目标、游戏材料、游戏规则、游戏玩法等部分。

综合实训

1. 去幼儿园观摩并评价有关科学游戏活动。
2. 平时注意搜集、挖掘和积累适合幼儿的科学游戏资源。
3. 设计一个集体科学游戏活动的方案。

项目六
集体科学教育活动的设计与组织

学习目标

- 了解集体科学教育活动的特点与价值。
- 掌握集体科学教育活动各部分内容的设计方法。
- 掌握集体科学教育活动的指导策略。

案例引导

"冰墩墩"变身记

一、设计意图

《3—6 岁儿童学习与发展指南》指出："幼儿科学学习的核心是激发探究兴趣，体验探究过程，发展初步的探究能力。成人要善于发现和保护幼儿的好奇心，充分利用自然和实际生活机会，引导幼儿通过观察、比较、操作、实验等方法，学习发现问题、分析问题和解决问题；帮助幼儿不断积累经验，并运用于新的学习活动，形成受益终身的学习态度和能力。""'冰墩墩'变身记"就是教师从幼儿生活中捕捉到的一个兴趣点，抓住教育契机而生成的一节大班科学活动。

活动中，通过发现问题—大胆猜测—验证表征—分享交流—拓展延伸这样的过程，让幼儿通过直接感知、亲身体验和实际操作来探索箭头变化背后的秘密，从而初步了解柱形凸透镜成像的现象。此外，环节中以"冰墩墩"变身的有趣情境贯穿，通过帮助"冰墩墩"穿上冰晶外壳、戴上彩色光环和五环标志，激发幼儿探究的兴趣和欲望，提高幼儿的探究能力，使幼儿充分体验实验中的新发现带给自己的喜悦和满足。

二、活动目标

1）喜欢科学小实验，有较强的好奇心和探索欲望。

2）能够通过观察、比较与分析，发现箭头的变化，并用图画或符号进行记录。

3）尝试寻找圆柱形水杯成像中图像方向及大小的变化。

三、重难点分析

重点：尝试寻找圆柱形水杯成像中图像方向及大小的变化。

难点：通过观察、比较与分析，发现箭头的变化，并用图画或符号进行记录。

四、活动准备

物质准备：透明的圆柱形、长方体水杯若干；箭头卡片若干；记录纸、笔；尺子、积木块；放大镜、密码图；笑脸贴；黑板。

经验准备：知道放大镜等凸透镜工具，并了解相关特点。

五、活动过程

（一）情境导入，激发幼儿探索兴趣

1）谈话引出"冰墩墩"。

2）创设情境：寻找"冰墩墩"的外衣。

（二）实验操作，探索圆柱形水杯成像中箭头方向及大小的变化

1. 任务一：探索箭头变换方向的秘密——盛满水的圆柱形水杯

1）寻找能让箭头改变方向的水杯。

2）幼儿猜测。

3）幼儿自主实验操作，表征记录。

4）幼儿分享操作结果。

小结：在盛满水的圆柱形水杯前观察时，可以让箭头的方向发生改变。

2. 任务二：自主探索箭头变化的秘密——箭头变化与水杯的距离相关

1）探索箭头的多种变化。

2）幼儿自主实验操作，了解箭头放置的距离和箭头发生变化的关系。

3）请幼儿分享箭头变化的操作过程。

4）了解箭头变化的原因（播放课件视频，了解实验现象）。

总结：箭头紧贴着水杯时，只会放大而没有改变方向；当箭头离开水杯一定的距离时，箭头的方向和大小都会发生改变。

原来，箭头发生改变，不仅和盛满水的水杯形状有关，还和卡片放置的位置、距离有关。其实，盛满水的圆柱形水杯，就像一个柱形凸透镜，我们用它来观察箭头的变化，就是柱形凸透镜的成像现象。

（三）经验迁移，了解凸透镜成像现象在生活中的应用

1）播放视频，引导幼儿了解凸透镜的成像现象在生活中的应用。

2）小结：科学家借助凸透镜成像现象，发明了放大镜、照相机、望远镜、显微镜等，给我们的生活带来了很多的方便。

（四）游戏巩固，利用凸透镜成像现象破解密码

进行破解密码游戏。

1）讲解游戏玩法：利用放大镜、圆柱形水杯破解密码。

2）幼儿自主游戏，破解密码。

3）输入密码，验证结果。

指导语：密码 20220204 就是北京冬奥会开幕的日子，你们看，冰墩墩迫不及待地去参加比赛啦！

六、活动结束

教师向幼儿赠送手绘"冰墩墩"，进一步激发幼儿对科学现象的探索欲望。

（山东省济南市槐荫区实验幼儿园 刘硕）

想一想

组织幼儿园集体科学教育活动是幼儿园教师的典型岗位工作任务，是幼儿园教师必备的专业技能和专业素养。你认为幼儿园集体科学教育活动对幼儿身心发展的价值有哪些？一个集体科学教育活动是由哪些部分组成的？应该如何设计一个集体科学教育活动？

任务一 初步认识集体科学教育活动

幼儿园科学教育活动的组织方式是多种多样的，既有集体组织的科学教育活动，也有自发的科学教育活动；既有区域中的科学教育活动，也有生活中的科学教育活动。本任务重点和大家一起认识幼儿园集体组织的科学教育活动。

一、集体科学教育活动的含义

集体科学教育活动就是指教师根据学前儿童科学教育的目标，有目的、有计划地选择活动内容，设计教学方法，创设活动环境，面向全体幼儿开展的科学教育活动。也就是说，集体科学教育活动是要求全体幼儿参与的科学活动。在集体教育活动中，教师对幼儿进行统一指导或个别指导。每个幼儿通过自身的活动主动探索，从而获取科学知识和技能，培养科学的态度，使自己在原有水平上获得发展。

摩擦力

二、集体科学教育活动的特点

（一）内容经过精心筛选，更符合幼儿认知特点

在集体科学教育活动中，教学内容的精心筛选至关重要，因为它直接影响着教育效果和幼儿的认知发展。教师在确定教学内容时，通常会依据学前儿童科学教育的总目标和要求，结合幼儿园实际条件以及幼儿的认知发展水平进行选择。这种选择过程不仅需要教师对幼儿认知特点的深入理解，还需要考虑教学目标的达成与教学资源的有效利用之间的平衡。教师精心挑选出的科学教育内容更加贴近幼儿的学习特点和认知水平，因而更易于被幼儿接受。

在教学内容的选择上，教师应当注重符合幼儿的认知特点。《3—6 岁儿童学习与发展指南》指出："幼儿的思维特点是以具体形象思维为主，应注重引导幼儿通过直接感知、亲身体验和实际操作进行科学学习，不应为追求知识和技能的掌握，对幼儿进行灌输和强化训练。"幼儿对世界的认知主要通过感知、体验和操作等方式进行，因此教学内容应当注重贴近幼儿的实际生活经验，以直观、生动的形式呈现，使幼儿能够轻松地理解和接受。此外，教学内容的选择还应当考虑幼儿的兴趣爱好和发展阶段，只有与幼儿的兴趣相契合，才能引发他们的学习动机，促进他们的积极参与和学习效果的提升。

教师精心筛选的教学内容不仅需要贴近幼儿的认知特点，还应当与幼儿的认知发展水平相适应。幼儿的认知能力处于不断发展和完善的阶段，教学内容的难易程度应当与幼儿的认知水平相匹配，既不能过于简单以致无法激发幼儿的求知欲，也不能过于复杂以致超出幼儿的理解范围。通过合理选择和安排教学内容，教师能够有效地引导幼儿的认知发展，促进其全面成长。

（二）面向全体幼儿开展，教学效率高

集体科学教育活动，顾名思义就是面向全体幼儿在集体中开展的活动。在集体科学教育活动中，教师精心筛选的教育内容是每个幼儿都要学习的内容，而且这些内容指向《3—6 岁儿童学习与发展指南》中提出的目标要求。

幼儿在参与教师设计和组织的科学教育活动中，有机会全面地获取科学知识和技能，并培养科学精神。这种综合性的学习体验不仅能促进幼儿对科学的理解和掌握，也能激发他们对科学探索的热情和兴趣。通过与同伴的互动和合作，幼儿在集体科学教育活动中不仅获得了知识，更重要的是培养了团队意识和社交能力，这对其综合素养的提升具有重要意义。

集体科学教育活动有助于提高学前儿童科学教育的效率。首先，通过统一的教学内容和活动安排，可以确保每个幼儿都有机会接触必要的科学知识，更好地达成科学教育目标。其次，集体教学活动中的互动和合作氛围能够激发幼儿的学习兴趣和动力，使他们更加积极主动地参与到学习过程中，从而提高学习效率和教学质量。

（三）有准备的环境和材料更有利于幼儿进行科学探索

在集体科学教育活动中，教师通常会根据预设的活动目标和活动内容，为幼儿创设适宜的活动环境，并提供有针对性的操作材料，支持幼儿的科学探究。这种有准备的环境和材料对于幼儿进行科学探索具有重要意义。

在精心准备的环境中，幼儿能够感受到一种积极的学习氛围，这有助于激发他们的好奇心和探索欲望。适宜的活动环境能够为幼儿提供安全、舒适的学习场所，使他们专注于科学探索活动，充分发挥自己的潜能。

提供有针对性的操作材料是促进幼儿科学探索的关键之一。这些材料应当具有足够的多样性和丰富性，能够满足幼儿不同的学习需求和探索兴趣。教师在选择和准备操作材料时，应当考虑幼儿的年龄特点、认知水平和发展需要，确保材料的质量和适用性。

教师应当尽量为每个幼儿提供人手一套的操作材料，使每个幼儿都能够参与到科学探究活动中来。这样做不仅能够增强幼儿的参与感，还能够培养他们的独立思考和解决问题的能力。即使受到条件限制，无法做到人手一套材料，教师也应该通过灵活的组织方式，确保每个幼儿都有机会与各种材料进行互动。

（四）有助于教师发挥主导作用以达成预期目标

集体科学教育活动主要是由教师预先设计和组织的。在集体科学教育活动中，教师扮演着指导者的角色，引导幼儿参与各项预设活动，当然过程中也可能会有生成性活动。这一过程旨在为幼儿提供科学探究的机会，并在教师的指导下积极地探索和学习。

在活动开展前，教师需要根据活动目标和活动内容准备相关的操作材料，并设计集体科学教育活动方案，明确活动的组织结构和程序。在活动过程中，教师按照预先设计的方案，组织幼儿参与各项活动，指导他们进行操作探索、讨论总结，以获取科学知识和技能。

教师的主导作用体现在整个活动过程中。他们不仅为活动提供了必要的指导和支持，还根据幼儿的实际情况进行调整和引导，确保活动能够顺利进行并达到预期的教学目标。然而，教师主导并不意味着限制幼儿的主动探索和参与。相反，教师主导是为了引导幼儿更好地感知材料，通过与材料的互动，激发他们的主动学习和科学探索意识。在教师的指导下，幼儿可以在安全和有序的环境中进行科学探索，从而提高他们的科学素养和认知能力。通过这种教学方式，幼儿能够建立起对科学的兴趣和自信心，培养探究精神和解决问题的能力。

三、集体科学教育活动的价值

集体科学教育活动作为一种传统的教育模式，已经延续了很长的时间。由于集体科学教育活动对学前儿童学习发展具有独特的作用，至今仍是幼儿园开展科学教育的重要途径。考虑到当前我国广大城乡幼儿园的现实条件，集体科学教育活动仍是一种适合我国国情的、高效率的活动，而且在相当长的时期内，集体科学教育活动都将会是一种不可替代的活动类型。集体科学教育活动对幼儿学习科学具有重要的价值。

（一）经济高效

在集体科学教育活动中，幼儿的科学探索是在教师直接指导下进行的，这种方式具有显著的经济高效性。教师的直接指导可以确保幼儿在相对较短的时间内，快速掌握基本的科学知识和方法技能。

在教师的直接指导下，幼儿能够充分利用宝贵的学习时间，从教师指导和帮助中获益。他们不仅能够在探索学习的过程中积累知识，还能够在短时间内取得显著的学习成果。这种方式既能够满足幼儿的好奇心和求知欲，又能够让他们享受到学习成果所带来的成就感和快乐，实现学习效果的最大化。

值得注意的是，教师直接指导的学习方式并不意味着剥夺幼儿自主探索和学习的机会。相反，教师的指导是在尊重幼儿的个体差异和学习需求的基础上进行的，旨在激发幼儿的主动学习和探索意识。通过与教师的互动，幼儿不仅能够获得科学知识和技能，还能够培养解决问题的能力和创新思维。

（二）系统引领

集体科学教育活动是教师依据《幼儿园教育指导纲要（试行）》和《3—6岁儿童学习与发展指南》精神，遵循幼儿身心发展规律和学习特点而精心设计的教学活动。这种活动具有较强的系统性和针对性，对幼儿学习科学发挥着重要的引领作用。

学前儿童科学教育的内容广泛，包括自然科学、数学、技术等领域，为幼儿提供了丰富的学习资源和探索空间。然而，由于幼儿个体经验和探索能力的差异，仅依靠个体探索和学习往往难以确保每个幼儿都能全面掌握基本的科学知识和经验。因此，集体科学教育活动的设计应运而生。

集体科学教育活动从广泛的科学内容中，选择了具有代表性和基本性的知识作为活动重点。这些活动经过教师的精心设计，要求每个幼儿都必须参与其中，确保每个幼儿都能够获取基本的科学知识和方法技能。通过这种集体性的学习模式，幼儿能够在教师的引导下，系统地学习科学知识，从而建立起对科学的基本理解和认知。

在集体科学教育活动中，教师充当着引领者和指导者的角色，负责组织和指导幼儿参与各项科学探究活动。教师应当根据幼儿的认知水平和学习需求，设计富有启发性和趣味性的教学活动，激发幼儿的好奇心和探索欲望，引导他们积极参与科学学习。通过集体科学教育活动，幼儿不仅能够接触到基本的科学知识，还能够培养解决问题的能力、创新思维和合作精神。教师的系统引领和指导，能够帮助幼儿在较短的时间内获得丰富的学习体验，提高学习效率和质量，为其科学素养的培养奠定坚实的基础。

（三）合作共享

集体科学教育活动为幼儿提供了一种特殊的学习氛围。在这种学习氛围中，围绕特定的活动主题，幼儿不仅与教师互动，还与同伴进行交流。这种合作共享的学习模式不仅有助于幼儿获得共同的学习成果，还能分享学习过程中的乐趣和情感体验，有利于培养幼儿良好的学习习惯，包括学会合作、倾听他人意见和观点，以及参与讨论等。

在集体科学教育活动中，教师与幼儿一起探讨特定主题，引导幼儿展开探索和讨论，从而促进知识的共享和交流。通过与同伴的互动，幼儿能够从不同角度理解和分析问题，拓展自己的思维和认知。同时，他们也能够从他人的经验中受益，从而更好地理解和掌握科学知识。这种合作共享的学习模式不仅能够加深幼儿对学习内容的理解，还能够培养他们的社会交往能力和团队合作精神。

在集体科学教育活动中，教师扮演着重要的角色，他们既是学习的引导者，又是互动交流的组织者。这种教学模式能够帮助幼儿建立起良好的人际关系，增强团队凝聚力和协作能力，实现个体与集体的良性互动和共同成长。

─── **任务实训** ───

去幼儿园观摩一个集体科学教育活动或者观看一个集体科学教育活动视频案例，分析幼儿园集体科学教育活动有何特点。

任务二 集体科学教育活动的设计

集体科学教育活动是教师依据学前儿童科学教育总目标设计组织的集体教育活动，是丰富儿童科学经验、提高儿童科学素养的重要途径。一般来说，一项集体科学教育活动主要包括活动名称、活动目标、活动准备和活动过程等几个重要的组成部分。集体科学教育活动作为一种面向全体学前儿童、高效达成活动目标的科学教育活动形式，无论是活动内容、活动目标、活动材料还是活动过程，都需要经过教师的精心设计和组织。

2021 年，教育部颁布的《学前教育专业师范生教师职业能力标准（试行）》对设计教育活动方案提出了明确要求：能够根据《幼儿园教育指导纲要（试行）》《3—6 岁儿童学习与发展指南》的要求，以及幼儿的兴趣需要和年龄特点，选择教育内容，确定活动目标，设计教育活动方案。以下从活动内容的选择、活动目标的设计、活动材料的准备以及活动过程的设计等几个方面，来分析如何设计一项集体科学教育活动。

一、活动内容的选择

有效的教学首先依赖于有价值的活动内容。在集体科学教育活动中，选择适宜的活动内容既是一件非常重要的工作，也是一件非常有难度的工作。学前儿童科学教育的内容非常广泛，并非所有的内容都适合开展集体活动。集体科学教育活动内容的设计，就是要从学前儿童科学教育的内容范围中，选择那些适合集体开展的活动内容，并结合幼儿年龄特点和科学教育内容特点进一步确定学习的范围和深度。因此，在设计集体科学教育活动的内容时，应从以下几个方面考虑。

（一）选择最基本的科学经验

集体科学教育活动是一项面向全体幼儿的教学活动，其内容应当涵盖学前儿童科学教育领域中最基本且最具代表性的科学内容。这包括但不限于动植物的形态特征、生活习性以及与人类之间的关系，事物的共同特征与个性特征，自然现象的普遍规律以及多种表现形式，事物之间的因果关系，以及人与自然之间的相互关系等。

在集体科学教育活动中，教师应当精心选择这些最基本的科学经验，以确保每个幼儿都能够掌握和理解这些关键概念。这些基本的科学知识不仅能为幼儿的科学学习奠定基础，还有助于培养他们的科学兴趣和思维方式。

举例来说，教师可以引导幼儿探索动植物的形态特征和生活习性，让他们了解不同动植物之间的异同以及它们与人类之间的相互作用。同时，幼儿也可以通过观察和实践，探索事物之间的形态特征，以及自然现象的规律和表现形式。

此外，教师还可以通过引导讨论和实验活动，让幼儿理解事物之间的因果关系，以及人类与自然之间的相互影响。通过这些活动，幼儿不仅能够积累科学知识，还能够培养探索问题、思考问题的能力，从而提高科学素养和综合能力。

（二）活动内容应贴近幼儿的生活

相对来说，幼儿的生活经验较为缺乏，他们对过于陌生的知识内容往往难以产生共鸣，也不容易激发学习的积极性。因此，在设计集体科学教育活动的内容时，应当优先选择那些贴近幼儿生活、为幼儿所熟悉的主题和内容。这样才能更好地引发幼儿的共鸣，激发他们的学习兴趣，达到预期的教学效果。

教师可以选择一些与幼儿日常生活密切相关的主题，如食物、衣物、天气、交通等。通过这些主题，幼儿能够更容易地理解和接受所学的知识，因为这些都是他们日常生活中经常接触和体验的内容。例如，可以通过讨论食物的来源、种类和营养价值，让幼儿了解食物与健康之间的关系；或者通过观察和记录不同天气状况，让幼儿认识天气对生活的影响以及天气变化的规律。

此外，教师还可以结合幼儿的兴趣爱好，设计一些富有趣味性和创造性的科学活动，吸引幼儿的注意力和参与度。例如，可以组织有关动物的观察活动，让幼儿近距离接触和了解动物的特点和习性；或者开展有关植物的种植实验，让幼儿亲自参与并观察植物的生长过程。通过这些活动，幼儿不仅能够增加对科学知识的理解和掌握，还能够培养科学思维和观察能力。又如，"认识磁铁"也是一个非常贴近幼儿生活的内容。幼儿在生活中会接触到很多运用磁铁原理制作的物品，如铅笔盒、书包上的搭扣、冰箱门的开关、门吸以及老师上课使用的磁铁黑板上的磁铁扣等。

（三）活动内容要直观、有趣

幼儿时期的思维主要以具体形象思维为主，这导致幼儿更多地倾向于通过直接的感知体验来认识周围的事物。他们的学习特点在很大程度上受制于这种以直接经验为主的认知方式，对于缺乏直接经验支撑的抽象概念或事物，他们往往难以理解和掌握。此外，幼儿的注意力保持时间相对较短，生动有趣的科学内容可以有效地调动幼儿的学习积极性和主动性，延长他们的注意力保持时间，确保教学活动的顺利开展。相反，如果教学内容缺乏趣味性和生动性，则往往难以吸引幼儿的注意力，导致教学效果不佳。

因此，教师在选择教育活动内容时应充分考虑幼儿的认知特点，选择直观具体、生动有趣的内容，激发幼儿的求知欲望和学习兴趣。例如，可以通过生动的图画、模型或实物展示，让幼儿直观地感知科学知识，帮助他们建立对抽象概念的具体形象化理解。同时，教师还可以通过趣味性的故事、游戏或实践活动，引发幼儿的兴趣和好奇心，激发他们的主动学习意愿。

在教学活动过程中，教师可以结合幼儿的兴趣爱好和实际经验，设计丰富多彩的教育活动，使幼儿在参与学习的过程中获得乐趣和满足感。

例如，"浮沉"就是内容相对直观有趣的活动内容。幼儿将教师准备的材料投放到水盆中，就可以非常直观地观察到哪些物体浮起来，哪些物体沉下去了；通过进一步对浮起来的物体和沉下去的物体进行分类比较，找到这些物体的共同特征。教师还可以启发幼儿思考，如何让沉下去的物体浮起来，激发幼儿的探究兴趣，培养幼儿的创造性思维。

（四）活动内容要体现时代性

在当今社会，科学技术飞速发展，科技产品不断涌现，科学已经成为人们生活中不可或缺的一部分。因此，在选择学前儿童科学教育内容时，还需要充分考虑时代性的特点，有针对性地选择一些体现现代科技的教育内容，让幼儿初步了解和认识现代科技，感受科学技术为人类带来的便利和影响。

教育内容的时代性体现在多个方面。首先，可以选择一些与现代科技密切相关的主题，如人工智能、机器人技术、虚拟现实等，通过简单易懂的方式向幼儿介绍这些科技的基本原理和应用场景，让他们初步了解现代科技在生活中的应用。其次，可以结合幼儿的生活实际，引入一些与科技密切相关的实践活动，如搭建简单的机器人、制作电路模型等，让幼儿亲身体验科技带来的乐趣和创造力。同时，还可以通过让幼儿观察和讨论现代科技产品的特点和功能，引发幼儿的好奇心和探索欲望，激发他们对科学的兴趣和向往。

（五）活动内容适合在集体活动中进行

学前儿童科学教育的内容丰富多彩，但并非所有的内容都适合在集体活动中进行。有许多有趣的内容更适合安排在区域活动或者日常生活活动中展开。例如，有趣的摩擦力、奇妙的磁铁、燃烧的秘密等内容就可以组织幼儿集体学习，而观察动植物的生长变化就适合在区域中进行个别性观察，观察月亮的盈亏变化则更适合在家庭中进行。因此，在设计集体科学教育活动内容时，教师应该更多地选择那些适合在集体环境下开展的教育内容，以确保取得理想的活动效果。

一般来说，教师可以优先选择那些能够促进幼儿团体合作和协作的教育内容。例如，可以组织小组探索活动，让幼儿共同合作完成一项科学实验或者解决一个科学问题，从而培养他们的团队意识和合作能力。此外，也可以选择一些适合集体观察和讨论的科学主题，如天文观察、自然景观探索等，让幼儿在集体中共同分享观察结果和心得体会，促进彼此之间的交流和互动。教师还可以在集体活动中安排一些体验性和互动性强的科学教育内容，以吸引幼儿的兴趣和注意力。例如，可以设置一些具有挑战性和趣味性的科学游戏或者竞赛，让幼儿通过亲身参与和实践探索，感受科学知识的乐趣和魅力。

二、活动目标的设计

制定活动目标，是集体科学教育活动设计中最重要的一环。活动目标是否得当，将对整个科学活动的设计以及科学教育的效果产生影响。集体科学教育活动目标的设计必须依据学前儿童科学教育的总目标，并参考《3—6岁儿童学习与发展指南》中科学领域各年龄阶段的发展目标来设计，主动对接幼儿园科学领域的关键经验。在设计活动目标时，应该注意以下几点。

（一）活动目标应该着眼于幼儿的发展

促进每个幼儿在原有水平上得到提高是学前教育的重要目标。科学领域作为幼儿园教育的重要组成部分，同样应将促进幼儿的发展视为核心考核标准。在设计集体科学教育活动的目标时，必须结合幼儿的实际水平，并着眼于他们未来的发展。在制定活动目标时，应考虑以下两点。

首先，要考虑幼儿的实际发展水平，并与活动设计的目标相联系。这意味着活动目标应该符合幼儿的身心发展水平，同时也要能够推动他们达到新的发展水平。例如，针对幼儿的认知水平和探索能力，可以设计一系列的科学实验或观察活动，引导幼儿从简单的观察到提出假设，并通过实验验证，培养其科学思维和解决问题的能力。

其次，活动目标的制定还应将促进幼儿科学素质的发展作为重要着眼点。在教学实践中，可以通过多样化的教学方法和活动形式，有针对性地培养幼儿的科学素养。例如，可以组织观察和实验活动，帮助幼儿积累科学知识；同时，通过讨论和合作探究，培养他们的科学方法和团队合作意识；此外，通过讲解科学原理和展示科学成果，引导幼儿形成正确的科学态度和价值观。

（二）活动目标一般包括情感态度、能力和知识三个维度

一个具体的活动目标一般是由情感态度、能力和知识三部分组成的。随着课程改革的深入开展，人们越来越认识到培养情感态度的重要性，因而把情感态度的培养目标放在了首位。

情感态度目标主要包括兴趣、爱好、习惯、价值观等方面的内容。例如，教师可以激发幼儿对浮沉现象的兴趣，培养幼儿主动探索科学的兴趣，学会与同伴合作、分享成功的快乐，在活动中体验水的重要性，增强幼儿保护水资源的情感和意识等。

能力目标主要是指在活动过程中着重发展幼儿哪些能力，包括思维能力、实验操作能力、观察能力、比较能力、创新能力以及语言表达能力等。例如，教师要培养幼儿细心观察小动物形态特征的能力；通过实验操作，发展幼儿的动手操作能力，提高幼儿的语言表达能力等。

知识目标主要是指让幼儿通过活动获取哪些知识，包括生活中常见的幼儿能够理解和接受的知识。例如，水是可以流动的，了解人类眼睛的外部结构和功能，了解动物过冬的方式以及动物和季节的关系，知道有些东西有弹性，了解弹性在日常生活中的应用等。

需要特别说明的是，情感态度目标是科学教育活动的首要目标或者前提性目标，能力目标是科学教育活动的核心目标或者关键性目标，知识目标是科学教育活动的载体性目标或者产物性目标，上述三个目标是有机融合在科学教育活动之中的。

（三）活动目标应该具体明确、可操作

活动目标是科学活动所期望达到的教育效果。这种效果应该尽量能用可以观察的行为表现出来，以便对活动的效果加以衡量和评价。集体科学教育活动是达成科学领域发展目标的重要途径，但一项具体的科学教育活动难以达成所有的教育目标，它只是其中一个重要的组成部分而已。因此，在设计活动目标时，必须非常清醒地认识到这一点，尽量把活动目标确定得准确一些、具体一些、可评可测，提高集体科学教育活动的实效性。

例如，有的老师在"浮沉"这一活动中，将情感目标定为"激发幼儿对科学的兴趣"，尽管这一活动对激发幼儿的科学探究兴趣有所帮助，但这一表述方式仍然显得不够具

体，好像放到其他的科学教育活动中也可以。另外，这种目标也不好评价、不好测评。如果将这一目标改为"激发幼儿探索物体在水中的沉浮现象的兴趣"，相对来说就更加具体，也便于教师考评活动目标的达成。

又如，发展幼儿的观察能力是对每个年龄阶段都适用的目标，但这样的目标也不够具体明确。因为这种观察能力到底是能够在教师的指导下运用多种感官进行观察，还是能够主动运用多种感官进行观察，或者是能够系统、完整地观察事物的特征，目标中没有明确的体现，缺乏可操作性。

（四）活动目标要有灵活性

在制定集体科学教育活动目标时，必须考虑幼儿个体之间存在的差异性和教育过程的多样性。虽然要求目标尽可能具体和明确，但也必须认识到教育活动往往随着实际情况的变化而产生偏差。因此，教师在设计活动目标时，需要灵活考虑幼儿的个体差异，使目标表述更具弹性，以适应幼儿个体差异和活动过程中的多变情况。例如，一个活动目标可以是要求幼儿通过各自的方法让风车转动起来，这种目标具有较大的包容性，适用于各种能力水平的幼儿。

活动目标的灵活性意味着它们不是一成不变的，而是可以根据活动的进行调整和变化的。活动目标是指导科学活动的行动指南，但不能成为对活动的束缚。因此，灵活性应成为设计活动目标的基本指导思想。

首先，教师在制定活动目标时应充分考虑幼儿的个体差异。不同幼儿在认知、情感、社交等方面存在差异，他们的学习风格和能力水平也不尽相同，因此，活动目标应该具有足够的弹性，以便适应不同幼儿的发展水平和学习需求。在一个科学活动中，目标可以包括不同层次的任务，以满足不同能力水平幼儿的需求，从而促进他们在活动中的积极参与和全面发展。

其次，活动目标应当与活动过程密切相关，并根据实际情况进行调整。教育活动往往面临着诸多不确定性因素，如幼儿的兴趣变化、学习进度差异等。因此，活动目标必须灵活，随时根据幼儿的实际表现和需求进行适当的调整和修正。

此外，活动目标的灵活性还体现在对幼儿实际表现的评估和反馈上。教师应该根据幼儿的学习情况和表现及时调整活动目标，并提供有针对性的指导和支持，以帮助幼儿更好地实现目标。通过不断调整和优化活动目标，可以更有效地促进幼儿的发展，提高教育活动的质量和效果。

例如，大班科学活动"有趣的转动"活动目标如下。

1）探索让物体转动起来的方法，体验科学探究的乐趣。

2）通过自己动手，尝试自主探索转动的奥秘。

3）发现生活中的转动现象，了解转动在生活中的运用。

又如，大班科学活动"消失的图画"活动目标如下。

1）感受实验中有新发现时所带来的兴奋和满足，能用一定的方法验证自己的猜测。

2）能将发现的现象用语言、图画、符号等多种方式进行交流与表征。

3）初步了解物体消失背后的原因，尝试运用多种方法让图画消失；能自己动手制作一张消失的图画卡片。

再如，小班科学活动"奇妙的声音"活动目标如下。

奇妙的声音

1）知道周围环境中存在着多种声音，明白相同的事物可以发出不同的声音。

2）能够仔细辨认声音并尝试模仿，敢于动手操作使物体发出声音。

3）对生活中存在的声音感兴趣。

三、活动材料的准备

活动材料是幼儿学习科学的载体，是学前儿童科学教育的外部条件之一。幼儿是在与材料互动的过程中主动建构科学经验的，活动材料的准备也成为活动设计中重要的一环。在科学教育活动进行之前，教师应当依据活动目标和活动内容，结合幼儿年龄特点和发展水平，准备好适宜的活动材料，保障教育活动的顺利开展，确保活动目标的达成。集体科学教育活动材料的准备主要应该从以下几个方面来考虑。

（一）活动材料应服务于活动目标

活动材料的准备是集体科学教育活动设计中至关重要的一环，应紧密围绕活动目标来设计。在选择和准备活动材料时，首要考虑的是活动目标的具体要求。只有通过精心选择的材料，才能更好地帮助幼儿实现活动目标。例如，对于观察活动，应该准备具有典型性和代表性的观察对象，以便幼儿能够清晰地观察和认知；而对于实验活动，则必须准备与实验过程密切相关的材料，以支持幼儿进行实验操作。

此外，活动材料的选择还应考虑幼儿的年龄特点、认知水平和兴趣爱好，确保其能够引发幼儿的兴趣和好奇心，激发他们的探索欲望。同时，活动材料应具有一定的实用性和可操作性，使幼儿能够通过实践操作获取知识和技能，培养科学思维和创造能力。

下面以小班科学活动"玩水"为例。

活动材料：

1）每桌一个空盆、一盆水、一个茶杯、一个塑料袋、一块抹布、玩具若干。

2）盆、茶杯、塑料袋摆放在每张桌子的中间，四周放置一些玩具。

活动目标：激发探究兴趣，培养幼儿观察力；让幼儿感知水是流动的及物体在水中的沉浮，体验玩水的乐趣，知道水是透明、无味的，知道人离不开水。

在"玩水"活动中，教师所提供的材料与主题目标有密切的关系，是幼儿日常生活中经常碰到的、感知过的，能考虑幼儿主体与材料客体的相互作用。通过操作探索，培养对科学活动的兴趣，使幼儿能动手又动脑，体现正确的儿童观与教育观。但所准备的材料与摆放的位置显然不适合小班幼儿年龄特点，小班幼儿注意力容易转移和分散，活动中情绪波动大。将材料摆放在桌上，幼儿经不起玩具的诱惑，会不停地摆弄玩具，造成集体活动秩序的混乱。每桌一份操作材料太少了，易引起幼儿对材料的争抢。因为小班幼儿自我中心意识强，还不会与同伴合作分享；材料本身对幼儿的吸引力较大，幼儿对材料的兴趣也较浓，对材料在活动中的作用还意识不到；并且小班幼儿总结归纳能力弱，年龄小，生活经验积累少，材料数量明显不足，容易阻碍小班幼儿的探索热情。

（二）活动材料要符合幼儿的认知特点

科学教育活动重在让幼儿通过操作体验发现的乐趣，激发探究的欲望。在设计活动材料时，必须充分考虑幼儿的认知特点，并结合其年龄特点和已有的知识经验，设计符合幼儿需求的材料，激发其对科学探究的兴趣和欲望。

首先，活动材料应符合幼儿的年龄特点和认知水平。幼儿时期的认知发展以具体形象思维为主，活动材料应该具有直观性和具体性，能引起他们的兴趣和好奇心。例如，可以选择色彩鲜艳、形状简单、易于操作的材料，以吸引幼儿的注意力。

其次，活动材料的设计应考虑幼儿的学习特点和生活经验。不同年龄段的幼儿对材料的需求和接受能力有所不同。教师在设计活动材料时应该根据幼儿的年龄和发展水平有针对性地选择和准备材料。对于年龄较小的幼儿，可以选择一些简单易懂、便于操作的材料，而对于年龄较大的幼儿，则可以适当增加一些复杂性和挑战性，以促进其认知和探索能力的发展。

案例 6-1

中班科学活动——充气玩具

活动材料

1）充气玩具若干，每桌气筒、棉线、毛巾若干等。

2）材料摆放位置：棉线、毛巾、气筒置于每组桌上，充气玩具置于活动室四周。

活动目标

1）激发科学兴趣，体验合作的快乐。

2）通过观察、触摸、实验等方式感知充气玩具的变化，初步发展动手操作能力和简单的推理能力。

3）认识常见的充气玩具，学习充气方法。

大班科学活动——燃烧的实验

活动材料

装有水的水盆、蜡烛、玻璃罩、小玻璃片、火柴（打火机）等基本实验材料。

活动目标

1）愿意参与科学实验探索活动。

2）观察、思考用玻璃杯熄灭蜡烛的现象，探究让蜡烛熄灭和复燃的方法。

3）了解燃烧的原理以及空气助燃的特性。

大班的科学活动——力

活动材料

1）童车、动物摇椅、拉力器、皮球、高跷、小推车、小汽车、小篮子、玩具枪等。

2）摆放位置：置于活动室内、外场地。

活动目标

1）在探索过程中感受操控物体的乐趣，萌发对"力"的兴趣。

2）通过推、拉、提、拍等不同方式施加力量，并观察物体运动变化，感知物体运动与力的大小、方向之间的关系。

3）初步认识生活中常见的力及其作用。

案例评析：

中、大班幼儿随着年龄的增长，生活经验逐渐丰富，注意力稳定性增强，注意时间延长，认知、情感、社会性等能力不断发展，为幼儿进行科学探究活动奠定了坚实的基础。活动"充气玩具"中教师能围绕主题目标选择物质材料，材料的提供既符合中班幼儿的年龄特点，又适应幼儿的发展水平。从数量上看，活动"燃烧的实验"为大班幼儿准备了合作探索的适量材料。活动"力"根据内容的难易程度，提供了幼儿常玩的、常见的、富含科学因素，且人手一份的物质材料，使每个幼儿都能玩、会玩、乐玩，在玩中感受体验探索过程的成功与失败，激起好奇心和兴趣。

总之，教师要根据幼儿的年龄特点、发展水平及主题目标，为幼儿选择并提供适量的、与主题密切联系、投放适宜的材料。

（三）活动材料必须安全卫生

在科学探究活动中，幼儿与活动材料之间会发生密切的接触，因此，这些活动材料的安全性和卫生性至关重要。保障幼儿的安全和健康是教师设计活动材料时应优先考虑的重要因素。

首先，活动材料必须符合安全卫生标准。这意味着活动材料应该经过严格的筛选和检查，确保不含有有害物质，不会对幼儿的健康造成任何危害。特别是对于那些废旧物品或者再利用的材料，更应该进行彻底的清洁和消毒处理，以防止潜在的安全风险。

其次，活动材料的设计应尽量避免造成幼儿意外伤害。活动材料不应过小，以防止幼儿将其吞入口中或者塞入鼻腔等器官，造成窒息或其他意外情况。此外，活动材料的表面应尽量避免尖锐的棱角或者易碎的部分，以减少幼儿在操作过程中可能发生的划伤或者扎伤情况。

另外，教师在选择和准备活动材料时，应根据幼儿的年龄特点和发展水平进行合理考量。不同年龄段的幼儿对于活动材料的适应性和安全性有所不同，教师需要根据实际情况调整材料的选择和使用。

（四）活动材料数量要充足

在集体科学教育活动中，需要教师为幼儿设计充足的活动材料。只有为幼儿提供充足的活动材料，才能满足每个幼儿在活动中的操作需要，保证操作活动的效果。

在为幼儿设计活动材料时，教师应该根据活动性质的差别有针对性地提供材料，因为不同性质的活动对材料数量的要求不尽相同。如果是桌面操作活动，则一般需要为每个幼儿准备人手一份的活动材料，以满足其进行单独操作的需要。如果是小实验活动，需要幼儿合作完成，则可以将幼儿分成几组，根据幼儿的分组情况确定活动材料数量。如果是集中的观察活动，观察的对象比较大或者不适合幼儿单独观察时，可以组织全体幼儿集体观察同一个对象，如观察甲鱼或者公鸡就可以组织幼儿进行集体观察。有时由于幼儿园班额较大或者有些活动需要提供多样化材料，不可能为每个幼儿准备人手一份的活动材料，可以考虑组织幼儿互换操作材料以获得多种操作体验。

四、活动过程的设计

集体科学教育活动的过程，是在教师指导下幼儿主动进行科学探索的过程。教师在设计集体科学教育活动的过程时，要能做到既体现幼儿的主体性，又发挥教师的指导作用，还要根据活动的内容，灵活地加以考虑和安排。

一般来说，集体科学教育活动的结构主要包括三个部分：开始部分、基本部分和结束部分。开始部分通常称为导入环节，在这个环节，教师通过展示操作材料、讲故事、猜谜语、做小实验等多种形式激发幼儿的兴趣，吸引幼儿的注意力，引出活动的主题。在基本部分，教师主要通过组织幼儿参加多种形式的活动并进行指导，使幼儿主动地探索，完成集体活动预定的教育目标。在结束部分，教师一般会组织幼儿进行交流评价，让幼儿巩固通过活动获取的知识经验和技能，分享成功喜悦，把集体活动推向高潮；有时还可以在结束部分把活动延伸到区域活动或者幼儿的生活中，激励幼儿继续对活动进行探索。

（一）导入环节的设计

导入环节的设计要求达到吸引幼儿注意力、激发幼儿探索兴趣，同时引出活动主题的目的。本着这个要求，教师可以通过多种多样的方法导入活动主题。

1. 通过直观演示导入活动主题

在幼儿的周围有很多有趣的科学活动，教师通过演示这些有趣的科学活动，吸引幼儿的注意力，有效地激发幼儿探究的愿望。特别是那些经过教师精心设计和处理的科学活动，更能激发幼儿的好奇心，急于知道原因的想法会促使他们集中注意力看教师的演示，听教师的讲解。

例如，教师在组织"奇妙的磁铁"集体活动时，就可以设计一个"会跳舞的小人"的导入环节。首先向幼儿出示一块玻璃板，玻璃板上放置一些用纸做的、内部有铁片的小人，然后引导幼儿认识完这些材料后，告诉幼儿这些纸做的小人还会跳舞。在幼儿将信将疑时，教师悄悄地拿一块磁铁放在玻璃板下轻轻地移动，这时纸做的小人就慢慢地站起来跟随磁铁运动。当幼儿好奇而又疑惑不解时，老师可以顺势引导幼儿讨论为什么纸做的小人会跳舞，最后在合适的时候出示玻璃板下的磁铁，并组织幼儿观察纸做的小人里面有铁片，告诉幼儿就是这个奇妙的东西让小人跳舞的，从而激发幼儿亲自动手操作和探索的欲望。在组织科技制作活动时，也可以用演示活动导入，不过这时教师演示的一般是已经制作好了的作品，如小小的降落伞、转动的风车、滚动的水车等。通过给幼儿演示降落伞、风车、水车的活动，也会激发幼儿的好奇心和自己动手制作的欲望。

2. 通过操作感知导入活动主题

教育家布鲁纳说："学习的最好刺激，乃是对所学材料的兴趣。"丰富多彩的活动材料很容易引起幼儿的操作兴趣，激发幼儿的探索活动。这种导入的方法主要适合于那些难度不大，幼儿可以通过操作材料获得科学发现的活动。教师可以直接组织幼儿自由地运用这些材料进行探索，发现材料的特征及事物之间的关系，然后引导他们深入地探索。

例如，在"物体的沉浮"活动中，教师可以先为幼儿提供装有水的水盆、泡沫板、铁钉、铁片、玻璃瓶、塑料瓶、小石子、积木等多种物质材料。在组织幼儿认识完这些材料后，就可以让幼儿自由地操作这些材料，看看哪些能浮起来、哪些会沉下去。通过导入部分的操作，幼儿积累了丰富的有关沉浮的感性经验，这就为教师接下来分析材料的特征和沉浮之间的关系做了充分的准备。操作活动是幼儿很感兴趣的活动，但幼儿在操作活动中有时显得比较乱，需要教师有较强的组织能力，才能保证活动的顺利进行。

3. 通过谈话提问导入活动主题

有些科学教育活动需要幼儿具备一些知识经验。教师可以通过组织幼儿回忆已有的知识经验以及准备材料的过程自然地导入活动主题。

例如，在"奇妙的种子"这一活动中，为了丰富种子的种类和数量，让幼儿对种子获得更全面的认识，教师事先组织幼儿和家长一起收集了许多种子。这样一来，在开始部分教师就可以组织幼儿回忆收集种子的过程，让幼儿自由地介绍自己收集的种子，从而导入活动的主题。有些活动属于总结性的活动，如"认识春天"的活动，教师可以通过和幼儿一起回忆春游时的体验、发现来导入活动；"认识菊花"的活动可以放在参观菊花展后进行，通过组织幼儿回忆菊花展上看到的、闻到的、想到的菊花的特征，导入活动的主题。有些活动的内容来源于幼儿的日常生活，则可以从幼儿的生活经验出发，提出相应的问题，激发幼儿对活动的兴趣。例如，在"认识电"的活动中，教师可以通过直接组织幼儿讨论日常生活中见到过的电器来导入活动的主题。

4. 通过谜语故事导入活动主题

谜语、故事都是幼儿比较喜欢的文学内容，有很多谜语和故事蕴含着丰富的科学知识。通过组织幼儿猜谜语、听故事导入活动主题，也比较容易把幼儿的兴趣集中到将要学习和探索的事物上。

例如，"丁零零，丁零零，一头说话一头听，两人不见面，说话听得清（电话）""一位游泳家，说话呱呱呱，小时有尾没有脚，大时有脚没尾巴（青蛙）""麻屋子，红帐子，里面住着个白胖子（花生）""头戴红帽子，身穿白袍子，说话伸脖子，走路摆架子（鹅）""像糖不是糖，能用不能尝，见水起白泡，去油又去脏（洗衣粉）"等都是一些蕴含丰富知识的谜语，在组织相关科学活动时就可以用来导入活动主题。

故事也是幼儿喜爱的一种文学形式，它以典型的人物形象、跌宕起伏的故事情节、生动优美的语言深深地吸引着幼儿。将故事这一形式运用到科学教育的导入活动中，可以很好地吸引幼儿的注意力，激发幼儿进一步探索的欲望。运用于导入活动的故事大多短小精悍，紧扣活动内容，能很快地切入主题。教师可以选择一些蕴含科学知识的故事导入活动。

例如，《小熊请客》的故事，讲的是小熊请客时由于不懂得各种动物朋友的食性，给小猴吃竹子，给小羊吃肉，给熊猫吃桃子……因而闹出了笑话。教师可以先向幼儿介绍这个故事，再引入"动物吃什么"的活动。《小蝌蚪找妈妈》讲的是小蝌蚪找妈妈的过程，介绍了小蝌蚪成长为青蛙的生命历程，有积极的科学教育意义。《月亮姑娘的新衣裳》讲述了月亮姑娘做衣服的过程，将月亮盈亏变化规律的科学道理巧妙地蕴含其中，让幼儿在听故事的过程中潜移默化地了解月亮的盈亏变化规律。

水宝宝变变变

集体科学教育活动的导入方式多种多样，一般没有固定的格式和要求。只要适合幼儿的理解水平，能引起幼儿对活动内容的注意，激发幼儿探索科学的兴趣，引出活动主题，教师就可以根据活动内容灵活地加以选择利用。

（二）基本部分的设计

基本部分是集体科学教育活动的主体部分，是开展集体活动、实现科学教育目标的主要部分。教师应该选择多种教学方法，设计适合幼儿特点的活动，并积极引导幼儿进行探索、发现和掌握科学知识和技能，形成科学的态度。教师应该把基本部分的设计放在核心位置。

1. 活动方法的设计

在集体科学教育活动中，活动方法既包括教师教的方法，又包括幼儿学的方法。活动方法设计得科学与否也直接影响着科学教育活动的效果。具体的活动方法在前面的章节中已经有过详细的论述，这里不再赘述，只对活动方法的选择和设计提出几条建议。

（1）根据活动目标选择相应的方法

无论选择什么样的活动方法，都是为实现活动目标服务的。因此，在设计活动方法时应该充分考虑实现活动目标的需要。例如，要实现认识某种事物特征的目标，可以采用观察、比较、讨论、概括的方法；要实现掌握某种技能或发展某种能力的目标，可以考虑选择操作练习等方法。

（2）根据幼儿发展特点和接受能力设计活动方法

教师设计的活动方法必须适合幼儿的认知特点，这样才便于幼儿理解和接受。不适合幼儿认知特点的活动方法无论有多好都难以被幼儿接受，更谈不上实现活动目标。在设计活动方法时，既要考虑幼儿的年龄特点，还要考虑本班幼儿的实际发展水平，做到有的放矢、因材施教，保证活动方法的科学性。

（3）根据内容选择活动方法

一般来说，活动内容不同，选择的活动方法必然有些差异。对教师来说，在设计活动方法时必须考虑内容的要求。例如，在认识新事物的活动中，可以采用观察、比较、直观教学的方法；在理解科学现象和科学原理的活动中，可以多采用直观演示、操作练习、讨论总结的方法；在科技制作活动中，可以多采用参观成品、实践操作等方法。

（4）多种教学方法协调配合，调动幼儿学习的积极性

在活动过程中，单纯依靠一种活动方法难以很好地完成活动任务，需要多种活动方法协同配合，才能较好地完成任务。活动中既要有教师的讲解，又要有幼儿的动手操作练习，还要有复习巩固的方法。

（5）注意游戏活动方法的使用

幼儿园应当以游戏为基本活动。游戏是幼儿最喜欢的活动类型，也是教师经常采用的活动方法。使用游戏法组织科学教育活动，把科学知识和技能融入游戏中，能够使幼儿在操作活动和玩耍的过程中，潜移默化地受到教育，既能愉悦身心，又能掌握知识，还能锻炼技能，可谓一举多得。

2. 活动形式的设计

有效的活动组织形式对于提高科学教育效果至关重要。活动形式应该考虑幼儿的参与规模、活动环境以及参与对象的多样性，以确保活动的多样性和灵活性，更好地满足幼儿的学习需求和发展。

首先，从幼儿参与的规模来看，可以设计集体活动、分组活动和个别活动等形式。集体活动适用于大规模的教学环境，能够促进幼儿之间的合作与交流，培养团队意识和集体荣誉感。分组活动可以更好地满足幼儿个体差异的需求，让幼儿在小组中相互合作、竞争，促进彼此学习。个别活动则能更有针对性地满足幼儿个体发展的需求，提供个性化的学习支持和指导。

其次，活动环境也是影响活动效果的重要因素。可以在室内或室外组织活动，每种环境都有其独特的优势和不足。室内活动环境相对可控，能够提供更多的学习资源和设备支持，适合进行实验、观察等活动。室外环境则能够让幼儿接触自然，感受自然的美好，促进他们对环境的探索和认知。

师幼互动是重要的教学形式，教师可以引导幼儿思考问题、分享观点，促进他们的思维发展和交流能力。除了教师的讲解外，还应鼓励幼儿独立操作和探索，培养其自主学习的能力。有些活动环节还可以邀请家长参与，加强家园合作，共同关注幼儿的学习成长，形成育人合力。

3. 活动程序的设计

活动程序的设计没有固定的格式，教师应该根据不同类型的活动需求，灵活设计相应的程序。活动程序的设计应考虑幼儿的认知水平、学习特点以及活动目标，以促进幼儿的全面发展和科学素养的提升。

首先，针对不同类型的活动，活动程序的设计可以采取多种方式。例如，观察类活动可以从观察开始，逐步进行分析、对比，最后概括总结，帮助幼儿深入理解活动内容。实践类活动则可以从幼儿动手操作开始，通过操作实践，展开讨论分析，最终达到对知识的理解和掌握。实验类活动可以从实验演示开始，引导幼儿参与讨论、分析原因，通过反复实验来发现科学道理，深化对科学知识的理解。

其次，活动程序的设计要求思路清晰、循序渐进。教师应该合理安排活动的每一个环节，使其有机地连接起来，形成一个完整的学习过程。在设计活动程序时，要特别把握好重点和难点，注重引导幼儿的思考和探索，让他们在活动中逐步领悟和掌握知识，培养科学思维和问题解决能力。

此外，活动程序的设计也应注重问题导向。通过设计具有挑战性和启发性的问题，引导幼儿主动思考和探索，激发他们的求知欲和探究兴趣。问题导向的活动设计有助于培养幼儿的批判性思维和创新意识，提高其解决问题的能力和自主学习的能力。

（三）结束部分的设计

结束部分是一次集体科学教育活动的结束，但不是幼儿探索活动的结束，有可能是新的探索活动的开始。因此，教师需要精心地设计活动的结束方式，既要使某一次活动圆满地完成，最好还能启发幼儿开展新的探索。常用的活动结束方式主要有以下几种。

1）组织幼儿讨论、总结活动的收获，教师对幼儿的操作表现进行评价。这是教师经常使用的一种结束方式。

2）针对幼儿操作探索的情况，进一步提出要求或建议，让幼儿在活动结束以后继续探索，一般称之为活动的延伸。这样的结束方式是开放的，可以使幼儿的探索活动延伸下去，成为新的探索活动的起点。一般采用这种结束方式。

3）展示幼儿的活动成果也是一种结束的方式。这种方式经常用于科技制作活动的结束部分。通过展示活动，既可以总结幼儿的活动情况，又能满足幼儿展示自我的需要，同时还有利于培养幼儿之间相互欣赏、相互学习的良好品质。

4）以艺术活动结束，这也是经常采用的一种结束方式。绘画、唱歌、律动等轻松活泼的活动能够调节幼儿的情绪情感，使幼儿的身心得到放松，也可以使幼儿获得美的享受。

━━ **任务实训** ━━━━━━━━━━━━━━━━━━━━━━━━━━━━━━━━━━━━

请为大班集体科学教育活动"有趣的浮沉"设计适宜的2～3种教学方法。

任务三　集体科学教育活动的组织与指导

一、做好充分的活动准备

活动的充分准备是成功实施集体科学教育活动的关键环节之一。准备工作是否充足直接影响活动的效果。因此，活动准备工作在活动实施前是不可或缺的。

首先，教师应该对活动所涉及的科学知识有充分的了解和准备。这包括对活动主题和内容的深入研究，以确保能够深入浅出地指导幼儿进行科学探索。教师应该不断学习新的科学知识，以保持对活动内容的专业性和权威性。

其次，教师需要积极准备活动所需的物质材料，以确保幼儿能够顺利地进行操作和实验。这包括选择适合活动目标和幼儿年龄特点的材料，保证其质量和安全性。例如，对于实验活动，教师应准备好必要的实验器材，并确保其使用方法和操作流程符合安全标准。

在活动室环境的布置方面也需要进行周到的考虑。教师应该根据活动内容和目标合理布置活动场地，使其符合活动的需要。良好的活动环境能够激发幼儿的学习兴趣和参与热情，提高活动的效果。

二、观察、分析幼儿的行为

在集体科学教育活动的实施过程中，教师扮演着重要的角色，需要通过观察和分析幼儿的行为，以便更好地引导他们参与活动。

首先，教师应该仔细观察幼儿的行为，包括他们的动作、表情、态度等。通过观察，教师可以获取关于幼儿活动的详细信息，了解他们的兴趣、需求和特点，为后续的指导提供依据。只有通过充分的观察，教师才能做出准确的判断和有针对性的指导。

其次，教师需要对观察到的幼儿行为进行分析，解读其背后的原因。这包括分析幼儿的动机、认知水平、情感状态等，以便更好地把握幼儿的需求和问题，为指导幼儿提供更有针对性的建议和解决方案。通过深入分析幼儿行为，教师可以更好地理解幼儿的思维方式和行为特点，从而更有效地进行指导。

在观察与分析的基础上，教师还应通过各种方法有针对性地对幼儿进行指导，包括向幼儿提出问题、给予建议、示范操作等，以促进幼儿的学习和发展。此外，教师还可以适当地参与幼儿的活动，与他们互动交流，营造共同学习的氛围，提高活动的效果。

三、精心设计问题，引导幼儿活动

在进行集体科学教育活动时，教师的语言指导至关重要。通过精心设计问题，教师能够有效地引导幼儿参与活动，促进其学习和发展。

首先，问题设计应紧密贴合活动内容，以引导幼儿深入探索。问题应该与活动主题密切相关，能够引发幼儿的兴趣和思考，激发他们的求知欲，让他们集中注意力，更好地参与活动，并从中获得学习体验。

其次，教师还应根据幼儿的发展水平提出适宜的问题，实现因材施教。对于发展水平较高的幼儿，可以提出更具挑战性和深入的问题，促使其进行更深层次的思考和探索；而对于发展水平较低的幼儿，则应提出更简单易懂的问题，以确保他们能够理解和参与。

再次，问题设计应具有启发性，能够激发幼儿的思考和探索欲望。教师所设计的问题应该能够引导幼儿思考问题的原因、可能的解决方法以及相关的科学原理，从而促进其自主学习和发现。通过启发式的问题设计，幼儿将更积极地参与活动，并从中获得更深层次的学习体验。

最后，教师还应尽量设计开放性的问题，鼓励幼儿自由思考和表达。开放性问题不仅能够激发幼儿的创造力和想象力，还能够培养其批判性思维和解决问题的能力。通过自由的表达和交流，幼儿能够更好地理解科学概念和原理，并将其应用到实际情境中。

四、保证幼儿充分地活动

一般来说，一次集体科学教育活动的时间大约为 15～30 分钟，因年龄班不同而有所差异。在这有限的时间里，教师应给予幼儿充分的活动机会，鼓励幼儿大胆操作、认真思考。同时，还要给予幼儿充分的讨论、交流的时间，让幼儿相互交流、相互启发。科学发现是一个交流的过程，同伴间的讨论合作能开阔幼儿的思路，提高操作水平，还可以使幼儿在相互交流讨论中分享获得的新经验。

首先，教师应合理安排活动流程，确保幼儿有足够的时间参与各个环节。在活动过程中，教师应充分考虑他们的年龄特点和操作能力，给予适当的引导和支持，鼓励他们积极参与，勇于探索。同时，也要保证活动的设计具有一定的灵活性，以应对幼儿在活动中可能出现的各种情况和需求。

其次，教师在活动中还要鼓励幼儿大胆操作和认真思考。通过给予幼儿足够的自主权和自由度，鼓励他们尝试各种可能性，并从中获得实践经验。教师可以提供一些启发性的问题或提示，引导幼儿进行思考和探索，但同时也要尊重幼儿的想法和创意，给予他们足够的空间和时间，以便他们能够充分发挥自己的潜力。

此外，教师还应为幼儿提供充分的讨论和交流时间，促进他们之间的互动和合作。通过与同伴的交流和合作，幼儿能够分享自己的观点和经验，从中获得启发和帮助，进而加深对科学知识的理解和掌握。教师可以组织小组讨论或合作活动，引导幼儿共同探讨问题、分享发现，培养他们的合作精神和团队意识。

五、面向全体，照顾个别

面向全体、照顾个别是幼儿园教育活动应当遵循的重要原则。集体科学教育活动是面向全体幼儿进行的活动，教师在组织活动时首先要考虑全体幼儿的需要，在此基础上还要重视和满足幼儿个体的学习需求。

首先，教师在组织活动时应该全面考虑幼儿的学习需求和兴趣，确保活动的内容和形式能够吸引全体幼儿的参与和关注。这需要教师具备敏锐的观察力和细致的心思，以确保活动能够充分地满足每个幼儿的学习需求，并激发他们的学习兴趣。

其次，教师可以通过提问等方式对全体幼儿进行引导，以确保每个幼儿都能够参与活动，并从中有所收获。通过提出启发性问题，教师可以激发幼儿的思维，促进他们的探索和发现，从而提高活动的质量和效果。

再次，当幼儿进行分组或个别操作时，教师还应该对他们进行个性化的指导和帮助。针对不同幼儿的学习水平和学习方式，教师可以提供不同程度的帮助和引导，以确保每个幼儿都能够在适合自己的学习环境中得到充分的发展和成长。

最后，教师还应该及时对幼儿的活动情况进行评估和反馈，及时发现和解决他们在活动中遇到的问题和困难。通过个性化的关怀和支持，教师可以帮助每个幼儿克服困难，实现个人发展目标，从而促进每个幼儿在原有水平上得到提高。

六、合理运用评价手段激励幼儿探索

在集体科学教育活动中，教师的评价是引导幼儿学习和发展的重要手段。评价不仅是对幼儿的学习成果进行总结，还能够强化他们的行为表现。教师可以通过多种方式进行评价，包括口头表扬、眼神肯定以及行为反馈等。在评价过程中，教师应该注重积极的评价，充分肯定和强化幼儿在活动中表现良好的行为和态度。特别是要重视幼儿参与活动的积极态度和探索过程，而不仅仅关注结果。对于那些表现出积极主动、专注探索、勇于思考、敢于表达和创造性行为的幼儿，应该给予充分的鼓励和肯定，让他们体验到发现和成功的喜悦，激发他们持续参与学习的动力。

评价的过程应该是温和而鼓励的，而非批评和指责的。教师应该倾听和理解幼儿的想法和感受，给予他们积极的反馈和支持，帮助他们建立自信和自尊。同时，教师也可以提供适宜的建议和指导，帮助幼儿发展和完善学习能力和技能。评价不仅是对幼儿行为的反馈，更是对他们成长的引导和激励，是促进其学习和发展的重要因素之一。

此外，评价应该是公正和客观的，不偏不倚地对待每一个幼儿。教师要根据每个幼儿的个体差异和特点进行评价，注重因材施教，给予个性化的指导和支持。对于那些学习困难或行为表现不佳的幼儿，教师应该给予特别的关怀和帮助，帮助他们克服困难，提高自信心。

📖 **案例 6-2**

不　倒　翁
（大班）

一、设计意图

不倒翁是幼儿喜爱的玩具，大班幼儿已将玩不倒翁的兴趣点转移到了为什么不倒翁会不倒这一问题的探究上。《幼儿园教育指导纲要（试行）》要求引导幼儿对身边常见事物和现象的特点、变化规律产生兴趣和探究的欲望。因此在活动中，创设了宽松的学习环境，以游戏的形式开展教学，通过让每个幼儿玩不倒翁、自己制作不倒翁来探究不倒翁不倒的秘密，以激发幼儿的探究欲望，从而培养幼儿运用科学的态度、方法去发现问题、解决问题的能力。

二、活动目标

1）自制不倒翁，在游戏中发现问题并探索解决问题，体验成功的快乐。
2）通过操作，感知不倒翁不倒的秘密。

三、重难点分析

重点：通过多次探索成功制作出不倒翁。
难点：在操作探索中理解不倒翁不倒的秘密。

四、活动准备

1）不倒翁成品玩具和自制的不倒翁（底部为平底或尖底）若干，并用布遮盖。

2）幼儿操作材料：小石子、橡皮泥、海洋球（提前剪去三分之一）人手一个、半圆形彩纸、彩笔。

3）PPT 课件：制作不倒翁的材料及方法、不倒翁不倒的简单原理等。

五、活动过程

（一）出示自制的不倒翁，导入活动主题

师幼共同玩大不倒翁，激发幼儿探索的兴趣。

（二）自由玩不倒翁玩具，探索不倒翁底部的秘密

1）出示不倒翁玩具，幼儿每人取一个自由玩一玩。

教师提出要求：玩时仔细看一看、比一比，看看谁的不倒翁能来回摇摆，谁的放倒后不会站起来。

2）请幼儿按照不倒翁倒下后是否能站起来，分成两组并演示自己的不倒翁。

3）引导幼儿比较发现两组不倒翁的异同（底部形状不同）。

小结：底部是半球体才能做不倒翁。

（三）幼儿制作不倒翁并寻找不倒翁能来回摇摆的原因

1）展示 PPT 课件，介绍不倒翁的制作材料（半圆形彩纸及海洋球）及制作方法。

① 将半圆形彩纸折叠后粘成像帽子形状的圆锥体做不倒翁的头部。

② 将圆锥体粘贴在海洋球上，并添画上眼睛、嘴巴即可。

2）幼儿操作，教师巡回指导。

3）自由玩不倒翁，发现不倒翁不能来回摇摆的原因。

（四）师幼共同探索"不倒翁"不倒的秘密

1）出示实验记录表，教师讲解实验及记录方法。

① 请幼儿将小石子、橡皮泥依次装进不倒翁的身体后试一试，看它倒下后能不能站起来。

② 一次放入一种材料，在记录纸上用不同的标志画在不倒翁的身上，如果能来回摇摆用"√"表示，不能来回摇摆用"×"表示。实验完一种材料后，把它倒出来，再装另一种材料。

2）幼儿操作并记录，教师巡回指导。

3）交流讨论结果，教师演示对比，验证实验结果。

① 教师依次演示放入石子、橡皮泥的不倒翁，请幼儿说一说自己的操作结果并验证。

② 讨论：怎样放入橡皮泥才能使不倒翁不倒。

小结：把橡皮泥固定在不倒翁的底部就可以做成真正的不倒翁了。

③ 幼儿再次操作实验，体验成功的快乐。

4）展示 PPT 课件，进一步了解不倒翁不倒的原理。

（五）探索延伸

1）提出问题，幼儿讨论交流用小石子做成不倒翁的方法。

2）再次出示自制的不倒翁，幼儿观察不倒翁的底部（用胶带将多个小石头固定在不倒翁的底部），进一步拓展如何用颗粒状的物体制作不倒翁。

3）整理材料，活动自然结束。

（济南二机床集团有限公司幼儿园　王梅美）

案例评析：

不倒翁是幼儿喜爱的玩具，大班幼儿已将玩不倒翁的兴趣点转移到了为什么不倒翁会不倒这一问题的探究上。这一问题涉及物体的重心、平衡等方面，涉及的知识面较广。为了让幼儿深度学习，教师结合幼儿的兴趣及学习特点有效生成科学活动"不倒翁"，帮助幼儿理解不倒翁不倒的秘密，激发幼儿的探究欲望。

本活动实验材料适宜，取材方便，教学组织以幼儿主动探索学习为主线，层层递进：自制不倒翁—发现问题—提供材料帮助解决问题—再次发现问题—将橡皮泥固定解决问题—了解不倒翁的原理。在活动中，幼儿自行设计探究方法，自主经历探究过程，自行获得问题结论，充分体现了科学教育的价值取向，对培养幼儿运用科学的态度、方法去发现问题、解决问题的能力起到了积极的促进作用。

案例 6-3

追 风 行 动
（中班）

一、设计意图

《3—6岁儿童学习与发展指南》科学领域的目标之一是"亲近自然，喜欢探究"。在"寻找空气"这一主题活动中，幼儿在户外活动时对捕捉空气产生了浓厚的兴趣，他们发现有风的时候能把捕风袋装满，并对风是什么、风是不是空气产生了疑问。为了满足幼儿的兴趣和好奇心，支持幼儿的深度学习，生成了本次自然科学探索活动。通过观察、记录发现风的存在；采用游戏化的方法调动幼儿在活动中积极参与，大胆联想，主动探索；在观察体验风是空气流动形成的实验中，鼓励幼儿根据观察提出值得继续探究的问题，并通过大胆尝试、体验和风玩游戏来感受风的作用，激发幼儿对风的好奇心和探究兴趣。

二、活动目标

1）对风有探究兴趣，体验与风游戏的快乐。

2）探索风的形成，知道空气流动形成了风。

3）感受风的作用，初步了解风与人们的关系。

三、重难点分析

重点：感受风的作用，初步了解风与人们的关系。

难点：探索风的形成，知道空气流动形成了风。

四、活动准备

（1）经验准备

了解空气是无色、无味、看不见、摸不着的。

（2）物质准备

1）环境布置：风铃、丝带、彩旗、风车、风筝等。

2）实验材料：气球、扇子、记录单、记号笔、艾灸条、蜡烛、自制有上下两个瓶口的塑料桶、打火机、风的形成展板、风能发电机等。

3）游戏材料：悬浮球、泡泡器、导风袋、手摇风扇、纸板、打气筒、风帆动力小车等。

五、活动过程

（一）通过飘浮的气球游戏感知风的存在

指导语：气球宝宝想去空中旅行，可是一不小心被卡在了箱子里。怎么才能让气球宝宝从这个箱子里飘起来去旅行？你有什么好办法吗？请你来试一试。

提问：是什么让气球飘起来的？

（二）通过看、听、闻等，用不同的感官探索风的存在

指导语：你看到过风吗？你通过什么方式发现了风？请你去周围找一找风并把你的发现记录下来。当你听到音乐声你要回到这里。

提问：你通过什么感受到了风？

小结：原来风是看不见的，但是我们可以通过眼睛看到的、耳朵听到的、鼻子闻到的以及身体的感受发现风来了。

（三）探索风的成因

1. 通过观察实验感受风的形成

指导语：刚才我们用耳朵、鼻子等不同的感官感受到了风的存在。那么风到底是怎么形成的呢？我们一起通过一个小实验来了解一下。

（1）体验风是怎样形成的

教师用木板盖住上方瓶口再拿开引导幼儿观察火苗的变化。

提问：你发现了什么？

小结：火苗偏向另一边，说明有风从瓶口吹进塑料桶。塑料桶内的蜡烛燃烧，加热桶内空气，热空气变轻，从上方桶口飘出桶外，桶外的冷空气通过下方瓶口进入塑料桶内，空气流动起来就形成了风。

（2）通过实验观察风是怎样流动的

指导语：空气流动起来形成了风，那你能看到风吗？老师这里有一个秘密武器，我们可以借助它看到风的流动。

小结：烟雾随着热空气上升，我们就能看到风的流动了。

2. 通过展板了解自然界中风的形成

指导语：热空气上升，冷空气下降，空气流动起来形成了风。那么大自然中是什么让空气变热了？太阳光照射在地球上，有的空气变热变轻开始上升，而地球上又冷又重的空气会迅速跑过来，大自然中的空气就流动起来形成了风。

（四）与风玩游戏，感受风的作用

1. 幼儿自主选择材料，探索风的游戏

一组：悬浮吹球。

二组：泡泡画。

三组：导风袋。

四组：风车、风筝。

提问：你和风玩的什么游戏？你是怎么和风玩的？

2. 自主探索风帆动力小车的玩法

提问：不用手推动小车，你有什么办法让小车跑起来？

小结：风能吹起小球，能吹动风车和风筝，能吹出漂亮的泡泡画，还能帮助以风帆为动力的小车跑起来，我们的生活离不开风。

（五）设置疑问，激发幼儿继续探索风的欲望

教师：今天我们知道了风的很多秘密，其实风还有其他秘密哟。我没有电池也可以让灯亮起来，我们一起看一看。我用了什么办法让灯亮起来的？为什么风吹动风车，灯就亮呢？请小朋友回家和爸爸妈妈一起寻找答案，带来幼儿园和好朋友一起分享。

（山东省济南机车车辆厂幼儿园　代倩倩）

案例评析：

风是大自然中常见的自然现象，幼儿在通过与风的互动中寻找、感知无处不在的风，体会风的奇妙，产生与风玩游戏的愿望。在对周围环境的持续关注中，幼儿的眼光更敏锐、发现更丰富了。在与各种亲自然材料互动的过程中，幼儿积累了对风的特性的认识经验，借助工具去改变风力大小，从而让风力小车跑得更快。通过观察风形成的实验过程，提出新的问题，激发了幼儿自发、自主的学习欲望。幼儿在游戏中观察、发现风的有趣特性。

每一次材料的投入、每一个活动的设计都大大激发了幼儿的好奇心，支持他们发现问题并引导其深入探究。教师在幼儿探究过程中的一个重要作用就是把研究引向一个明确的方向，让幼儿通过亲身感受和体验及各种实验来证明风的存在、风的形成。教师带着幼儿回归自然，和风儿一起做游戏，在一系列探究风的活动中，促使幼儿充分享受学习的快乐，体验风的魅力。

📖 **案例 6-4**

消失的图画

（大班）

一、设计意图

大班科学活动"消失的图画"是根据生活中光的全反射现象而生成的活动。光是幼儿生活中每日都能感受到的现象，他们对于见到的光影、光的折射、光的反射现象表现出极大的兴趣，本次活动将生活中光的全反射现象变成幼儿所能理解的"消失的图画"

这一充满童趣的内容，让光与美人鱼成为朋友，让幼儿在与美人鱼互动游戏过程中，了解光的全反射这一现象。

一日生活皆课程，生活中有各种各样的光所呈现出来的奇特现象。幼儿的心中有许许多多关于光的疑问，本活动从幼儿的兴趣出发，引导幼儿主动去探究图画消失的原因，步步深入发现图画消失背后的秘密，体会实验中的新发现带给自己的喜悦和满足；初步了解光的全反射的特性，并且能够利用这一特性去主动思考，自己动手做一张可以让细菌消失的图片；丰富幼儿关于光的知识，发展幼儿自主探究的能力。

二、活动目标

1）感受实验中有新发现时所带来的兴奋和满足，能用一定的方法验证自己的猜测。

2）能将发现的现象用语言、图画、符号等多种方式进行交流与表征。

3）初步了解物体消失背后的原因，尝试运用多种方法让图画消失；能自己动手制作一张消失的图画卡片。

三、重难点分析

重点：能将发现的现象用语言、图画、符号等多种方式进行交流与表征。

难点：初步了解物体消失背后的原因，尝试运用多种方法让图画消失。

四、活动准备

物质准备：美人鱼图片若干、细菌图片若干、自封袋若干、观察记录表、笔、透明水槽。

经验准备：幼儿知道美人鱼的形象，具有动手实验操作的经验。

五、活动过程

（一）实验导入，激发幼儿探索兴趣

观看美人鱼变身视频，激发幼儿探索美人鱼裙子消失的兴趣。

提问："你发现了什么？""你觉得美人鱼的裙子去哪儿了？"

（二）自主探索图画消失的秘密——从观察的角度

1）操作实践，了解将图画垂直放入水中，在水平面上观察，图画会消失。

① 教师展示实验材料，说明实验要求。

② 幼儿自主实验操作。

③ 请幼儿分享图画消失的操作过程。

提问：你是怎么把卡片放进水中的？你是从哪里看的？

小结：我们把图片这样垂直放入水中，眼睛在水平面上观察的时候，美人鱼就能变身。

2）再次实验，寻找图画消失的多种方法。

① 教师引导幼儿从不同的观察角度、通过不同的放入方式探究图画消失的方法，并请幼儿将操作结果记录在记录表上。

② 幼儿操作实验。

③ 分享实验结果，教师小结。

指导语：我们来看看哪个小朋友找到的方法最多。

提问：谁还找到了跟他不一样的方法让美人鱼隐身？

小结：看来不管图片怎样放，只要观察的角度和图片的角度适宜，图画就会消失。

（三）通过游戏"真假美人鱼"探索图画消失的秘密二——空气

1）讲解游戏玩法。

指导语：今天这里来了两条美人鱼，一条是真的，放入水中可以隐身，另外一条是假的，不管你怎么放都不会隐身。

2）幼儿预测结果。

3）幼儿实验，验证结果。

指导语：究竟谁是真的谁是假的？它俩有什么区别？

4）通过图示讲解光的全反射。

小结：我们把实验卡片垂直放入水中，光线经过水面稍微弯了一下腰，然后射向了实验卡片，这时候神奇的现象出现了，实验卡片"嗖"地一下把袋子上的光又全部反射出去了，所以我们的眼睛只看到了袋子上鱼尾巴的图案。可是光无法透过透明袋子和空气到达图片，所以袋子里面的图案就神奇消失了。

（四）经验巩固，利用光的全反射原理制作可以让图画消失的卡片

1）幼儿讨论细菌消失的卡片制作方法。

指导语：我们怎样才能制作一张在水里细菌图画消失，只留下小手图案的实验卡片？

2）幼儿操作实验，验证方法。

小结：看来利用光的全反射不仅可以让美人鱼变身，还能让塑封袋里所有的图画消失。

（五）经验迁移，了解生活中光的全反射的应用

1）播放全反射在生活中的应用的相关视频，引导幼儿了解全反射在生活中多样的应用。

指导语：光的全反射在我们生活中也有很多的应用。我们一起来看一看。

提问：视频中你都看到了哪些光的全反射在生活中的应用？

2）总结："通过光的全反射，汽车的后视镜可以帮助司机观察路况，潜望镜利用全反射的原理帮助人们在水下观测水面情况。看来光的全反射给我们的生活带来了很多的方便。"

六、活动延伸

教师：其实在我们的活动室、走廊、区角到处都能看到光的全反射，我们一起去寻找更多关于光的小秘密吧！

（山东省济南市槐荫区实验幼儿园　李倩影）

案例评析：

一日生活皆课程，课程的生成在于对生活中教育契机的把握。本活动是根据生活中光的全反射现象而生成的活动。教师敏锐地捕捉到幼儿对光的兴趣点，根据幼儿的年龄特点选择合适的教育内容与恰当的教育方式，将生活中光的全反射现象变成幼儿所能理解的"消失的图画"这一内容，让光与美人鱼成为朋友，让幼儿在与美人鱼互动游戏过程中，了解光的全反射这一现象，体现了玩中学、学中乐这一教育理念。

　　幼儿科学学习的核心是激发探究兴趣，体验探究过程，发展初步的探究能力。本活动利用有趣的实验导入，激发幼儿探究欲望，并将具有一定物理原理的光的全反射实验转化成"美人鱼尾巴不见了"的游戏化操作活动，让幼儿自主探索，步步深入寻找图画消失的秘密，在直接感知、亲身体验和实际操作中探索图画消失的奥秘，让幼儿"动"起来，取得了良好的教学效果。

任务实训

　　在集体教学活动中，教师的有效提问不仅能够激发幼儿的探索愿望，还能够引导幼儿开展高质量的探究活动。请为大班集体教学活动"动物怎样过冬"设置 2～3 个关键问题，引导幼儿开展高质量探究活动。

综合实训

　　结合《幼儿园教育指导纲要（试行）》《3—6 岁儿童学习与发展指南》科学领域的发展目标和教育建议，选择一个适宜的集体科学教育活动内容，设计一份集体教学活动方案。

项目七
学前儿童科学区域活动

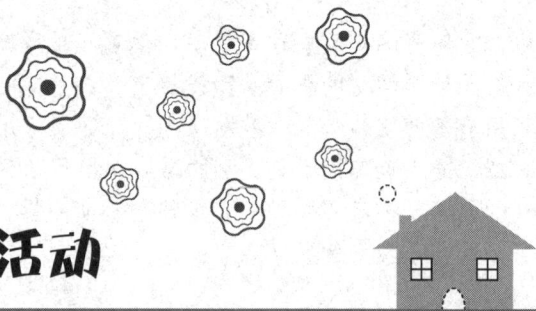

学习目标

- 了解幼儿园科学区域活动的内涵、特点、意义以及科学区域活动的主要种类。
- 掌握幼儿园科学区域环境的创设原则与材料投放要求。
- 掌握幼儿园科学区域活动设计的基本方法。
- 掌握幼儿园科学区域活动的组织指导要点。
- 通过科学活动，培养好奇心、探索精神、创新意识和批判性思维，培养科学态度和科学精神。
- 认识科学教育对幼儿的影响，培养对社会和环境的责任感。

案例引导

　　孩子们在几星期前将加餐剩下的火龙果种子种在了纸杯中并放在自然角，每个人都有属于自己的火龙果盆栽。孩子们每天都会去自然角照顾盆栽，给它们浇水、晒太阳，期待它们发芽。

　　这天，孩子们在自然角观察自己种植的火龙果苗（图7-1和图7-2）。小溪的纸杯盆栽中不仅长出了火龙果苗，还长出了另一种小苗。远远看到说："这个不是火龙果苗，它们长得不一样。"小溪仔细观察了盆栽后发现确实不一样："火龙果苗是有小刺刺的，我的这个是小绿叶，没有小刺刺。"旁边的果果听到了也过来看小溪的盆栽，说道："你这个是小草吧！需要拔掉，因为草会吃掉土里的营养，火龙果就长不出来了。"

图 7-1　观察火龙果苗　　　　图 7-2　火龙果苗发芽了

不一会儿大家都围过来看，阳阳看到后激动地说道："这个是小油菜！我见过我姥姥的菜园里种过小油菜，小油菜种子发芽后就是这样子的。"果果惊讶地说："小油菜？咱们幼儿园的种植区里就有小油菜，我怎么觉得不一样呢？"小溪思考后也说："对呀，幼儿园小油菜的叶子边边是光滑的，我的这个的叶子边边是锯齿状的。"阳阳说："咱们拿着它和种植区的小油菜比比看不就知道啦！"阳阳提议后，大家都高兴地附和着："对呀！对呀！我们叫上老师一起去对比看看吧，看谁说对了。"

想一想

在这个案例中，幼儿通过什么途径获得了关于植物叶子的科学知识？教师该何时介入指导？如何指导？

任务一　了解科学区域活动

《幼儿园教育指导纲要（试行）》指出："幼儿园教育应尊重幼儿的人格和权利，尊重幼儿身心发展的规律和学习特点，以游戏为基本活动，保教并重，关注个别差异，促进每个幼儿富有个性的发展。""尊重幼儿在发展水平、能力、经验、学习方式等方面的个体差异，因人施教，努力使每一个幼儿都能获得满足和成功。"集体科学教育活动很难照顾到每个幼儿的个体差异，促进幼儿个性的全面发展，而科学区域活动作为集体性科学教学活动的延伸和丰富学前儿童科学教育活动的辅助手段，目的就是让幼儿充分运用各种感官，积极动手操作各类材料，主动获取科学知识和技能，培养科学态度和精神，促进个性发展。由此可见，科学区域活动正好与《幼儿园教育指导纲要（试行）》提出的要求相吻合，成为科学教育活动中的重要组成部分。

一、科学区域活动的含义

科学区域活动，是指教师根据科学领域的教育目标和幼儿的发展水平，有目的地创设活动环境，投放活动材料，让幼儿按照自己的兴趣和能力，操作摆弄教师提供的各种材料，从而发现和获得新的科学知识和技能的教育活动。科学区域活动可使幼儿依靠自己的能力去感知、思考、寻找问题的答案，发挥幼儿的主体作用。在科学区域活动中，教师在教育内容的选择、环境的创设、幼儿活动的调控等方面要发挥主导作用。

二、区域活动与集体教学活动的区别

区域活动不同于集体教学活动，二者的区别见表 7-1。

表 7-1　区域活动与集体教学活动的区别

项目	区域活动	集体教学活动
活动内容	教师提供不同的材料，幼儿自主选择材料进行活动	教师选择并确定活动内容，全体幼儿参与
活动目标	没有统一的活动目标	教师根据幼儿年龄特点预先制定活动目标

续表

项目	区域活动	集体教学活动
活动材料	教师提供充分的材料，幼儿自由选择	教师根据活动目标提供活动材料，以便幼儿操作学习
活动过程	幼儿在教师给定的时间内自主活动，教师很少直接干预	教师高度控制，较多直接指导

三、科学区域活动的特点

科学区域活动的特点主要表现在以下几个方面。

（一）科学区域活动是一种幼儿自主性的探索活动

在科学区域活动中，幼儿可以按自己的兴趣、需要选择活动内容与材料。在活动区中操作摆弄物品的时间、方式、次数都由幼儿自己决定。幼儿通过与材料的相互作用去发现、思考、解决面临的各种问题，积累各种经验，既包括成功的经验，也包括失败的经验。

（二）在科学区域活动中，师幼互动性强

在科学区域活动过程中，教师不仅是幼儿活动的指导者，还是幼儿活动的支持者和合作者。当幼儿的探索出现问题无法继续进行的时候，教师会及时地给予幼儿辅助性指导，或以同伴的身份参与幼儿活动，和幼儿共同探索、发现、解决问题，既能发挥幼儿的主动性，又能调动幼儿的积极性。

（三）科学区域活动是一个开放的环境，有宽松的活动氛围

区域活动和集体教学活动相比，具有更大的开放性（包括空间上的开放、内容上的开放、材料上的开放、形式上的开放、师幼关系的开放以及活动评价的开放），为幼儿的探索创设了一个宽松的活动氛围。在这样的活动氛围中，幼儿能更放松地进行操作、探索，主动地学习科学。

（四）开展科学区域活动灵活方便

科学区域活动就设置在幼儿的身边，活动的时间比较灵活。除了利用专门的区域活动时间组织幼儿进行活动外，还可以利用晨间、饭前、饭后、午睡前后、离园前等空隙时间进行活动。

四、科学区域活动的价值

开展科学区域活动是贯彻《幼儿园教育指导纲要（试行）》精神的有效手段，是对幼儿实施科学启蒙教育。科学区域活动有着传统的集体科学教育活动所不能替代的教育效果。

（一）科学区域活动有利于幼儿获得直接的科学经验

在科学区域活动中，丰富的物质材料、充分的活动时间、科学的环境布置和宽松的活动氛围，都给幼儿的感知、操作活动创造了条件，使得幼儿的表现特别活跃，看见什

么都想去做一做、试一试。观察是幼儿学习的基本方法，幼儿正是通过观察接触世界、了解世界，激起探索自然的兴趣。例如，自然角就在幼儿身边，幼儿可以随时在自然角进行观察、种植活动。同时，在教师的指导下，他们可以近距离地接触自然角中的各种物品，能够更方便地开展细致观察和持续性观察，发现许多集体教学活动中发现不了的现象，积累更多的直接经验，满足幼儿在集体教学后的探索需求。

（二）科学区域活动有利于促进幼儿的主体性发展，激发幼儿对科学活动的兴趣

教师和幼儿共同准备科学区域活动所需的材料，并根据幼儿的兴趣增加或更换，能激发幼儿参加活动的积极性和主动性。没有教师的高度控制，幼儿可以自由地按照自己的想法和观点进行探究，而不会受到外界的影响。向幼儿全面开放区域活动，使幼儿有发挥创造能力的机会，能促进幼儿主体性的发展。活动中有趣的现象可激发幼儿对神秘的科学现象的探索和向往，增添对探索科学的兴趣。

（三）科学区域活动有利于因材施教，促进幼儿个性的发展

每个幼儿都有自己的成长环境和家庭背景，这使他们形成了不同的学习方式和兴趣点，也就是我们常说的个别差异。在集体科学教育活动中教师很难照顾到每个幼儿的个别差异，但在科学区域活动中就能很好地解决这个问题。教师通过向科学活动区域投放不同层次、不同类别的材料，使每个幼儿都可以根据自己的兴趣爱好及发展水平来选择材料，以自己的方式进行科学探索活动，使自己在原有的水平上得到提高和发展。

（四）科学区域活动可以作为教学活动的活动前准备和活动后延伸

科学区域活动为幼儿提供了一个非正式学习与体验式学习的场域，幼儿在亲身体验中积累生活经验，萌发主动探索的愿望，在此基础上进行的教学活动正是在幼儿已有生活经验的基础上加以提升，帮助幼儿全面系统地感知和体验主题活动的内容。教学活动后幼儿通过直接参与区域活动，与区域内的材料进行延伸互动，从而建构与这些物体的认知和联系，让幼儿在真实有效的自然生活中得到发展，真正成为各种主题活动的主体。

五、科学区域活动的设计

（一）科学区域活动内容的设计

幼儿园科学活动区域的设置没有严格的规定。一般来说，幼儿园可以根据本园的实际条件，开设一定数量的科学活动区域。区域面积可大可小，活动内容可繁可简，但必须最大限度地发挥它们的教育功能。科学区域活动内容的设计一方面要与科学教育活动的总体目标保持一致，注意与其他幼儿教育活动密切配合；另一方面还要考虑具体活动区域的特点，同时还要兼顾幼儿的年龄特点，并体现地方性、季节性等特征。目前，我国大部分幼儿园开设的科学活动区域主要包括自然角、种植区、饲养区等。

1. 自然角

自然角是大自然的缩影，可以使幼儿了解自然界，帮助他们建立对自然科学的兴趣，

培养幼儿的观察能力和科学的学习态度。自然角一般设置在室内阳光充足的地方，也可以利用活动室的一角或走廊、窗台。

2. 种植区

种植区主要是指在幼儿园户外开辟的供幼儿进行种植活动的区域。相对自然角而言，种植区的空间要大一些，可以种植多种植物，如胡萝卜、小白菜、菠菜、茄子等。通过让幼儿和教师共同种植和收获，既让幼儿获得有关种植、植物生长条件、劳动工具的使用等知识技能，又让幼儿体验到劳动的辛苦及收获的喜悦。

3. 饲养区

饲养区的设置可以满足幼儿喂养、观察多种小动物的愿望。饲养区里的小动物一般以本地区常见的、性情温顺的小动物为主。常见的有兔子、鸡、鸭、鹅、鹦鹉、鸽子、小松鼠等。通过喂养和观察活动，幼儿可以了解各种小动物的外形特征和生活习性等多方面的知识。

（二）科学区域活动目标的设计

活动目标是创设科学区域活动环境、选择活动内容、投放材料的首要依据，也是检验和评价科学区域活动效果的重要标准。相对于集体科学教育活动而言，科学区域活动显得更加自由、开放，教师主要发挥间接指导的作用。但科学区域活动也离不开目标的指导，只有在科学目标的指导下，教师才能为幼儿提供适宜的环境刺激，促进幼儿主动地探索，发现新的科学知识，掌握新的科学技能，养成良好的科学精神。

一般来说，教师可根据教学计划的需要、本班幼儿的实际水平和兴趣爱好来设计科学区域活动目标。值得注意的是，区域科学活动目标相对于集体科学活动目标而言，应更宽泛一些、更长远一些，有更大的包容性。在活动过程中，教师还要根据幼儿的操作情况和操作水平，及时调整活动目标，使科学区域活动朝着更有利于幼儿发展的方向发展。科学区域活动更多地侧重于幼儿自主地操作探索，因而在制定目标时应淡化静态的知识要求，多定位于培养幼儿对科学的情感态度以及发展幼儿的科学技能等方面。

（三）科学区域活动材料和环境的设计

材料是科学区域活动的物质支柱。它既是幼儿积累经验、发展能力的载体，又与活动目标的实现有密切的联系。材料设计是否得当，直接影响着活动目标的实现程度。

1. 活动材料应该物化活动目标，为实现活动目标服务

在科学区域活动中，材料的投放不是随机的，而是为实现活动目标服务的。活动材料与活动目标关系紧密，活动目标一般隐含于活动材料之中。通过幼儿与材料发生相互作用，实现预定的活动目标。教师在选择材料时应该把握幼儿的发展特点和培养目标，有针对性地投放对实现活动目标有积极意义的材料。

2. 活动材料要贴近幼儿生活，符合其年龄特点和发展水平

对于源自个人周围生活的材料，幼儿比较熟悉，而且容易理解和感知。可以发动幼儿一起收集、准备他们感兴趣的、熟悉的材料，活动材料的设计要有适当的难度。材料太容易，不能激发幼儿操作的积极性；材料太难，幼儿不能理解，容易产生畏难情绪。因此，在设计活动材料时，教师要认真了解幼儿的实际发展水平和需要，使材料发挥最大的使用效果，促进幼儿的全面发展。

3. 活动材料应该丰富、有趣，有利于激发幼儿的探索欲望

丰富的材料能够满足幼儿自由选择的需要，能够让幼儿按自己的意愿进行探索活动。值得注意的是，为幼儿提供的活动材料并不是越多越好，数量适宜就可以。材料太多会影响幼儿的注意力，起不到应有的作用；太少则会引起幼儿之间的争吵、打闹。一物多用、适度的材料可以不断吸引幼儿主动参与活动的兴趣，取得较好的效果。

科学区域活动应该多提供一些能反映该科学知识的直观形象的材料，提供有趣的能激发幼儿探索欲望的材料。如果材料不太注意趣味性，即使包含再多的科学因素也难以引起幼儿的关注，更谈不上主动操作和感知。有趣的材料更能激发幼儿的操作和探索的欲望，变被动学习为主动学习，提高学习的效果。

4. 活动材料应该具有多样化和层次性的特点

活动材料的投放要根据幼儿的兴趣需要和不同发展水平，体现多样性与层次性。具有较强可操作性、趣味性和多样化的材料，更能够吸引幼儿主动地开展探索。例如，在"神秘的种子"活动中，就可以向区域中投放各种各样的植物种子，激发幼儿进行观察、比较、品尝等探索的活动。另外，材料的层次性也相当重要，要求遵循由浅入深、从易到难的原则，分解出若干个能够与幼儿的认知水平发展相吻合的、可能的操作层次，使材料细化。不同层次的幼儿可以根据自己的能力和需要进行选择，用自己的方法进行操作探索，获取理想的效果。

5. 创设自由安全的活动环境

科学活动区域是幼儿自主活动、主动探索的环境，幼儿在区域中的活动完全是自由的。他们自主地选择活动材料，选择活动内容和合作伙伴，按照自己的想法进行科学探索。为了保证幼儿个性在这里得到充分自由的发展，应该给幼儿创设一个宽松、自由、安全、平等的活动环境，让幼儿可以不受教师支配，自由地活动，主动地探索，让他们的各种想法、做法都能受到重视、尊重、赞扬。

六、科学区域活动的组织指导

（一）建立必要的规则

科学活动区域是幼儿自主学习的场所，但也会出现幼儿随意丢放材料、不正确使用材料等问题。为了保证幼儿科学地进行操作探索，有必要在活动区中建立适当的规则。

这些规则不是用来限制和约束幼儿的主动活动，而是为了规范幼儿的行为，培养幼儿自律行为和责任感，保证操作探索活动的顺利开展，提高科学区域活动的效率。

针对幼儿科学区域活动出现的问题，教师可以组织幼儿讨论，共同制定科学区域活动应该遵守的规则，规范自己的行为，如用完材料要放回原处，活动区内不要过于拥挤，活动时不要大声讲话等。制定的这些规则，既尊重了幼儿的需要，又规范了幼儿的行为，还为幼儿创造了良好的活动环境，保证了区域活动的有序进行。

（二）创设情境激发幼儿参与区域活动的兴趣

情境对激发幼儿的探究热情、长时间保持探究的积极主动性有着重要的意义。科学区域活动中问题情境的创设尤其能够引起幼儿探索的兴趣，明确探究的方向，帮助幼儿形成探究的氛围。

（三）对幼儿的探索活动进行间接指导

《幼儿园教育指导纲要（试行）》指出："教师应成为幼儿学习活动的支持者、合作者、引导者。"在科学区域活动过程中，教师应善于观察幼儿的活动情况，还要给予幼儿适当的启发、引导和鼓励，让幼儿积极主动地活动，让他们有更多的机会自己去发现科学、探索科学。在发现问题时，教师不要直接把自己的意见和想法强加给幼儿，让幼儿被动接受成人的观点，否则会剥夺幼儿主动思考和探索的权利，影响幼儿探索的积极性和主动性。

教师在区域活动中要进行适度的间接指导。适度的间接指导行为包括以下几方面。

1. 通过平行的操作活动为幼儿树立榜样

当幼儿面对新材料无所适从、活动有停顿或放弃的迹象或者对材料不感兴趣时，教师可以找准时机以平行活动的方式为幼儿树立操作的榜样，启发幼儿的操作活动，使幼儿的活动得以顺利进行。

2. 恰当的提问也会对幼儿的操作起到间接的指导作用

在活动过程中，由于知识经验的欠缺，幼儿有时会遇到无法把活动进行下去的情况。这时教师可以通过提问的方式对幼儿进行引导，但要把握好提问的时机。提问过早，会让幼儿失去动手动脑、主动探索的机会；提问过迟，可能会导致幼儿放弃探索活动。教师要善于观察幼儿的细微表现，当幼儿主动向老师观望的时候或者表现出一些浮躁情绪的时候，往往就是遇到困难、渴望教师帮助的时候。这时教师就可以通过一些简单的问题对幼儿进行启发指导，帮助幼儿顺利地把活动进行下去。

3. 在活动中引导幼儿积极与同伴交流、切磋

对幼儿来说，从同伴那里也可以学到许多新鲜的东西，还可以发展幼儿间的交往、合作能力，培养幼儿乐于助人的品质。教师应该在活动中多鼓励幼儿积极交流、讨论合作，体验与同伴互动学习的乐趣。有时教师也可以充当同伴的角色，聆听幼儿的见解，

向幼儿学习。这些做法会激励幼儿更主动、大胆地进行科学活动，取得意想不到的活动效果。

（四）科学评价区域活动

在科学区域活动结束后，教师应创设一个宽松愉悦的环境，提供幼儿交流各自活动经验、提出问题的机会，并分享同伴成功的快乐。客观、宽松的评价对幼儿兴趣的培养、问题的解决和经验的提升等都有不容忽视的作用。

1. 创设一个宽松和谐、民主平等的评价氛围

要尊重幼儿在科学区域活动讲评中的主体地位，站在幼儿的角度看待他们的兴趣、爱好，理解他们的情感、需求，尊重、接纳幼儿的见解。评价的气氛越轻松愉快，活动的效果就会越好。

2. 评价要有艺术性

评价要以肯定和鼓励为主，多采用积极性评价和发展性评价，多看到幼儿身上的闪光点和进步，使幼儿体验到被肯定以及成功的喜悦，形成良好的自我意识和积极向上的心理状态。

3. 评价过程重于评价结果

在评价时，不应过多地看重活动结果的对与错、优与劣，而应特别关注幼儿在探索活动中所做的努力、参与活动的态度、个性品质、解决问题的能力和创造性的发挥，以及所获得的经验和教训。

综上所述，要充分发挥科学区域活动的教育潜能，教师就应根据幼儿的特点、兴趣、需要，以及教学上的需要，精心为幼儿创设活动区域，提供适宜的材料；仔细观察，给予适时、适当、有效的指导，并依据幼儿操作学习的情况进行评价；及时调整目标、材料。此外，还需要得到家长的理解、支持、参与，让科学区域活动真正成为幼儿发展的平台，实现幼儿自主发展的目的。

任务实训

从室内自然角、室外种植区和饲养区中选择一个科学活动区域进行观察，了解这个科学活动区域投放了哪些材料，幼儿是如何与这些材料互动的。

任务二　设计与组织自然角活动

一、初步了解自然角

自然角是为在园幼儿提供的认识自然界的窗口，是教师和幼儿共同创设用来引导幼儿认识自然、融入自然、探究自然的有效场所，可

美在自然　趣在角落

以使幼儿了解自然界，帮助他们建立对自然科学的兴趣，培养幼儿的观察能力和科学的学习态度。自然角主要用来饲养水生小动物、种植植物或者陈列幼儿收集来的植物的种子、果实、花朵等。

（一）自然角的特点

1. 选址便于幼儿观察

自然角之所以称为"角"，因为它通常设置在教室的一角，或者窗台、阳台、走廊等处，充分利用室内外空间，规划明确，错落有致，便于幼儿近距离、实时观察，及时记录。

2. 材料内容丰富

自然角中的植物、动物多种多样，可呈现自然界物种的丰富性和变化的多样性。幼儿好奇心强，喜欢新异的事物，种类丰富能较好地满足幼儿观察需要，让幼儿感受身边自然之物的奇妙和多样性，感受自然界及其变化的规律，丰富幼儿对自然界各种事物的认识。

3. 规划布局有层次性

自然角摆放的位置、层次、疏密等能让幼儿更加了解植物，在整体观感上也能给人整洁、清晰明了的感受。按照植物的不同习性分类，能够帮助幼儿区分植物的不同属性；按植物周期分类摆放，能够让幼儿在照顾管理时加以区分，对照不同周期植物的照顾方法来养护植物，以更好地管理自然角。

4. 探索操作实践性强

自然角的实践操作性让幼儿有机会在自然条件下观察和探索各种生命现象，有利于组织科学实验活动，如植物嫁接、豆苗走迷宫、菌菇的秘密、会变色的花等，帮助幼儿更直观地认识科学，感受自然界所蕴含的变化规律，激发幼儿对周围事物的好奇心和求知欲。

（二）自然角对幼儿发展的作用

1. 自然角能提高幼儿的观察能力、探索能力

自然角不仅为幼儿提供了每天接触、长期观察、亲自管理、动手操作的机会，还为幼儿提供了了解动植物生长特性等方面知识的常规性活动区域。自然角与幼儿的每日相伴能激发他们对自然现象的兴趣、关注与好奇，有效促进幼儿观察能力的发展，激发幼儿对自然的兴趣以及促使幼儿产生进一步探究的欲望。

2. 自然角能丰富幼儿科学知识、扩大视野

自然角丰富多样的动植物，让幼儿可以通过观察各种自然物，分辨共同点和不同点，

认识动植物的品种。和同伴一起亲身体验种植和饲养的过程，直接感知自然物的存在，感受动植物的生命成长。

3. 自然角能提高幼儿的组织、规划、分类能力

在放置自然角植物时，幼儿能够根据植物的不同功能、不同特性、不同种植方式等分类放置。例如，喜阴类和喜阳类的植物就有较大差别，向日葵喜欢阳光，就要将向日葵放在充满阳光的地方，而万年青喜欢潮湿无光的地方，就要将万年青放在阳光较少照射的区域。将不同的植物放置在不同的区域，不仅能够增加幼儿的科学知识学习，还能为幼儿学习分类归纳打下基础，是锻炼分类能力的一个良好的途径。

4. 自然角能为幼儿提供可操作性的空间

自然角里的植物需要定时去照顾、整理，如浇水、拔草、晒太阳等，幼儿必须经过自己动手，付出劳动和汗水，才能体会到成功的喜悦。自然角也有很多关于自然界的问题，幼儿可以通过多种学习方式进行数据的收集，以寻求答案，从而获得与生命科学、物质科学、自然现象等相关的知识，并养成良好的学习品质，成长为更积极的学习者。

二、自然角的设计

在自然角的设计方面，充满趣味性的环境创设能够吸引幼儿的注意力，提高幼儿的兴趣。教师可以在设计前预设目标，关注自然角创设过程中幼儿主体地位的体现和幼儿全程性的参与，与幼儿商量，为幼儿提供物品材料的支持，根据幼儿的想法一起创设环境，鼓励幼儿参与种植养护，引导幼儿积极地观察探究。

（一）自然角的选址

自然角虽属科学区域活动，但它不是一个界限分明的区域或角落，而是帮助幼儿重新建立与自然连接的中介，因此应建设多点式、开放式的自然区域。

1. 活动室内

活动室内可以通过多点式自然角的创造为幼儿提供时刻相随、无处不在的自然气息。例如，在窗台边放置植物养育箱，为幼儿提供观察的机会；在盥洗室和寝室放置不同类型的植物，空间大的墙角角落可以摆放安全无毒的土培花卉；空间小的桌面台面可以摆放丰富多样的水培绿植。

2. 活动室外

让自然角融入幼儿园的整个物理空间，充分利用走廊的空间（图7-3），为幼儿营造绿色舒适的环境；楼道等拐角空间可以设置开放式的自然探索区域（图7-4），墙面可放壁挂类植物，充满了未知的惊喜和有待发现的奥秘。把自然角充分融入幼儿的一日生活，营造生态性更加丰富的园所自然环境。

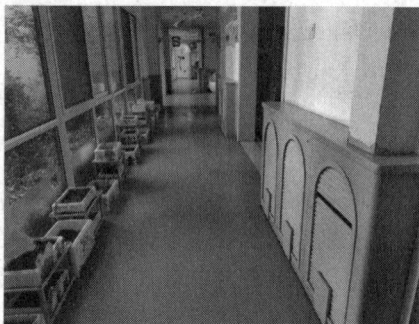

图 7-3　利用走廊的空间设置自然角　　　图 7-4　利用楼道等拐角空间设置自然角

（二）自然角的空间布局及创设

自然角规划和布局时要因地制宜，巧妙构思，依据幼儿年龄特点，充分利用空间、墙面的作用，注重趣味性、观察性、操作性，创设平面、立体、可操作的自然角环境，注重美观。可以把生活中的废旧物品，如饮料瓶、泡沫箱、油壶、竹筒、轮胎、蛋壳、旧鞋子等作为种植的器皿，充分体现自然角的"自然韵味"。

材料放置的位置要便于幼儿观察、管理，选择的置物架应低矮、开放，不高于幼儿视线。摆放形式可以选择平铺式、悬挂式，还可以通过多层次叠加来展现，这样既可节约空间、分类放置，又便于幼儿观察比较、科学认识。

自然角的材料可以按照不同分类形式摆放，如将自然角分为种植区、观赏区、实验区等，或按照植物的不同习性分为土培区、水培区，帮助幼儿区分植物的不同属性。

（三）自然角材料的投放

自然角的材料需要根据科学领域教育目标、教学计划、季节特征和各年龄班的具体要求进行增减取舍，投放的材料可以以图片、模型、实物等多种形式呈现。

1. 投放的内容要符合幼儿的年龄特点

自然角最普遍的学习行为就是"观察"。《3—6 岁儿童学习与发展指南》要求 3～4 岁幼儿"对感兴趣的事物能仔细观察，发现其明显特征"，4～5 岁幼儿"能对事物或现象进行观察比较，发现其相同与不同"，5～6 岁幼儿"能通过观察、比较与分析，发现并描述不同种类物体的特征或某个事物前后的变化"。也就是说，对三个年龄段的幼儿分别提出了有序观察、比较观察、连续观察的要求。

针对上述要求，教师要有的放矢地投放内容。为 3～4 岁幼儿提供的物体以直观、常见、成品类为主，它们具有明显的特征，易于观察；针对比较观察的要求，可以为 4～5 岁幼儿提供同一种类但品种不同或者外形较为相近的两种物品，同时尽可能呈现较为完整的植物，让幼儿全面、完整地了解植物的主要特征；由于 5～6 岁幼儿有连续观察和发现事物细微特征的要求，因此可提供一些观察周期较长的植物，让幼儿把种植过程中的几个典型过程画下来，感知生长过程。另外，还可提供一些植物的局部供幼儿细微观察，如提供横切、纵切的苹果、卷心菜等，将这些熟悉而又新奇的事物呈现在幼儿面前，可以引起他们的观察兴趣。

2. 投放的内容要体现季节特征，及时进行更新

自然角是大自然的缩影，要体现一定的季节性。例如，几枝绿色的杨柳、粉色的桃花就可以渲染出春天的气息，还可以让幼儿种植大蒜、豆类，开展种子发芽的实验；夏天各种瓜果蔬菜纷纷上市，可以先让幼儿摸摸、看看、闻闻，观察它们的外形特征和内部结构，再一起品尝，帮助幼儿建立"瓜"的概念，感受物种的多样性；秋游后，可以让幼儿把收集到的农作物、秋叶等陈列到自然角，或分享丰收的南瓜、玉米等。

3. 投放的内容要安全、卫生，易于管理

在投放时要确保物品的安全性。一般小班幼儿行动不是很灵活，自控能力较弱，不建议投放仙人掌、仙人球之类的植物。另外，水仙、夹竹桃、滴水观音等植物汁液中均含有有毒生物碱，幼儿误食会发生危险。植物枯萎后，如无特殊观察价值应及时清理，以免产生卫生隐患。

4. 根据活动类型投放材料

（1）观赏类

观赏类材料主要用于观赏，起美化环境的作用。投放时应突出这类材料的知识性和观赏性，宜选择一些常见的易于生长、易于照料的植物品种。

（2）观察类

观察类材料主要用于引导幼儿近距离地观察，全面了解和深入认识事物。观察类材料可选用日常生活中常见的，如一些植物果实、种子、昆虫的标本、不同生长状态的植物等。摆放这些材料的器皿可以用透明的玻璃小瓶、塑料袋等，贴上标签。在提供观察类材料的同时，最好再提供一些观察工具，如放大镜、显微镜等。

（3）实践类

自然角的实践类材料主要是提供机会，让幼儿亲手栽培植物，在实践中观察植物的生长变化，培养耐心和责任心。选择的植物品种应多样化，如小麦、黄豆、蚕豆、花生、玉米、芝麻、草籽等从种子萌发生长的植物，以及萝卜头、土豆块、白菜心、芹菜根、柳树枝等扦插在水里即可成活的植物。

（4）实验类

实验类材料主要是为幼儿提供一个机会，让他们通过实验探索各种植物的生长特征，如芹菜吸水、郁金香变蓝、种子发芽、植物生长趋光实验等，以便他们能够更好地理解植物的生长所需的条件和变化过程。

（四）设计自然角应当注意的问题

1. 注意主题性

自然角作为幼儿园教学的一个板块，具有教育意义，与班级科学领域的教育目标和内容有着密切的联系。因此，自然角也要紧跟幼儿园教学主题的变化，时刻进行调整。例如，在主题为"常吃粗粮身体棒"的活动中，幼儿带来了很多粗粮，活动结束后可以把粗粮放到自然角的豆类展示台。这样根据主题来调整自然角，不仅能够有效引起幼儿的兴趣，还能延伸主题内容，让幼儿进行深入讨论，更好地融入主题活动。

2. 注意季节性

不同的植物有不同的生长周期和适宜的季节，所以教师要根据季节及时更替自然角的植物。教师可以在季节更替的时间段引导幼儿探究认识适宜该季节生长的植物，并延伸话题，引发幼儿的兴趣。

3. 注意灵活性

自然角本身就是一个充满"动态、成长"的区域，所以教师要根据幼儿的兴趣随时调整自然角的内容，一方面可丰富自然角中的物种，另一方面也可满足幼儿分享、观察的愿望，让自然角发挥更大的作用。

三、自然角活动的组织

自然角的组织包括指导幼儿自主管理自然角、观察、探讨、记录。自然角不像集体教学活动似的统一时间、统一组织，教师可根据幼儿的需要较为灵活地提供指导。

（一）引导幼儿自主管理自然角

幼儿是自然角的主人，教师要充分调动幼儿对自然角的兴趣，幼儿只有真正参与到自然角的创建与维护中，才会融入其中。教师应针对不同年龄幼儿的特点，提出不同的管理要求，让幼儿参与力所能及的管理劳动，从而培养幼儿爱劳动的好习惯。教师在幼儿劳动和管理自然角的过程中只是起督导检查的作用。

让幼儿商定管理的制度，在自然角中放置一些制度说明。幼儿一般会采用绘画或图示的方法来表达自己的想法，这种方式不仅更容易让幼儿接受，也增添了趣味性。

小班幼儿年龄小，劳动能力弱，可以为他们提供洒水壶，进行浇水、除草等活动。中大班的幼儿具有一定的收纳整理能力，可以通过值日生的形式让他们轮流摆放物品、清理卫生。隔一段时间，还可开展评比活动，进一步激发幼儿的责任感。

自然角的管理工作是一个长期、持续的过程，教师也可以用示范、奖励激发幼儿自主管理的意识，培养幼儿坚持不懈的意志品质，以此发挥自然角在教育中的价值。

（二）引导幼儿开展观察类活动

教师可通过提供测量工具、设计观察记录表等指导幼儿观察、记录植物的生长情况。要注意不要将观察变成泛泛地"看"，而应引出具体的目标，让幼儿明确观察什么，怎么观察。对自然角植物的观察可以分为对植物本身特征的观察和对植物生长变化的观察，可以引导幼儿了解它们的生长习性，如浇多少水、喜阴还是喜阳、适合什么季节等，引导幼儿记录下来，最后进行实践验证，从而帮助幼儿后期自主管理自然角。

（三）引导幼儿开展科学探究活动

针对小班幼儿，教师应注重培养幼儿对自然角的兴趣，让他们喜欢观察和照顾植物，知道植物的名称，初步了解植物各部位名称及外部形态等。针对中大班幼儿，教师可以引导他们在自然角开展一些探究活动，如植物生长条件的实验、植物向光性实验等。

（四）指导幼儿记录

鼓励幼儿运用图画或其他符号进行记录，这些记录可以在自然角展出，与同伴分享经验，获得成功体验。适当提供有刻度的尺、简单的记录本，让幼儿尝试通过测量、观察、记录来感受植物生长变化的过程。在幼儿记录的过程中，教师应尊重幼儿记录的方式，只需要给予适当指导即可。

自然角的观察记录是一种持久的活动，幼儿通过各种类型的观察记录和教师指导，能够对观察对象有更加直接的经验，获得第一手资料，习得科学的观察记录的方法，提高科学素养。

（五）组织交流分享，强化探究动机

活动结束后可分组组织幼儿交流讨论，幼儿相互交流自己的发现，提出自己不能解决的问题，介绍自己探究的过程和方法，和同伴们一起分享自己发现的喜悦等。这样的活动组织不仅可以强化幼儿的学习和探究动机，还能对其他幼儿起到借鉴和暗示的作用。同伴一个小小的举动或方法，也许会给幼儿下一次的探究寻找到新的切入点。

📖 案例7-1

幼儿园自然角设计

自然角是大自然的小小缩影，方寸之地蕴含诸多的教育价值。我班自然角主要设置在活动室外阳台，划分了观赏区、观察区等内容，针对大班幼儿的年龄特点及每个区的不同功能进行了环境创设及材料投放。

一、观赏区

观赏区以能激发幼儿感官的植物为主，计划投放茉莉、薄荷等有香味的植物以及能激发幼儿触觉感官的含羞草。观赏区既要有美的感受，又要能让幼儿从中收获自然知识，因此还将投放一系列不同叶片的植物，如虎皮兰、绿萝等。后期活动中可以引导幼儿对植物进行装饰。例如，给地瓜贴上小眼睛，用扭扭棒等材料装饰植物等。

二、观察区

根据大班幼儿年龄特点，在观察区投放了供幼儿种植观察的花箱、花盆、小铲子、水桶、花洒、各类植物的种子等。幼儿从家中带植物或认养植物并做标记（图7-5），让每个幼儿都有自己负责的植物，并照顾其生长，每天照顾、观察、记录，体验植物生长的过程。

图7-5 认养植物并做标记

（济南市历下区第二实验幼儿园 陈梦洁）

案例评析：

从本自然角的设计案例中能够看出教师将自然角划分为观赏区、观察区供幼儿实践。在观赏区，教师引导幼儿观察植物生长变化的过程，激发幼儿的观察兴趣，培养幼儿养成良好的观察能力。观察区需要幼儿实践，发展了幼儿的动手操作能力，让幼儿种植、管理，激发了幼儿对植物的兴趣，对自然的热爱。

针对大班幼儿年龄特点，教师可适当增加实验区来丰富自然角。幼儿在植物角观察动植物生长过程中遇到的小问题可以成为探究实验的内容，以激发幼儿探索的兴趣，引导幼儿进行科学实验来解决问题，并自主记录，提升幼儿科学探究的能力。

案例 7-2

幼儿园自然角实施

一、活动背景

午休起床孩子们盥洗完后，一起喝营养水。

好好："我们喝的是什么水呀？真香呀！"

布布："我们喝的是不是绿豆水？我的杯子里面还有绿豆呢。"

睿睿："啊，那绿豆会不会发芽？"

一次寻常不过的营养水，看似只是平凡的偶发事件，却激起了孩子们关于"豆子"的强烈探究兴趣。

二、情境一

为了让孩子们认识豆子的生长过程，我在自然角的水培区投放了绿豆及水培盘。孩子们带着"如何种绿豆""豆子的成长需要什么"等相关问题，尝试自己水培绿豆。

孩子们在来回试探的过程中在水培的盘子里放入了适量的豆子，他们用小手轻轻将豆子铺平，然后加入适量的水。此时我告诉孩子们要为小豆子铺上一层纸。糖糖说："为什么要铺一层纸呀？"好好说："糖糖，我知道，铺一层纸，再把水完全喷湿，是为了让小豆子在避光、潮湿的环境中正常发芽。""好好，你怎么知道呀？""嘿嘿，因为妈妈在家里带我试过，我就记住啦！"

水培种植正在如火如荼地进行中，我给孩子们布置了一个任务："孩子们，想吃到美味的豆芽，那照顾绿豆的任务就交给你们啦，记得按时喷水，小豆子才能健康长大。"

三、情境二

到了第三天，好好小心翼翼地打开白纸一看："哇，我看到有的绿豆冒出了小芽，有的绿豆脱皮了，变成白色的。"（图7-6）说完，好好就把白纸拿走了。布布有些不明白，好好告诉她，小豆子发芽需要成长的空间，得换成专门的水培盘子（图7-7）。当时我也惊呆了，原来好好小朋友对绿豆的成长很上心，她回家以后，在妈妈的陪伴下，查阅了好多资料，还主动承担了照顾绿豆成长的小组长，坚持换水与喷水。

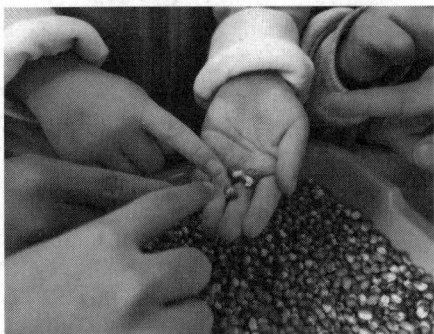

图7-6　绿豆冒出了小芽

图7-7　水培盘子

四、情境三

经过一个周末，星期一的早上，孩子们同往常一样观察着豆子的变化。这时，正在植物角观察的悠悠突然大喊道："这个豆子变黑了，而且好臭呀！"其他孩子闻言，都围了上去，看到豆子确实变黑、变臭了。

布布猜测："是不是因为两天时间没人给它换水，才会变臭？"我说："要不咱们试试，看看到底是不是因为换水次数太少？"就此，我和孩子们成立了"换水组"和"不换水组"，将部分豆子调整培养方式，进行对比实验并记录（图7-8）。

实验后的结果让孩子们明白，豆子是不能长时间浸泡的。我和孩子们一起进行了总结：豆子长期浸泡在水中就会因为无氧呼吸而产生大量酒精，酒精对植物有毒害作用，时间一长，浸泡在水中的种子会失去活力，接着还会腐烂、发霉，产生臭味。

五、情境四

孩子们更加关注绿豆的养护工作，几天后，我们的小嫩苗长高了（图7-9），"精神抖擞"的样子就像一个个站岗的卫兵。

布布："水培豆芽太好玩啦！我都成了水培专家了！"

星星："最开心的是豆芽每天都有新变化。"

图7-8 对比实验

图7-9 小嫩苗长高了

绿豆水培活动让孩子们经历了绿豆芽培育的全过程，让我们有了一份收获的喜悦。我和孩子们将培育过程中的照片、记录表、表征画进行了整理，一起制作了一本课程册，记录绿豆的成长。

（济南市历下区第二实验幼儿园 崔洪肖）

案例评析：

"生活即教育"，小小的绿豆芽培育活动蕴含着诸多的教育契机。水培绿豆是观看图片、视频和文字无法获得的经验和知识，教师抓住教育契机，及时投放了绿豆和水培盘，幼儿在一次次照顾绿豆的过程中，不断积累经验并分享讨论。

活动中幼儿讨论解决问题，教师在其中起到了引导作用，用提问、建议等方式鼓励幼儿自主探究。问题成功解决后，又激发幼儿认真照顾豆苗的欲望，让他们保持探索的热情。

教师还引导幼儿把自己亲眼所见、亲耳所听、亲身所感用绘画记录或将照片制作成课程册的形式呈现出来，不仅能将获得的关于绿豆的零碎知识经验系统化，逐步自我建构科学知识与经验，形成科学概念，而且能让幼儿在不断反复的观察—记录—交流—再观察—再记录—再交流的过程中，逐步树立尊重事实、重视证据的科学态度，提升探究能力。

任务实训

1. 以"会发芽的种子"为主题，设计中班幼儿自然角活动内容。

2. 观察某一幼儿园的自然角，分析其材料投放的可取之处与问题，并提出可行性的修改建议。

任务三 设计与组织种植区活动

一、初步了解种植区

种植区主要是指在幼儿园户外开辟的一个供幼儿进行种植活动的区域。相对自然角而言，种植区的空间要大一些，可以种植多种植物。通过让幼儿和教师共同种植和收获，教给幼儿有关种植、

回归自然 乐享耕种

植物生长条件、劳动工具的使用等知识技能，让幼儿体验收获的喜悦。

（一）种植区的特点

1. 回归自然

在幼儿园的环境教育中，种植区是重要的组成部分之一。种植区是一个与大自然亲密接触的地方，不仅具有绿化、美化环境的作用，还蕴含着很大的教育价值。幼儿可以在这里体验耕耘、种植与收获的快乐，回归土地，观察自然、探索奇妙世界，从自然中汲取知识与力量，感受生长的奥妙。

2. 沉浸式体验劳动

种植活动是一件亲力亲为的实践活动，将发展的自主权交给幼儿，赋予空间以感官教育意义，可以促进幼儿科学探索能力的发展，还能培养幼儿吃苦耐劳的精神。在相对宽阔的环境下进行种植劳作，需要幼儿具有坚持的品质，品尝劳动中的酸甜苦辣，这样在收获时更能体会到珍惜劳动成果的情感，学会感恩。

3. 锻炼种植技术、技能

种植活动的典型特征是幼儿需要探究与利用各种实体工具以投入不同性质的活动中，需要幼儿有一定的劳动技能，从而体验劳动带来的独特的田园生活感受。工具性材料的种类、数量与适宜度影响着活动内容与幼儿行为，继而影响幼儿经验的提升与动手能力的发展。

（二）种植区对幼儿身心发展的价值

1. 种植活动是亲近大自然的一种方式

幼儿园的种植区不仅是园内的小农场，也是幼儿的户外探索体验场。创设多元且沉浸式的种植区域，一方面可以尽可能多地增加可供观察与触摸的自然元素，为幼儿提供复杂丰富的学习环境；另一方面可为幼儿的实践提供记录与交流的区域，帮助他们捕捉自然的流逝与变化，从而引发更加深入的思考以及精神世界的建构。同时，还能够让幼儿学会分工合作，感受人与人、人与自然的和谐共处，逐渐培养热爱大自然、热爱生活的情感，养成尊重生命、保护环境的习惯。

2. 丰富幼儿的植物科学经验

种植区属于生态系统的一部分，幼儿可以探究、构建对生物生命的基本理解，如外形特征、生命周期、栖息环境、变异性、差异性以及相互依赖性等科学知识或概念。播种时幼儿可了解不同类别的种子，了解点种、苗种等方法，习得种子萌发的条件等；管理时可了解植物的生命周期和不同生长阶段的需求，对比与分类植物的不同部位和功能；采收时可交流果实成熟度的判定标准、收割方式、食用部位等。

3. 培养良好的学习品质

种植区处处彰显着植物生长及幼儿成长的痕迹。通过尝试给植物浇水、施肥、设计植物牌、沤肥、制作稻草人等活动，激发幼儿对自然的敬畏和爱护，发展幼儿的好奇心和兴趣、主动性与计划性、坚持性和注意力、想象力与创造力、反思与解释能力等。

4. 培养幼儿使用工具的能力

种植工具包括锄头、镰刀等劳动工具，放大镜等探究工具，抹布、刷子等保养工具。幼儿学会灵活运用工具对周围事物做出改变、进行操作与利用，体会工具给生活带来的便利，锻炼大肌肉运动与精细动作，同时也能逐渐认识到劳动与食物、人类生活的关系。

5. 培养初步的责任感和劳动观念

户外种植活动需要持续一段时间，对幼儿的责任感、坚持性也是一种考验。有的幼儿开始时还有三分钟热度，但久而久之，就会产生倦怠感。通过教师的引导，幼儿与生俱来的对动植物的喜爱之情，以及探索的乐趣会吸引幼儿持续地观察、记录、管理，慢慢培养幼儿的坚持性、责任感，以及珍惜劳动果实、尊重劳动人民等优良品质。

6. 激发幼儿的合作意识与能力

《3—6岁儿童学习与发展指南》要求"幼儿园应多为幼儿提供需要大家齐心协力才能完成的活动，让幼儿在具体活动中体会合作的重要性，学习分工合作"。幼儿在种植劳动的过程中会出现不同的问题，逐渐学会在共同行动的过程中协调合作，培养协商解决问题的能力，感受团队协作的力量。

二、种植区的设计

创设户外种植区域时，应该尽可能地贴近自然，让幼儿能够接触到真实的自然环境，在这样的环境中学习和成长。

（一）种植区的选址

户外的种植要根据园内环境来安排，选址在向阳背风处，保证有足够的光照时间，具体依据植物的特性来选择种植环境，并需保证种植区附近设有水源，种植时注意排水，过度浸润的土壤会延缓植物的生长或者导致植物生病。

场地小的幼儿园也可以通过挖掘现有地形营造多维种植空间。例如，有的幼儿园建园时没有规划种植园地，可以用大缸、大型花箱等容器装土栽种，分散放置于园内不同的地方；有的幼儿园没有多余的空地，就收集了园林悬挂式花盆，在栏杆上开辟出"空中种植园"；面积小的幼儿园可以在保证安全的前提下，在楼顶开辟种植园地。

（二）种植区的规划布局及创设

划分种植区场地时可以将场地分配到各班，让幼儿通过播种、管理、收获等系列活动，培养爱劳动的品质和集体荣誉感。根据班额和幼儿的活动能力，中大班的面积可相应大一些。另外，要在每块菜畦之间铺设小路，路宽至少要能够容纳两个幼儿迎面交会。小路既可以作为两块园地间的界限，也能为幼儿的观察、劳作提供一个站立场所，因此，可采用砖块、石头等硬质材料铺设。

在规划种植区的布局时，不仅要留出种植的空间，还需要注意储存材料和工具的仓储空间。可在方便幼儿进出的位置设置工具区，放置种植工具、浇水工具、观察工具、测量工具等，支持幼儿的深度探究。

在种植区的创设过程中，应以幼儿为主体，注重幼儿的参与性，尊重幼儿的兴趣和需要，以实现种植区教育价值的最大化。可通过设计种植区域、种植不同品种的植物、摆放石块等方式来创造独特的园艺空间，以促进幼儿创造力和想象力的发展，同时增加种植活动的乐趣和趣味性。

（三）种植区材料的投放

1. 泥土及肥料

种植区的泥土松软、肥料充足是种植活动的基础，因此一定要给菜畦做好准备。一般菜畦的泥土堆高在 20～30 厘米，便于排水及幼儿观察。种植前必须整地、松土，一季种完后必须全面翻松土地，以免土质下降。在栽种前可施底肥，用化肥简单易行，用有机肥自然生态。

2. 植物种子或幼苗

中国地大物博，南橘北枳就是物种与不同气候结合的结果，因此不同区域的幼儿园需要考虑种植不同的植物。有的物种可能需要进行病虫害控制和精心养护，建议选择适应性强、易种的植物，在收获的时候，参与种植的幼儿可以获得更多的成就感。

（四）种植区活动内容的设计

活动内容应根据季节的变化、园地的资源、幼儿的年龄特点及学习兴趣，有计划、有目的地安排。

1. 根据幼儿年龄特点制定活动内容

不同年龄阶段的幼儿身心发展特点不同，种植活动也应该采取不同的内容和要求，不是单纯地劳动模仿，而应从幼儿身心特点出发，充分考虑幼儿的接受能力。根据幼儿的年龄和能力发展水平，开展不同难度的种植活动。例如，年龄小的幼儿种蒜头、葱头，年龄大的幼儿植树、种菜等。

2. 根据季节特点制定活动内容

幼儿可以根据季节的变化选择合适的农作物，并且通过观察、探索，深入了解各种植物的名称、生长特征及其变化规律。例如，幼儿可以通过观察麦苗是否能够度过严寒的冬天，以及小麦从抽穗到灌浆、结籽，最终收获的整个过程，体会大自然的神奇和植物的顽强生命力。

3. 根据教学主题制定活动内容

种植园地的农作物和种植活动应该与整个教学目标、内容和计划相适应。种植过程中幼儿能观察植物的特征和生长过程，除草、播种、浇水、施肥、捉虫、收获，每一个环节都是课程的一部分。

例如，种植马铃薯时，可以让幼儿观察、讲解，启发幼儿描述马铃薯的特征和生长过程，引导幼儿通过绘画记录下来，还可以延伸到烘焙活动，品尝成熟的马铃薯。通过这样一系列过程，掌握马铃薯的知识，了解劳动的美妙，丰富幼儿观察、思维和语言表达能力。此外，还可以将农作物的叶、茎、根采集、制作成各种标本或教玩具，供教学、活动时使用。

三、种植区活动的组织

（一）探索种植知识，共同参与活动

植物科学知识的掌握要求幼儿动用观察、预测、实验等技能，主动探索。为了更好地推进种植活动的开展，教师可以提前了解植物的生长特点，预设幼儿可能遇到的问题，如果没有预设的问题，可以抱持和幼儿一起学习种植的心态，勇于尝试，与幼儿一起研究、探索，交流发现，分享喜悦。

（二）倾听幼儿表达，选定种植内容

一般户外种植以季节性的农作物为主，如各种蔬菜、水果等，可以让幼儿进行选择，多听一听幼儿的想法。让幼儿在参与选种后，带着对收获的期盼去观察植物生长的规律，更能够让他们在收获果实的兴奋中珍惜劳动成果。

（三）锻炼幼儿能力，合作管理种植

首先，让幼儿参与创设，设计制作个性化的园地标志。其次，在种植时可以采取集体种植、分组种植、个人种植等方式，利用小木牌注明农作物和负责管理的幼儿。最后，种植区的日常管理也是非常重要的，如浇水、拔草、搭架子等。幼儿通常会十分乐意做这些事，教师可根据幼儿的意愿安排幼儿轮流管理，或把地"分包"给幼儿，让幼儿通过播种、管理、收获等一系列活动，发现问题、解决问题，体验收获的快乐，从而发展幼儿良好的学习品质。

（四）捕捉幼儿需求，介入指导活动

在种植活动中，教师起辅助、引导作用，幼儿才是种植活动的主体，这样才能让幼儿由浅入深地体验整个种植过程，从中收获更多经验。

1. 指导幼儿学习种植技术

种植是有一定技术含量的活动，什么作物适合在哪个季节播种，采用什么方式播种，

如何根据作物的特性管理，如何提高种植的效益，这些都需要师幼共同探索与研究。种植的基本技术，如挖土、播种等动作技能性的内容，可以通过教师平行示范的方法习得。

2. 指导幼儿进行观察、测量、记录等，学会科学探究方法

种植是一个充满奇幻色彩的过程。最早的种子需要几天发芽？小芽有几片叶子？比比哪棵植株长得高？这些充满探究意味的问题可以让种植过程更有乐趣。在活动中，教师可为幼儿提供一些记录纸、记录本、测量工具等，让幼儿用自己的方式观察、记录观察结果。教师也可以引导幼儿将记录方式从简单直接的绘画形式转换到相对复杂的多图表征形式。

（五）关注幼儿行为，安全开展活动

教师要确认劳动环境、内容适合幼儿年龄特点，是幼儿力所能及的，活动时指导幼儿正确使用简单的劳动工具，让幼儿了解如何安全操作及注意事项，避免误伤自己和同伴。开展活动时要科学合理地调控任务量及劳动时间，提醒幼儿在劳动过程中遇到安全问题要及时求助解决。

📖 案例 7-3

幼儿园种植区设计

户外种植区可以让幼儿与大自然亲密接触，观察植物的成长和变化。幼儿可以用自己的双手感受泥土的触感，感知植物的香味，同时还能在阳光下感受大自然的美好。这种亲近自然的体验带给幼儿极大的乐趣和兴奋感。为此，在种植区设计了花箱种植区、小菜园种植区、攀爬架种植区。

一、花箱种植区

花箱种植区是合理利用空间，考虑植物放置与生长的高度应适度而设计的种植区。此种植区在种植区域最前方，更方便观察。

（一）花箱变变变

教师提供多组空白花箱、画笔、颜料，幼儿可以通过自主设计花箱图案（图 7-10）、涂鸦颜色、分割种植区域等方式来创造自己独特的园艺种植空间。这样能够发展幼儿的创造力和想象力，同时也增加种植活动的趣味性。

（二）花箱种种种

根据花箱土壤层薄的特点提供低矮植物种子，如小番茄、油菜、油麦菜等，这样既不遮挡后面的区域，也利于幼儿观察。还要准备小铲子、挖锄、小耙子、小水桶、花洒等。在此种植区，幼儿完成"翻土—播种—浇水—保护—收获"等过程，培养了幼儿的动手能力。

图 7-10 设计花箱图案

二、小菜园种植区

（一）菜园设计

小菜园种植区位于花箱种植区的后面。一面依靠墙面种植竹子以利于幼儿观赏；另一面采用栅栏式，栅栏由幼儿自由绘画，将艺术与自然相结合。菜园门采用木质拱门，保留了原木自然的形态。

（二）菜园种植

菜园空地划分为一个一个区域，能进行更多样性的种植。教师提供高秆农作物种子，如玉米、向日葵、黄豆、小麦等（图7-11）。

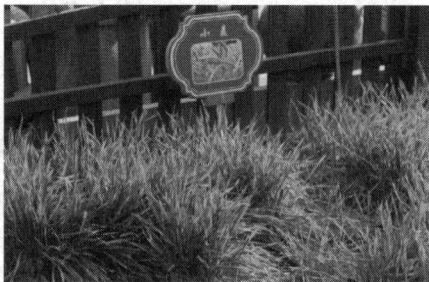

图 7-11　菜园种植小麦

根据幼儿的年龄特点提供小铲子、小铁锹、水桶、肥料等。种植过程中教师作为引导者和辅助者从旁指导幼儿自主探索，相互交流，如商量如何松土、播种、浇水等，培养幼儿的合作能力。在种植农作物的同时对幼儿进行农耕教育，使幼儿了解农业的基本知识，提高劳动意识和劳动技能。

三、攀爬架种植区

攀爬架种植区的一部分位于菜园种植区的上方，采用拉线方式，用于种植观赏性攀缘植物，如牵牛花、小葫芦。这样一方面可以拓展绿化空间，另一方面可以让幼儿通过观察和体验攀爬植物来感受自然的魅力和力量。

攀爬架种植区的另一部分在菜园种植区的一边，采用木质植物攀爬架。在此区域，教师可根据植物的生长高度、生长方式、生长面积等，提供黄瓜、丝瓜豆角等种子，使幼儿能够接触并了解攀爬植物的特征。

（济南市历下区第二实验幼儿园　马慧琦）

案例评析：

从本种植区设计案例中能够看出教师是充分合理地利用空间进行规划，根据对土壤的分析以及幼儿需要发展的能力选择适宜的植物，材料的投放符合幼儿年龄特点和动手操作能力。在本种植区中，教师可组织多样的活动，幼儿有很强的操作性和探究性，体现了教师设计的全面性以及教师的专业性。

教师通过设计不同的种植区使幼儿接触更多植物，并在参与种植和管理的过程中对植物的生长过程有更深入的了解，既激发了幼儿对种植的兴趣和对自然的热爱，又增强了幼儿的责任意识、协作能力和计划能力。

📖 案例 7-4

幼儿园种植区实施

一、活动背景

几周前，为了让孩子们体验种植的乐趣、培养劳动精神，我和孩子们一起在种植区种下了他们最好奇的蔬菜——辣椒。最近，我们发现辣椒苗的长势不快，旁边的杂草却长势迅猛。于是我和孩子们决定来种植区帮辣椒苗锄草（图 7-12）。

图 7-12　孩子们帮辣椒苗锄草

二、情境一

奕奕干得起劲，拔出杂草后激动地大叫："快看我拔的草!"六六说："我怎么觉得你拔的不是杂草呢!""对，你看我们拔的是这样的。""可是我和奕奕拔的一样……"孩子们你一言我一语地讨论了起来。我仔细一看，原来孩子们辛辛苦苦照料的辣椒苗也被拔了出来。我召集孩子们到身边，引导他们观察辣椒苗与杂草的区别。

三、情境二

安安灵机一动，咧着嘴说："老师，辣椒苗的叶子是圆圆的，杂草的叶子是长长的，对吗？"我并没有直接回答他的问题，只是告诉他："我们还是再一起看一看吧!"说着，我和孩子们就围着种植区的辣椒苗仔细观察起来。

在观察和讨论中，孩子们不仅发现了叶子的不同，也发现了辣椒苗和杂草的茎也是不同的。因为我们发现得及时，杂草还没有很多，辣椒苗的长势还是很好的。安安大声说："老师，我还有一种方法可以分出杂草和辣椒苗。""是吗？什么方法呀？"我很感兴趣。他迫不及待地说："就是多的是辣椒苗，少的是杂草呗!"说完自己嘻嘻笑了起来……班里的大多数幼儿能区分开辣椒苗和杂草了，通过自己亲自锄草也知道要更加爱护辣椒苗了。

四、情境三

回到活动室后，我带领孩子们观看了关于辣椒苗和杂草的图片、视频，孩子们一起把上午锄草的过程和区分辣椒苗与杂草的方法画在了种植记录本上。地里的杂草去除了，但是我们班与小辣椒之间的故事还在继续……

（济南市槐荫区青少年宫第一幼儿园　刘贺春）

案例评析：

案例中幼儿年龄较小，生活经验匮乏，对辣椒苗和杂草的概念没有本质上的区分。幼儿拔错草提出问题后教师没有明确给出回应，而是起到了观察者和支持者的作用，为幼儿创设了一个轻松的探索环境，让幼儿在观察中自主探索。教师不以权威的身份干涉幼儿的探索，而是给予充分的时间和空间，让幼儿通过分享彼此的经验来丰富自身的经验。

除草活动前教师忽略了幼儿前期经验的不足，由此可见，在种植辣椒到辣椒苗生长的过程中，幼儿的观察活动少，所以应在前期的活动内容上注重以观察为主，让幼儿自己去探究植物的生长过程、生长过程中会出现的问题以及如何去照料植物。

—— 任务实训 ——

根据大班幼儿年龄特点，设计夏季某一短周期植物种植区活动内容，包含种植过程、涉及的种植知识和技巧以及幼儿可能遇到的问题。

任务四 设计与组织饲养区活动

一、初步了解饲养区

饲养角是幼儿园专门设立的饲养小动物的地方，通过比较系统的实地饲养，增进幼儿对动物的了解，引导幼儿感受动物的生长变化，感受动物生命的存在，感受自己的行为与动物之间的关系。

动物之家

（一）饲养区的特点

1. 让幼儿有近距离接触动物的机会

变化万千的动物世界总是能够引起幼儿的注意，喜欢小动物似乎是每一个幼儿的天性，幼儿和动物之间似乎有着天然的联系。饲养区给幼儿提供了一个接触小动物、了解小动物、爱护小动物的机会，让幼儿了解动物的日常行为、习性或生活状态。

2. 生命活动易于被观察

生命教育是当代教育的重要命题，对幼儿来说，饲养活动是感受、了解、关爱生命的重要途径。动物与植物、微生物有着本质的区别，它们具有感知能力，可以根据环境变化做出反应，大多数动物的行为（如摄食、呼吸、排泄、繁殖等）可以被观察到，而且一些动物还能对人类作出带有情绪情感特征的反应。

3. 互动参与性强

幼儿在饲养活动中可以做的事比较多，参与度更高，如观察、布置和打扫饲养环境，喂食、清洁、测量、繁育，简单地医治、模仿甚至对话、游戏。

4. 具有生命教育价值

幼儿园饲养区具有难以被替代的生命教育价值。幼儿自出生起就处于高度人工化的环境中，对自然与生命的体悟较为肤浅，幼儿园饲养活动为幼儿感知生命现象、探索生命奥秘、体会生命意义提供了宝贵的机会。

（二）饲养区对幼儿身心发展的价值

1. 有助于幼儿深入了解动物及其习性

幼儿通过喂养和观察活动，有机会接触多种动物，增进对动物的了解，丰富有关动物的名称、类型、外形特征和生活习性等多方面的知识经验，见证生命的独特与多样，为幼儿将来形成生物多样性的概念奠定基础。

2. 生命活动的高度外显保证了对动物探索的可及性

幼儿园的饲养活动可以说是幼儿对饲养对象的生命特征进行研究的过程。幼儿通过观察、探究、阅读，假设、实验、证明，了解动物的"秘密"，比较容易运用感官建构有关动物的直接经验，这更符合幼儿的认知特点。动物的生命力无可限量，它们的行为和思维模式都具有不可预测性，这使它们对幼儿的吸引力大大提升，也为幼儿提供了更多的探索机会。

3. 有助于发展幼儿照顾他人的能力

让幼儿照顾喂食小动物，有助于幼儿理解各种动物的基本需要，知道人类怎样照料动物以及各类动物的生理特性。

照顾动物不仅能培养许多技能，还能培养许多积极的性格特质。幼儿不仅能获得科学领域和发展语言的学习机会，也能获得提升看护能力的机会。幼儿学习如何照料小动物，对于成年后担当父母或照顾者的角色将起到很大的帮助。幼儿能从照顾动物中获得巨大的满足感，也能增进责任意识、任务意识、合作意识，提高服务能力，培养爱心和责任心等。

4. 有助于增强幼儿情绪管理与压力抗争能力

为幼儿创造适宜的与动物互动的机会，能让幼儿的天性获得更好的释放。和动物亲密接触不仅能带给幼儿快乐，也能倾诉他们心中的烦恼与压力。在与小动物共处的过程中，幼儿能够学会如何控制情绪、释放压力，培养内心的平静与稳定。

5. 有助于培养幼儿人文情怀，形成关爱自然、关爱生命的情感

饲养活动是一个综合活动，幼儿能从中真切地感受动物的发展变化，感受动物生命的存在，感受自己的行为与动物生命之间的关系，这种对物种的丰富性、独特性的体验有助于幼儿形成关爱自然、关爱生命的情感。

饲养活动能丰富幼儿关于动物与植物的关系、人与动物的关系等方面的经验，初步

形成对社会生活与自然世界、科学精神与人文情怀的感悟，这对幼儿学习尊重生命、敬畏自然，具有重要价值，能使幼儿认识到人类与动物之间以及动物与动物之间的差异，萌发尊重差异、生命平等的意识。

二、饲养区的设计

饲养资源要与幼儿园条件相统一。幼儿园可从位置、场地、社区环境、人力资源、动物习性、课程传统等角度评估开展饲养活动的条件，因地制宜地开辟饲养环境。

（一）饲养区的选址

饲养区可以根据动物习性或生长空间的需要，设置在幼儿园户外或走廊、活动室。饲养区尽量选择通风性好、有光照且能部分遮阳、有水源的场地，以免造成动物抑郁，也能够在一定程度上减小动物患病的可能性。

由于户外空间相对较大，因此户外饲养活动往往以饲养家禽、家畜等较大的动物为主。幼儿园经常饲养的动物包括羊、兔、猫、狗以及鸡、鸭、鹅、鸽子等。这类动物均需特定的空间，如小屋或栅栏，这些区域一般要远离幼儿生活和学习区域，也要考虑风向等特点，有时需要根据季节变换位置。

（二）饲养区的空间布局及创设

按照不同的分类标准，可以选择用笼子、架子、围栏等分区域饲养动物，或根据动物生活习性为动物建造饲养笼舍。也可利用园内的自然环境，如池塘就是小鱼、乌龟的家，大树上摆放几个鸟笼就是小鸟的家，有些幼儿园利用池塘甚至小溪流开展一些水生动物的饲养活动。

饲养区应充分考虑卫生、安全等因素，如将笼舍底部设计成可活动的抽拉式，便于清理排泄物；将笼舍的门做成铁栅栏式，防止被兔子咬破；应靠近水源，便于冲洗。动物的食物存放处与饲养工具存放处可设计成存放柜，以便保存。

（三）饲养区材料的投放

1. 合理选择饲养对象

饲养的动物应根据本地资源的特色、幼儿的年龄特点、学习兴趣，有计划、有目的地安排，饲养不同种类的动物，提高幼儿的观察能力，激发其科学探究意识，培养其记录习惯。

（1）动物的安全卫生情况

饲养的动物应少有攻击性，其自身及其排泄物和分泌物应无毒、无害、无传染性，其生活环境对人类也不构成威胁。不宜饲养入侵物种或危害环境的物种。

（2）动物的管理难度

大多数幼儿园缺少专业饲养人员，因而饲养的动物应以生命力强、便于照料、易于清洁者为佳。有些动物对饲料、环境有特殊要求，幼儿园若不具备相应条件，不仅影响动物健康，也会影响饲养活动的顺利开展。

（3）动物蕴含的教育价值

如果饲养对象的种类丰富，且它们之间存在一定联系，其教育价值就比较高。幼儿园可从栖居环境、食性、繁殖方式、外形、生物分类等多方面考量，在条件允许的情况下营造具有生物多样性特征的饲养环境。不常见的动物虽然更容易引发幼儿的关注与兴趣，但常见的动物幼儿往往相对熟悉，反而更能推动深度学习，因为这些动物易于接近、便于照料，其相关知识比较容易获得，幼儿通常也都具有一定的相关经验。

（4）动物的习性特点

在确保幼儿健康成长的前提下，应该结合亲子共同调查、师幼共同商议的结果，挑选一些性格温顺、没有明显攻击性且易于饲养的动物。此外，应该根据园内的空间状况，合理安排动物的种类和数量，并考虑它们对环境的需求，以免它们因"水土不服"而死亡。

2. 充足的饲料储备

饲料的选择和配制是决定动物饲养品质好坏的关键，应根据饲养的动物来配制、投放饲料。不同动物需要的饲料营养成分不同，投放的食材也不同，需要根据四季变化及动物实际需要足量供应。

3. 工具

适宜的材料能更好地支持幼儿的饲养劳动。饲养劳动的工具分为修建屋舍、喂养、卫生防疫、探究四大类。幼儿进入饲养区需要做好防护，除了防护衣之外，口罩、护目镜、手套、雨靴也是必要的装备。存放工具的柜子要考虑防水性能，根据工具的尺寸做好设计，柜子宜采用封闭式的，有一定的隔层，以便分类摆放工具，还需要有一定高度的隔间用于挂防护衣和存放大尺寸的打扫工具。

（四）饲养区活动内容的设计

为了更好地满足幼儿的需求，应该根据当地的动物种类和季节特点，确定不同年龄阶段幼儿饲养活动的内容，将活动纳入课程计划，并与幼儿园的科学教育相结合。

1. 幼儿是饲养活动的首要参与者

幼儿通过行动来建构经验、获得发展，饲养活动中每一种教育价值的实现都需要作为学习主体的幼儿"有所作为"，而且具体行动应是丰富多样的。

2. 饲养活动是以饲养对象为资源开展的系列教育活动

饲养活动不仅是照料、培育动物，更是深入探究动物的生理特征、生活习性和成长过程，观赏动物并进行艺术表达，解决关于动物的各种问题，以及随之产生的一切有助于幼儿发展的教育活动。

3. 饲养活动不应仅限于观察、投喂、"交朋友"等

教师要特别珍视那些在饲养过程中真正来自幼儿的问题，让关于饲养的话题丰富起来。例如，幼儿对把芦丁鸡放进鸡舍中产生了疑惑，教师便可以顺势引导幼儿调查哪些动物住在笼子里，讨论为什么有的动物要住在笼子里，研究不同动物分别适合住什么样的笼子，尝试帮助幼儿园的小动物住得更舒服……可将无法直接回答的问题转化成课程资源，使饲养活动形成环环相扣的课程链。

4. 饲养活动需要回归幼儿的生活经验

归根结底，幼儿园的饲养活动属于教育手段，是为了促进幼儿身心的健康发展。所以，预设或生成饲养活动时，教师的着眼点首先应当是幼儿的已有经验和潜在发展，饲养活动的设计与实施必须观照班级幼儿真实、完整的生活经验。从培养人的高度充分发挥饲养活动的教育价值，切实促进幼儿有益经验的建构。

三、饲养区活动的组织

作为活动的指导者，教师在饲养活动中对幼儿进行科学、适宜的引导十分重要。

（一）指导幼儿管理、参与饲养活动

1. 制定饲养规则

幼儿参与饲养劳动的时间需合理规划。在教师的鼓励和引导下，幼儿自主商定饲养公约，与幼儿的生活活动结合在一起，可以图文并茂的形式呈现，并对打扫、喂食等劳动的时段及频率做出规定。

2. 饲养照料

（1）以幼儿为主体

饲养活动的主体应是幼儿，应将照顾的责任落实到人，让幼儿在持续的照顾中萌发责任意识，建立与动物的情感，才能实现饲养活动的教育价值。在这一过程中，成人应该是幼儿的陪伴者、支持者、合作者。

（2）善用教育智慧，引导幼儿全程深度参与

支持幼儿持续投入饲养活动，关系到活动的实施效果与教育质量。教师应给予幼儿足够的信任，关注活动的过程，以开放的态度看待饲养活动，保证幼儿的全程参与。从生命孕育到终结的全部过程都可成为饲养活动的内容，只有这样，幼儿才能完整地感受生命的奥义。

（3）抓住生命教育的契机

死亡教育也是生命教育的重要组成部分，帮助幼儿正确面对小动物死亡的事实，或许可以让幼儿建立起对生与死的最初理解。教师可以带领幼儿探究动物死亡的原因，思考今后避免动物死亡的办法，讨论生与死的相关问题等。用恰当的方式引导幼儿正视死亡，学习走出悲伤，并减轻对死亡的恐惧，继而萌发对生命的尊重与热爱、对他者生命的怜悯与关怀。

（二）指导幼儿与动物互动、观察

饲养活动需要幼儿的劳动和付出，也让幼儿有机会观察很多新的、不断变化的现象。在活动过程中，教师应引导幼儿仔细观察动物的外形特点、生活习性和生长变化，了解环境、食物等条件与动物成长的关系，了解一种动物与其他动物的关系、动物与植物的关系，丰富和加深幼儿的经验。

在饲养活动中，教师要注意引发幼儿的质疑和讨论，让幼儿带着问题观察、思考，要注意倾听幼儿的问题，鼓励幼儿去尝试，在必要时给予帮助指导。

（三）指导幼儿记录、分享、评价

记录饲养活动可以帮助幼儿更好地总结自己的经验，并表达自己的感受。根据饲养活动的内容，引导幼儿采取灵活多样的形式记录饲养的过程、动物的状态和变化、动植物之间的关系等。这些记录是幼儿经验提升的素材，也是幼儿之间沟通的中介，还是幼儿表征能力不断提高的途径。

活动结束后可通过相互观摩记录等方法组织幼儿进行分享、评价，也可以组织幼儿集中讨论对一种动物或一个事件的观察，在交流过程中提高幼儿的语言组织能力、表达能力，培养幼儿良好的倾听习惯。

（四）关注幼儿心理状态及情感态度的提升

支持幼儿建构有益经验，获得科学素养、人文精神、生态意识等多方面的长远发展，是开展饲养活动的初衷。教师在引导幼儿通过观察、照料、实验、查阅资料等方法获取关于动物的客观信息并形成实事求是的学习态度的同时，要充分估计这些信息可能给幼儿带来的其他影响，避免对幼儿的情绪、情感、世界观、价值观等造成严重负面影响。特别要警惕为了"养殖"而"饲养"，过度关注动物养得好不好，而无视幼儿学得好不好的情况。

所以在活动中，教师要多观察幼儿，预判幼儿对特定信息的可能反应，掌握与幼儿交流的技巧，关注幼儿情感态度的变化，真诚地呵护童心。

（五）关注幼儿安全

幼儿在饲养劳动过程中会面临多方面的安全隐患，有来自饲养对象的，有来自工具使用的，因此安全意识和防护能力对于幼儿参与饲养劳动来说非常重要。幼儿能接触到的动物都应是不具有攻击性且接种过疫苗的，并且在饲养的过程中教师应有意识地引导幼儿对动物的习性进行研究，引导幼儿不过多接触动物，不打扰动物的生活。为了避免幼儿在使用工具时受伤，应给他们机会充分熟悉这些工具，提高使用工具的能力。

案例 7-5

幼儿园饲养区设计

饲养区活动可以让幼儿真切地感受到动物的生长变化，感受到动物生命的存在，感受到自己的行为与动物生长之间的关系。因此，为了满足幼儿的好奇心和求知欲，特设置了动物饲养区。

一、环境布置

我们的饲养区位于大门右侧的植物丛中，这里紧靠通往户外活动场地的小路，通风条件较好，动物饲养过程中产生的各种异味能够及时散开，保证了周围空气的清新，并且长长的通道非常方便幼儿观察与喂养。饲养区左侧是一个体积较大的笼子，在大笼子中又设置了漂亮精致的小木屋，大笼子的上方做成了小巧精致的小笼子；右侧是栅栏小屋。这些小房子的设置给予了小动物们温暖与安全。

二、动物分布

大笼子上方有会飞的漂亮鹦鹉，下方的小木屋有毛茸茸的小兔子等，右侧的栅栏小屋里住着可爱的小鸡（图 7-13）与小鸭，多样化的动物种类为孩子们提供了丰富的生物观察样本。这些小动物都有独立的饲养笼，生活空间互不重叠（图 7-14）。为了方便孩子们近距离观察小动物的生活习性、体态特征，小动物们的居所沿着幼儿园的户外小路呈一字形分布。这种长方形的布局，既大大提高了户外空间利用率，又确保了同时段可以允许更多的孩子们参与互动活动。

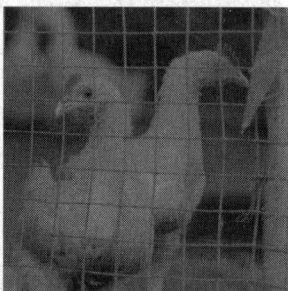

图 7-13　栅栏小屋的鸡　　　　图 7-14　小鸟的木屋

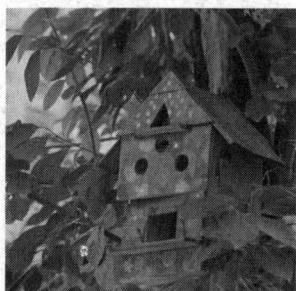

除了这里，我们的中心花坛与草坪也是小动物潜在的活动空间。天气晴朗时，小鸡（图 7-15）、小鸭、小兔子们在茵茵绿草上漫步，寻觅躲藏起来的小虫子。这个位置位于院子中心，可容纳更多幼儿观察喂养。

我们在饲养区还设置了观察记录本，幼儿在观察后可以将小动物的外形特征、生活习性、生长变化等记录下来，以便更深入地了解小动物，感知动物的生长规律。

对幼儿来说，了解自然的最佳途径就是作为一个观察者、记录者（图 7-16）和参与者，在直接参与动物的生长过程中，从中发现生命的可贵，发现自然的伟大。我们相信有了这个小小动物王国后，幼儿园的小朋友们将有更多姿多彩的户外活动。

图 7-15　绿草上漫步的小鸡　　　　图 7-16　幼儿拍照记录动物生活

（济南市历下区第二实验幼儿园　张音）

案例评析：

案例中教师对动物生长环境的布置合理，设置了观察记录区，能够帮助幼儿了解动物的行为、习性或生活状态并及时记录，从而感知动物的生长规律及生命的意义。

理想的生态式环境应是一个有机的整体，各个生态要素自然而然地融入其中。从中心花坛与草坪也是小动物们潜在的活动空间可以看出，教师考虑了整体规划饲养区、种植区和自然游戏区，注重户外各地块间的功能协调。

案例 7-6

幼儿园饲养区实施

一、活动背景

为了加强幼儿对禽类动物的认知，我们在幼儿园的饲养区投放了一只母鸡。孩子们很喜欢，经常会去饲养区观察、喂养。

二、情境一

孩子们在饲养区活动时，发现了母鸡下的蛋。康乐说："我在姥姥家见到过小鸡孵出来的样子。"依依说："我妈妈说不是所有的蛋都能孵出小鸡。"关于小鸡的话题在孩子们中间自发地"热"起来，于是产生了问题：所有的蛋都能孵出小鸡吗？

三、情境二

为此，我给孩子们投放了绘本《狐狸孵蛋》，孩子们阅读后才知道，原来只有受过精的鸡蛋才能孵出小鸡。为了让幼儿观察受精蛋的不同，我投放了受精后的鸡蛋和普通的鸡蛋，由孩子们自己敲开观察。"我怎么看着没什么不一样啊……""你看这儿，受精蛋上有小白点。""多一个小白点就能孵出小鸡？我不信！""那要不咱们试试用它孵小鸡？"和幼儿一起观察讨论后，我们共同总结了受精蛋的特点并尝试孵蛋。

四、情境三

玥玥：什么样的鸡能孵小鸡？
小汐：鸡妈妈才能孵小鸡，鸡爸爸不能孵小鸡。
康乐：我姥姥家的鸡是趴在鸡蛋上孵的。
依依：我舅舅自己在家孵过小鸡，他用的是泡沫孵化箱。

我们为此给幼儿提供了一台人工孵化器放在饲养区，引导幼儿认识上面的按钮、泡沫箱等材料，讲解了孵蛋注意事项以及方法。孩子们一起商量着怎样孵蛋，并给受精蛋和普通鸡蛋做了标记用来对比。

五、情境四

孩子们精心照料，两周后我们进行照蛋，观察鸡宝宝在里面有没有正常生长。在照蛋时发现只有受精蛋上出现了"红色蜘蛛网"（图7-17），普通鸡蛋没有任何变化。

六、情境五

照蛋后，孩子们更加精心照料受精的蛋宝宝们，最终受精蛋里的小鸡都破壳而出（图 7-18）。孩子们早早地自发调查了小鸡的饲养方法，给小鸡带来了小米等食物，还合作用纸箱制作了简易的鸡舍，供小鸡暂时居住。

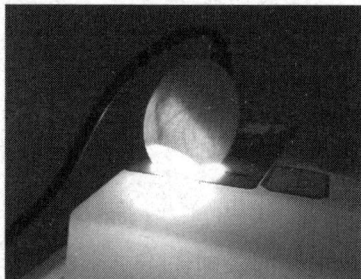

图 7-17 鸡蛋上有"红色蜘蛛网"

图 7-18 孩子们观察刚出生的小鸡

孩子们还争先恐后地当管理员，他们还根据小鸡的习性，设计了管理规则，轮流照料。

（济南市历下区第二实验幼儿园 布慧敏）

案例评析：

案例中教师立足于"幼儿在前，教师在后"的理念，追随幼儿的好奇心，围绕小鸡的孵化过程、特征与生活习性等问题，让幼儿大胆猜想、付诸行动。活动中教师以参与者的身份，引导幼儿通过观察、比较、操作、实验等方法，学习发现问题、分析问题和解决问题。幼儿还会主动地、自发地进行调查、观察、讨论，幼儿的学习由被动变为主动。

幼儿讨论探究时提出了各种稀奇古怪的想法，教师并未阻止而是鼓励幼儿进行讨论。让未受精的蛋参与孵化，通过试错教育，让幼儿更加了解鸡蛋孵化相关基本常识，并引发幼儿进一步探索的兴趣与激情。

— **任务实训** —

1. 从兔子、鸽子、乌龟中任选一种动物主题，设计饲养区活动内容，包含环境创设、材料投放、活动实施以及可能遇到的问题。

2. 观察某一幼儿园的饲养区，分析其动物选择的可取之处与问题，并提出可行性的修改建议。

拓展阅读

为个别化学习活动后的分享交流做好准备

一、随手可记的"便签条"，助力分享激起共鸣

在个别化学习活动中，幼儿操作的时候教师在干什么？我用"便签条"随手记录我所观察到的和感受到的。例如，记"不同"——对于同一份个别化学习材料，幼儿的不

同操作方式；记"变化"——幼儿的行为与其计划之间的差异；记"持续性操作行为"——幼儿在一段时间内持续操作一种材料，每一次操作行为等。对于记录好的"便签条"，我通常会贴在以下地方。

1）个别化学习材料旁。同一份材料的记录就直接贴在该材料所在的橱柜侧面，能随时看见幼儿对它的兴趣度（参与度、操作频次）、专注度（持续时长）、操作行为、预期目标达成度等。

2）幼儿的作品旁。便于教师理解幼儿个性化的表达方式、拓展幼儿的思维空间。

3）整本"便签条"的背后。对于幼儿独特学习兴趣和学习方式的记录，撕下后会贴在整本"便签条"的背后，方便后续回看和整理。

当然，"便签条"究竟放在哪里还是应该由"怎么用"来决定，它支持我全面客观地分析幼儿，为班本化实施课程提供依据；帮助我精准地捕捉幼儿的经验、习惯、能力等发展情况，融入分享交流的话题中，引发幼儿的共情，实现幼儿群体间的同频共振。

二、不同形式的"分享台"，实现同伴经验共享

为什么要进行分享交流？同伴经验的分享交流还可以有哪些形式？

随着对"基于儿童立场"理解的不断深入，我有了新的感悟：个别化学习活动后的集中交流只是实现幼儿之间、师幼之间经验分享的形式之一。在一日生活中，我为幼儿创设了各种分享的机会，提供不同形式的"分享台"。例如，"小实验发现墙"，幼儿在这里展示自己的实验结果，每个人既是经验的提供者，也是信息的接收者，想法和创意都会被尊重；直观的照片架，支持幼儿将自己拍摄的作品照片一一呈现；鼓励幼儿共同创作的作品展示台，每个人的创意都能被尊重、被欣赏；引导幼儿不断创编、将故事越变越长的故事盒子……

不同形式的"分享台"，让分享交流不止步于个别化学习活动之后，满足了每一个幼儿表达、表现的需要，支持幼儿更好地理解同伴、学习同伴，从幼儿的真实体验中寻找促进后续能力发展的契机。

（上海市黄浦区思南路幼儿园　梁晓瑛）

综合实训

1. 利用生活中的废旧材料，发挥创造力，制作一个自然角创意植物种植容器。

2. 选择某一植物或动物，进行养护观察记录，总结如何抓住所观察的动植物的特点，并思考如何引导幼儿解决在观察过程中遇到的问题。

参 考 文 献

大卫·杰纳·马丁，2006．建构儿童的科学：探究过程导向的科学教育[M]．杨彩厦，于开莲，洪秀敏，等译．北京：北京师范大学出版社．

洪秀敏，2015．学前儿童科学教育[M]．北京：北京大学出版社．

吉恩·D. 哈兰，玛丽·S. 瑞夫金．2006．儿童早期的科学经验：一种认知与情感整合的方式[M]．张宪冰，李姝静，郑洁，等译．北京：北京师范大学出版社．

加涅，布里格斯，韦杰，1999．教学设计原理[M]．皮连生，庞维国，等译．上海：华东师范大学出版社．

李季湄，冯晓霞，2013．《3—6 岁儿童学习与发展指南》解读[M]．北京：人民教育出版社．

刘占兰，2008．学前儿童科学教育[M]．2 版．北京：北京师范大学出版社．

罗伯特·A. 威廉姆斯，伊丽莎白·A. 舍伍德，罗伯特·E. 罗克韦尔，等，2022．小小科学家：有趣的幼儿园科学探索活动［M］．张俊，等译．北京：中国轻工业出版社．

桑德拉·邓肯，乔迪·马丁，萨莉·豪伊，2019．儿童视角的幼儿园班级环境创设[M]．马燕，马希武，译．北京：中国轻工业出版社．

施良方，崔允漷，1999．教学理论：课堂教学的原理、策略与研究[M]．上海：华东师范大学出版社．

施燕，2006．学前儿童科学教育[M]．上海：华东师范大学出版社．

王冬兰，2010．学前儿童科学教育[M]．上海：华东师范大学出版社．

王素，李正福，2019．STEM 教育这样做[M]．北京：教育科学出版社．

夏力，2022．学前儿童科学教育活动指导[M]．4 版．上海：复旦大学出版社．

英格里德·查鲁福，卡仁·沃斯，2017．与幼儿一起发现自然[M]．张澜，熊庆华，译．南京：南京师范大学出版社．

张俊，2004．幼儿园科学教育[M]．北京：人民教育出版社．

中华人民共和国教育部，2001．幼儿园教育指导纲要（试行）[M]．北京：北京师范大学出版社．

中华人民共和国教育部，2012．3～6 岁儿童学习与发展指南[M]．北京：首都师范大学出版社．